序文

　　民主可說是近代西方文明最值得重視的成就之一，經由民主制度的運作，西方民主國家的人民享受到自由與政治兼具的生活。這一成就當然使一百多年陷於歷史苦難的中國人極其嚮往，也亟思仿效學習。令人遺憾的是，正因為苦難過於深重，太多的人在追求實現西方民主理想時，往往流於情緒偏執的爭執對立之中。再加上因國勢衰弱、政局動盪、兩岸分治等各種因素影響，民主這條路一路走來真是備嘗艱辛。

　　基本上，我接受西方民主對世人的啟示，但卻對以工商文明為本質的西方社會所建構的民主理論深感不足。我乃注意到，即使長期遭受帝王扭曲利用，長期遭受「潛規則」衝擊的孔孟儒家思想，因堅持人性為善，希望以仁心仁性來提昇政治活動的品質，頗能與西方民主相通，又能對照當前現實政治上的種種缺失。如果善加珍惜，不僅可以開出孔孟「新外王」的理想，也可指引我國政治發展的應有方向。

　　本書之完成非一時即興之作，如今能在現實環境已有重大變化之際，將舊作重新整理出版，心中感慨甚多，也祈方家不吝斧正。

談遠平

目錄

第一章

緒論

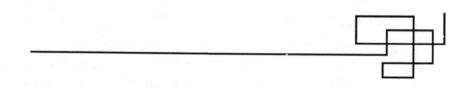

　　百多年來中國人奮鬥的目標在於儘早使中國現代化，要使中國
現代化當然就要學習西方文明的優點，而民主可說是近代西方文明最
主要的成就之一，西方文明對我國的衝擊，除科學之外就是許多人心
目中所謂的「德先生」。因此，如何使我國走上政治之民主化，實爲
百多年來我國追求現代化的目標之一。可是由於自一八四○年的中英
鴉片戰爭之後，中國人在西方文明衝擊下，一再遭遇各種挫折與橫
逆，對如何現代化產生各種情緒上的爭執，連帶使我國政治民主化的
努力也受到阻礙，至今仍未完全成功。換言之，在現實政治的比較之
下，我國是應該學習西方民主政治。可是在情感偏見或體認不確的情
形之下，主張模倣西方或固守傳統者之間的爭執與分裂，卻使一個看
似簡單的問題，逐漸引申爲整個文化精神是否適宜現代化的爭論，反
而在我國造成極大思想上的危機感。所以有學者就曾認爲，從近代中
國思想史的立場看，一八九○年末期是近代中國的思想危機開始之
時，五四時代這種危機則達於高峰❶。甚至有人說，從此之後，近代
中國人所感受的不僅是「文化認同」危機之壓力，更面臨生命意義危
機的變局❷。例如，清人郭嵩燾於光緒三年十一月二十日在日記上感
嘆：「雖使堯舜生於今日，必急取泰西之法推而行之，不能一日緩
也。」時，卻被王闓運斥爲「殆已中洋毒，無可探者」，甚至被罵爲
「有二心於中國」，都代表著這種爭執與分裂。而此正是美國漢學家
雷文遜（J. R. Levenson）所說，近代中國知識分子徘徊於理智的抉
擇與情感的認同之間的困局❸。這當然也就使我國政治民主化不得順
利推展。

　　此處所謂爭執、分裂或困局是指，西方文明對中國的衝擊是現
實具體而不容否認的，但是如何回應這個衝擊，中國人卻並未形成共
識。以西方所建立的民主政治爲例，中國在這種衝擊下，就明顯有不
同的回應。

　　比如有人認爲中國固有政教制度遠非外國所能及，西方所長只
是技藝而已。清人黃仁濟即說：「技藝微長，富強謀術，即縱能精，

於齊家治國平天下之道，又何所取耶？……外洋但知一時一事之推測，而中華早悉百世千載之推測，斯即我中國有聖人，而外洋不能企及者。」❹。朱一新也說：「百工制器，是藝也，非理也。人心日僞，機巧日生，風氣既開，有莫之爲而爲者，夫何憂其藝之不精？今以藝之未精，而欲變吾制度以徇之，且變吾義理以徇之，何異救刖而率其足，拯溺而入於淵？……況（中國）法制本自明備，初無俟末資於異俗。詎可以末流之失，咎其初祖，而遂以巧利之說道之。」❺。依這種論點來看，當然不必學習西方文明，民主政治亦無所取矣。

　　而另一些人則認爲以孔孟儒家爲代表的傳統思想根本與西方的民主政治相違背，要學習建立民主政治就要澈底另謀出路。此如陳獨秀說：「要擁護那德先生便不得不反對孔教、貞節、舊倫理、舊政治；要擁護那賽先生，便不得不反對舊藝術、舊宗教；要擁護德先生又要擁護賽先生便不得不反對國粹，和舊文學。」❻胡適之說：「今日的第一要務是要造一種新的心理：要肯認錯，要大澈大悟地承認我們自己百不如人。第二步便是死心塌地的去學人家。老實說，我們不須怕模倣……一個現代化國家不是一堆昏庸老朽的頭腦造得成的，也不是口號標語喊得出來的。」❼。爲什麼他們有這種主張，陳獨秀的理由是：「儒術孔道，非無優點，而缺點則正多。尤與近世文明社會絕不相容者，其一貫倫理政治之綱常階級說也。此不攻破，吾國之政治、法律、社會、道德，俱無由出黑暗而入光明。」❽。

　　且先不論上述兩種論點孰是孰非，我們可以清楚看出這些爭執正是西方文明對我國衝擊後的結果。而隨著現實政治的發展，盲目排外的偏見已證明對中國的現代化是有害的。可是，如何才能使中國政治民主化眞正成功，眼前似乎還有許多問題，即以台灣地區現實政治上的某些亂象來看，明顯地與民主之美名不合。而某些認爲儒家思想和民主政治不相容，或謂儒家倫理精神係講「縱的權力關係」不利民主政治發展的說法，仍時有所聞。甚而在力求全面學習西方民主政治的風氣之下，仍常見其「學說之搏成多見依傍門戶，援引外來新說，

少見別識新裁，自作主宰」❾。換言之，近百年來現實政治的衝擊，固然已使中國人承認政治必須民主化，但在討論民主政治之種種時，中國知識分子多長於論述歐美政治或社會學之新說，而不能落實此類新說於中國社會文化背景之中。於是持民主之論者，對中國社會亦常爲破壞多，建設少。

由於以孔孟爲代表的儒家思想可說是我國最主要的傳統思想，因此本書撰寫的目的之一，即是透過對孔孟思想的研究，希望能使我國在現實政治上遭受百多年西方文明的衝擊之後，能尋找出眞正合理的回應之道，能在種種爭議之中逐步澄清問題，以便爲我國政治民主化奠立眞正穩固的基礎。此也正是梁啓超所說之：「我們須知，拿孔、孟、程、朱的話當金科玉律，說他神聖不可侵犯，固是不該；拿馬克思、易卜生的話當金科玉律，說他神聖不可侵犯，難道又是該的嗎？」❿。

但是，如何認定何者不是「金科玉律」？這實是學者所應著力之處。更何況在現實環境中，西方民主政治幾已成爲我們應學與當學者。如何在應學與當學的心理上，眞正看出應學何者？當學何處？則更爲一重大考驗。因此，本書除論述孔孟思想的義理之外，更要針對近代西方民主理論作一剖析，希望能透過比較研究，一方面說明孔孟思想的當代意義，一方面使我國政治建設能步入民主政治之正軌。

換言之，由於百多年來中國知識分子在現實政治上受到極大的衝擊，乃有艾立克遜（E. H. Erikson）所謂「認同危機」（crisis of identity）的出現⓫，因此有前述回應之道的爭執。這也就常使我們在討論政治民主化時誤入歧途不能確立正確的方向。爲了彌補這個缺失，我們不但應該深入研究西方民主之得失，也應從自身發展的需要，在既有文化思想的基礎上思考政治民主化的方向。基本上，以孔孟儒家思想爲主流的中國文化，在現實衝擊下，在現階段必然有其現代化的使命，要開出民主和科學之花，尤其民主政治的出現，更是現代化最主要的課題⓬。所以就探討我國政治民主化的方向而言，我們

也有深入研究孔孟思想當代意義的必要。

　　究實而言，我國至今仍在追求現代化，可是所謂「現代化」究竟何所指，卻沒有標準的界說。所以有人指出，「現代化」一詞至今往往成為「西化」的代名詞，這是因為「在西方社會科學的園區裏，現代化一詞的意涵，顯得非常曖昧而含糊不清」❸。而即使所謂包含較廣的定義，也不免使人對現代化有若干錯覺，如歐康納（O'Conell）所定義的現代化為：「一個傳統或前技術的社會，變成一個具備機械技術、理性而世俗化的態度，以及高度分化的社會結構的社會，其轉化之過程。」❹，就使人容易產生傳統會與現代對立的錯覺。又如華德（R. E. Ward）與羅斯陶（R. D. Rustow）所言：「在邏輯與語源學上說，現代化指涉一長期的文化與社會的變遷，而這種變遷為該轉變中的社會的成員所接受，而視之為有益的與不可避免的。」❺，在西方文明占優勢時也易使人對「有益的」「變遷」產生係以西方文明為標準的錯誤認知。

　　由上可知，現代化不可避免地要涉及價值方向的選擇問題。針對這種價值選擇問題，我們可分兩點來說明：

　　第一，在討論我國政治民主化時，我們絕不可偏執地以西方文明為唯一的理想，而忽略中國固有文化體系的傳統價值在民主化過程上的重要性。

　　我們持此論點，並無意說中國文化之價值為至高無上。我們只想鄭重指出，世上一切自成單元的文化，都各有其價值，不可妄分高下。而在論究某一國家或文化之現代化時，更與其傳統有不可分的關係。這是因為「在現實的世界裏並不能找到絕對的『傳統社會』，也找不到絕對的『現代社會』，誠如克羅孔（Clyde Kluckhohm）所說：『所有人類的社會，從最原始的到最進步的，構成了一連續體（Continuum）』。」❻。這一事實經過學者們的多方研究，幾已成定論，以往傳統與現代截然二分的說法已不再為人相信。對此，楊國樞也說：「事實上，在現代社會中某些傳統的特質仍會繼續保存而未明

顯衰退，也就是說，傳統性的部分內涵與現代性的部分內涵會同時並存。」[17]。

因此，如果說民主的政治制度是功能的形式，那麼傳統「社會文化是政治的實質基礎與眞正的原料」[18]。而如果說我國政治現代化係以政治民主爲主要內涵，由於以孔孟爲代表的儒家思想是我國最具影響力的傳統思想，那麼我們當然要先研究儒家思想，從文化的根源上檢視我國今後民主政治發展的契機與方向。我們相信這個研究動機是極重要的，波柏（Karl R. Popper）就曾說過：「一個制度，如果不與傳統調合在一起，那麼便不足以保證民主的實施……自由主義的烏托邦這種想法就是以爲，純依理智即可在一個無傳統的白紙上設計建立邦國。這是不可能的事。」[19]，這一說法與我們的基本用心是全然相同的。

第二，現代化既然涉及價值選擇，那麼透過對儒家思想當代意義的研究，對我國政治民主化價值性的方向選擇，必有積極正面的意義。

當吾人論及政治思想與價值選擇之研究時，也許會面臨若干對「價值」不敢研究者的質疑。這是因爲，自清末以降，中國國勢蜩螗，國人在飽受現實政治衝擊，而有「認同危機」後，西方流行的學術思想幾乎都大行於我國學界，其中實證主義學風爲其較著者。可惜因末流所至，竟使人文學術有「非人文化」之趨勢，在所謂免除價值（Value-free）的誤導下，人文學科出現「無力掌握屬於文化系統或社會系統中價值層次之現象及問題」[20]的困境。

以實證主義者心目中所謂的科學來看，科學只研究「實然」問題，不研究「應然」問題。也就是說，科學只研究經驗問題，不研究規範問題，所以科學的研究才是免除價值的[21]。這個說法乃係認定科學研究是以經驗的方法，研究客觀外界對象物的性質，而所謂的經驗，更以對象物必須是可以感官來觀察的[22]。這樣一來，不可經驗的「價值」自被排除於研究之外，而所謂政治思想也就被指爲是不符合

政治科學標準的規範性政治哲學。

　　但事實上，實證主義者或科學家所說的「實然」與「應然」或「事實」與「價值」，根本不可能截然二分，二者只是組合成某一研究過程的互補二單元而已。當代頗富盛名的科學哲學家波蘭尼（Michael Polanyi）就曾說：「『主觀』和『客觀』間尖銳、鮮明的區分，未能明白一項明顯的事實：所有的研究都開始於『求知的熱望』。因此，所有的知識在各層面上都『染有』個人的參與關係。如果沒有對已知的加以想像，我們甚至無法開始知道及明白未知的。這點並不使『知識無效』，雖然他確實損及『客觀性』。」❷此處所謂「求知的熱望」，就是研究者主觀的價值判斷，只要這種「熱望」不損及研究過程上的持平確實，當然就不會使「知識無效」。

　　再就政治思想的研究而言，當代十大政治哲學家之一的司脫老斯（Leo Strauss）也說：「價值判斷被禁止公然進入政治科學、社會學或經濟學的領域，但卻依然神不知鬼不覺地滲入進來。……我們不能忽視不可見的價值判斷，這些判斷用感覺遲鈍的肉眼是看不到的，但是卻對所謂純粹的描述性概念具有最大的影響力。」❷這是因為從肯定的一方面來說，政治思想或理論正是在討論某些價值。這也可以說「政治學中某一特定的解釋架構，傾向於支持一個伴隨而生的價值立場，並在各種政體與政策的評估上隱藏著本身所含的規範」❷。所以，我們只要注意研究時是否公正客觀，不必懼怕作價值討論，此亦何以多數學者對不敢談論價值判斷者所造成的誤解要感嘆為：「從事政治研究的我們，若受本身明示的價值所引導，而不依據假想的價值中立來進行研究，那麼，我們的情況，將會更好。」❷

　　在這種基礎上，我們要指出，事實上所謂嚴格的科學分析將取代道德和政治哲學的說法，顯然不會實現。我們沒有理由去說，一種經驗的或科學的研究取向一定會與規範的取向相牴觸。相反的，兩者是互補的。沒有經驗分析所提供的實情，政治思想很容易自說自話或純屬天真幼稚，但是如果毫不關心或尊重政治思想家（不論古代或現

代）經常提出的某些基本問題，科學性經驗研究又將有淪爲支離破碎
的危險❷。因此，本書之撰寫乃希望透過對儒家思想當代意義的研
究，分析整理以孔孟爲代表的儒家特有的政治規範義理，幫助我們在
討論我國政治民主化時，釐清各種混淆的價值誤解，確立正確的方
向，俾早日能使政治民主的理想實現。

再者，當代的政治學者大都相信，每一政治體系均有其特定的
政治文化（Political Culture）。所謂政治文化，指一政治體系的成員
所共具的政治信仰與態度，也是一國人民有關政治事象的主觀心理面
的表現，所以阿蒙爾（G. A. Almond）就曾說：「政治文化是流行某
國某時期的一組有關政治的態度、信念和感情❷。」由此可知，政治
文化與政治思想是有密切關係的，即少數人所倡導的政治思想，是一
種政治價值主張，這種主張進入大眾心理時就表現爲政治文化。

據此而言，沒有人能否認孔孟思想對中國人的影響，所以要研
究中國是否能儘快民主化，研究孔孟思想對中國人的影響該是一條必
經之路。在此我們要指出，如果我們接受前述傳統和現代是一連續體
的說法，則研究我國民主政治發展的學者，不但不能完全排斥傳統，
更要對孔孟思想加以研究，找出可以促進我國民主發展的思想因素，
以培養出民主的政治文化。以亦正是腓德瑞（Carl J. Friendrich）何
以要說：「傳統與現代的接筍涉及了創造性因素，及其各種不可預料
的方式。思想和行動同樣地牽連在內。不單是憲法之類才與政治傳統
有關，更要緊的是思想的模式（mode of thinking）。」❷。而我國的
「思想模式」，當然足以孔孟爲代表的儒家思想爲影響政治傳統最深
者。因此研究我國政治民主化，自有研究孔孟思想的必要。

蓋若論孔子對中國文化的影響與貢獻，柳詒徵所說：「孔子
者，中國文化之中心也。無孔子則無中國文化，自孔子以前數千年之
文化，賴孔子而傳。自孔子以後數千年之文，賴孔子而開。即使自今
以後，吾國國民同化於世界各國之新文化，然過去時代之與孔子之關
繫，要爲歷史上不可磨滅之事實。」❸，足爲定論。而孔子之後，漢

人因為學之重點在論治道而不重思想傳承，如太史公評孔子《春秋》一書為「上明三王之道，下辨人事之紀；別嫌疑，明是非，定猶疑；善善，惡惡，賢賢，賤不肖；存亡國，繼絕世，補敝，起廢：王道之大者也」**❸❶**，可見其時孟子地位並不高。迨及唐儒韓愈以佛學「彌近理而大亂眞」，倡古文運動，正式提出以孟子繼孔子傳道統之說，至此乃有「孔孟」之並稱。這種轉變在思想史上具有重大意義，它代表從韓愈開始，儒者所關心的重點從政治轉為道德**❸❷**。而其在宋代尤以朱子在《四書集註》一書中將孔孟並舉最具代表性。此亦何以我們要以孔孟為儒家思想之代表來加以研究。

最後，我們要指出，一種思想能長久存在，必有其長久存在的理由，因為一種思想能長時間滿足人類的精神要求，必有其不容抹殺之精神價值。以孔孟思想言，產生於兩千五百多年前，卻能影響至今，而長期為我國政治思想上的主流，其思想上的價值，當然有仔細研究的必要。且今日我國政治現代化，必以政治民主化為主要目標，如何從文化根源開拓民生丕基，使政治建設儘快步入正軌，是關心中國前途者必須深加探究者。更何況在經歷各種變遷考驗後，會有學者感嘆說：「中國自辛亥革命後，我們建造了民主共和國。但民主政治的政體卻始終是個空架子，一直沒有眞實的實現，沒有客觀的實效性。民主政治的政體中有許多概念，如選舉、被選舉、依法進退、權利、義務、公民、自由等等，這一切對我們都是很生疏的。說起來大家都知道，但一落實，總不對勁。」**❸❸**。雖說往者已矣，然這些又是什麼原因造成的？我們又能否解決這個問題？本書之撰寫即環繞這些問題，分別評析西方近代民主理論與孔孟思想的當代意義，目的還是希望能為當前我國政治民主化做一點理論釐清的工作。

—註釋—

❶參閱Hao Chang, *Liang Ch'i-ch'ao and Intellectual Transition in China, 1890-1907* (Cambridge, Mass. : Harvard Univerity Press, 1971).

❷參閱Hao Chang, "New Confucianism and Intellectual Crisis of Contemporary China," in Charlott Furth ed., *The Limits of Chang: Essays on Conservative Alternatives in Republican China* (Cambridge, Mass.: Harvard University Press, 1976), pp. 276-304.

❸參閱Joseph R. Levenson, *Confucian China and Its Modern Fate: A Trilogy* (Berkeley & London: University of California Press, 1968).

❹全漢昇，〈明末清初反對西洋文化言論〉，《中國近代史論叢》，第一輯，第七冊（台北：正中書局，民國四十五年），頁一五六至一五七。

❺同上，頁一五七至一五八。

❻陳獨秀，〈本誌罪案之答辯書〉，《新青年雜誌》，六卷一號，頁一〇。

❼胡適，〈請大家來照照鏡子〉，《胡適文選》，五版（台北：遠流出版公司，民國七十九年），頁一三九。

❽轉引自殷海光，《中國文化的展望》，紀念一版（台灣：活泉出版社，民國七十年），頁三一二。

❾黃俊傑，《儒學傳統與文化創新》，初版（台北：東大圖書公司，民國七十二年），序言，頁三。

❿梁啓超，《飲冰室全集》，初版（台北：大孚書局，民國七十九年），頁二三。

⓫E. H. Erikson, *The Childhood and Society* (W. W. Northon & Co., 1950) , Part 4.

⓬牟宗三，《時代與感受》，初版（台北：鵝湖出版社，民國七十三年），頁二九七至三三一。

⓭陳秉璋、陳信木，《邁向現代化》（台北：桂冠圖書公司，民國七十七年），頁三。

⓮同上註，頁四。

⓯E. Ward and D. A. Rustow ed., *Political Modernization in Japan and Turkey*

(Princeton University Press, 1964) , pp. 3-13.

⓰金耀基，《從傳統到現代》，再版（台北：商務印書館，民國五十六年），頁八七。

⓱楊國樞、余安邦，〈中國人的個人傳統性與現代性〉，見楊國樞、黃光國（主編），《中國人的心理與行爲》（台北：桂冠圖書公司，民國八十年），頁一一。

⓲同註⓼，頁五二五。

⓳Karl R. Popper, *Conjectures and Refutations* (New York, 1962) , pp. 3-17.

⓴同註⓽，頁五。

㉑Alan C. Isaak, *Scope and Methods of Political Science* (Doresey Press, 1969), Ch. 1 and Ch. 2.

㉒Ibid., pp. 23-24.

㉓Michael Polanyi, *The study of Man* (London: Routledge, 1959), p. 13.

㉔Leo Strauss, *What is Political Philosophy?* (Geenwood Press, 1975), pp. 9-55.

㉕Charles Taylor, "Neutrality In Political Science," in P. Laslett and W. Runciman, eds., *Philosophy, Politics and Society 3rd. Series* (New York: Barnes & Noble, 1967), p. 48.

㉖Christian Bay, "Politics and pseudopolitics: A Critical Evaluation of Some Behavioral Literature," in C. McCoy and J. Playford, eds., *Apoliitical Politics: A Critique of Behavioralism* (New York: Thomas Y. Crowell, 1967), p. 18.

㉗Robert A. Dahl著，任元杰譯，《當代政治分析》，一版，（台北：巨流圖書公司，民國七十七年），頁一七六至一七七。

㉘G. A. Almond and G. Bingham Powell Jr., *Comparative Politics: A Developmental Approach*, 2nd ed., (Boston: Little Brown, 1978), p. 25.

㉙轉引自余英時，《歷史與思想》，初版（台北：聯經出版公司，民國六十五年），頁七四。

㉚柳詒徵，《中國文化史上冊》，十四卷（台北：正中書局，民國七十二年），頁三〇〇。

㉛司馬遷，《史記》，四部叢刊本，卷一三〇，頁六，下半頁。

㉜牟宗三，《心體與性體》，第一冊，台二版（台北：正中書局，民國六十年），頁一三。

㉝牟宗三，《生命的學問》，初版（台北：三民書局，民國五十九年），頁四九。

第二章
近代西方民主理論及評析

◎民主的界說與特性

◎近代西方民主理論的評析

民主的界說與特性

　　時至今日，「民主」一詞對全世界都有一種不容忽視的鼓動性
誘力❶。而儘管若干研究民主政治的學者對民主的前途感到懷疑或悲
觀，曾有所謂「去民主的歐美之路已經關閉」❷之說。然民主政治仍
是西方文明對世界最有價值的貢獻之一，世人普遍接受民主的理念，
因為「民主信仰相信人類只要有決心可以無限地提高他們生活水準，
使世界更快樂、更公平、更優美。」❸。而在非西方國家，民主的吸
引力更已達到極點，社會學家柏格（P. Berger）就曾說：現代化已改
變了所有的文化，與民主最有關係的西方價值──個人主義已滲入到
非西方社會，所以他認為民主必然可以落實在非西方社會❹。可是，
另一方面對上述所說卻也另有若干不同意見，海耶克（F. A. Hayek）
與華斯霍恩（P. Worshorne）都曾有所反駁。海耶克說：「時下一般
人不分青紅皂白地將『民主』一詞用成讚美之詞，這並非沒有危險。
因為這種用法暗示我們，民主是好東西。所以，如果民主擴張的話，
那麼往往為人類之福。這種說法，看起來是一不證自明之理，但是並
沒有這種民主。」❺；而華斯霍爾認為由於所謂落後地區的人根本沒
有獨自的思想，也就沒有良心自由和言論自由這些「實行民主的中心
礎石」，民主自也不可能了❻。為什麼有上述這些對立的看法？則要
從民主的界說及其特性討論起，才能得其正解。

　　「民主」到底是什麼？「民主」的具體內涵是什麼？為什麼「民
主」一詞使世人充滿嚮往之情，這些都與「民主」的界說密切相關。
可是，對「民主」下一周延界說卻又是一件很困難的事。郭仁孚曾引
述學者薩瓦多瑞（Massimo Salvadori）的研究指出，今天知識界關於
「民主」的界說，恐怕不下兩百個之多❼。學者赫爾德（David Held）
也說：「民主乃是在綿密的社會鬥爭中，逐漸演化而出，同時也常被

迫與這些鬥爭的結果妥協。」❽，既然「民主」的原則常會與社會變遷相「妥協」，「民主」的界說自也難以固定。此如早在西元一八九六年，梁啓超在「與嚴幼陵先生書」裏就說：「……國之強弱悉推源於民主。民主斯固然矣。君主者何？私而已矣。民主者何？公而已矣。」❾，而熊彼特（J. Schumpeter）則說：「民主是一個政治方法。也就是說，民主是某種制度之下的安排方式。我們藉此可以作政治上的種種決定。例如，立法及行政方面的決定。因此，民主的本身不可能是一個目標。民主與在特定歷史條件下會產生一些什麼政治決定無干。」❿。由此可見「民主」界說因學者著重點不同，而甚為寬泛。

柯漢（C. Cohen）認為把「民主」界定為「因人民之同意而治」、「多數人之治」、「眾人同具相等權利之治」或「人民具有主權」等，雖都不算錯，但卻未論及問題的核心。因為就這些界說來看，我們還要追問：哪些人同意？同意些什麼？對什麼具相等權利？又如何構成同意或相等權利？何謂主權？什麼時候人民擁有主權？多數治一定就是民主嗎？光是這些問題就會使人迷惑。所以，他給「民主」下了一個最簡單的界定，那就是：「民主便是由人民來統治」⓫。柯漢認為這個界說不但簡要，也符合英文Democracy的希臘字源，此即：Demos為the people，而Kratein為to rule⓬。

在這種「由人民來統治」的界說之下，我們可以看出依古典民主典範，所謂民主政府是以人民意志為主權的政府，是依人民同意而治的政府，是一種個人主義的、平等主義的，依於理性討論與行動的直接控制的平民政治⓭。而依現代民主典範來看，民主則是一種政治體系，通過定期之選票競爭，在一種合法的程序下和平替換政府領導層的制度⓮。這表示，隨著社會的變遷，民主的界說雖仍能以「由人民統治」為範圍，但卻必須顯現出「參與及平等」與「多元主義及權力制衡」兩種主要價值⓯。綜合言之，民主乃正是蘭尼（Austin Ranney）所說：「民主政治就是一種政府的形式，它是依據人民主

權、政治平等、大眾協商,和多數統治四原則所組成。」 **⓰**。

這樣一來,我們可知多元平等參與下的權力制衡,使人民主權、政治平等、大眾協商和多數統治成為民主政治最有代表性的普遍價值。在這種普遍特性之下,人不但保有良心與思想言論自由,更在行政體系逐漸擴張的現代社會,使人民有足夠的能力去防止行政部門的濫權。因此,世人才對民主有特殊的好感,其真正原因即在由其普遍特性所產生的信念,那就是:「民主政治能提供我們以充滿社會的和無止無休的行動可能性,能夠抒發出一種充沛無比的活力,以及與此制度分不開的力量。」 **⓱**。

可是事實上「民主」又一直受到某些人的懷疑,認為其理想很難實現,當代政治思想家卓勒(D. A. Zoll)即說:「在二十世紀,民主主義神經緊張地徘徊在十字路口。它受到本世紀的急進主義群眾的攻擊,如法西斯主義和共產主義;它又嚴酷地受到保守的反民主人士的批評;它也被新興的社會急進主義所排斥。此外,民主主義本身亦發生分裂。」 **⓲**。這其中除了某些人係心存偏見地攻擊民主政治之外,民主理想能否實現亦和當前大多數學者所承認其與不同民族具體實踐的過程有關。換言之,民主的理想雖為舉世嚮往,使這種理想有其普遍性。如湯恩比(A. Toynbee)在《歷史研究》一書中就說過,代議制度並非條頓族之發明,此類原始民主制度,是一切人類所共有的 **⓳**。但理想的落實卻因受各國之政治文化影響,而有不同的表現。前述華斯霍恩所說正為此意。另外,若單以某一國的民主政治實施情形或制度為標準模式,自然會引起不同國家人民的反感與排斥,此對真正落實民主理想反而滋生許多不必要的誤會。此外,民主受到質疑,可能還有一個更重要的原因,那就是現今世人口中的民主是西方文明下的產物,而西方民主理論本身因有理論預設上的缺失,故使其民主的理想性不足以真為世人的表率。

為了使近代西方民主理論的得失還其真貌,而能對其有不偏不倚的認識,我們乃對其進行下述之評析。

近代西方民主理論的評析

西方在啓蒙運動前對民主的看法

　　論及西方民主理論時，也許我們會問要追溯多遠才能找到民主政治的根源？這可能可以追溯到培里克里斯（Pericles）時代的雅典，或宗教上的宗教平等主義，或西元十七世紀英國的急進主義，或洛克的自然權利論，或盧梭的浪漫主義，甚至要包括美國開國諸元勳的政治宣言等❷。這表示就一般情形，平常我們論究西方民主政治，不能只以希臘爲其根源代表。因爲如果我們對近代所謂民主的內涵及實質眞能有所認識時，將發現直到西元十八、十九世紀，西方主要的傳統是非民主的或反民主的❷。

　　可是，希臘仍有其值得一述者。大約早在紀元前四百三十年，雅典政治家培里克里斯發表了著名的「國殤演講詞」（Funeral Oration），就代表最早的希臘的民主理想。他說：「我們的憲法並非抄自鄰近的國邦。與其說我們的憲法是模倣別人的，不如說我們的憲法是別人的憲法之模範。依照我們這部憲法來施政，不是使少數人受惠，而是使多數人受惠。這是我們的政制叫做民主政制的理由。如果我們細心研究我們的法律。那麼我們會發現那些法律對於一切國人的權利給予同等的保障。如果一個人沒有社會地位，只要他有能力來推進公共工作，那麼他的社會地位並不會妨害到他的功績。如果一個人能夠服務他的國邦，那麼他的處境之卑微並不足以阻礙他的工作。他也不因貧乏而被堵塞了爲國效力的道路。我們在民主政制裏所享受的自由也擴張到我們日常的生活中。在我們的日常生活中，我們一點也不互相忌妒地彼此監視。我們的鄰人要做他所高興做的事。即令我們

因對鄰人表示輕侮並不招致罰款，我們也不對鄰人表示輕侮。我們私
生活中所有的舒適，並不使我們成爲沒有法律的公民。」❷。

波柏（Karl R. Popper）對這篇演講詞佩服極了，認爲足以爲民
主理想的典範。他說：「這些言詞不只是對雅典的讚頌而已。這些言
詞表示出一個偉大時代的眞精神。這些言詞是以一定的章法表現了一
個偉大的平等主義者的政治構想，以一定的章法說出一個民主主義者
的見地。他清楚地瞭解民主政制不是藉著『人民應該統治』這一無意
義的原則所能盡述。他知道民主政治必須建立在理知和人道主義之
上。同時，這篇演講詞是眞正愛國的表現，並且是作希臘典範的一個
城邦的光榮表現。雅典不僅是希臘的學校，而且就我所知，是人類過
去二千年來的學校以及未來的學校。」❸但是大約在「國殤演講詞」
發表八十年之後，柏拉圖就提出了不同的看法。柏拉圖固然強調正
義，可是在基本觀念上，他是否定民主和自由的。他把自由和放縱視
爲等同，將在法律之前人人平等與無秩序混爲一談，也把民主人士形
容爲放蕩、殘暴、鄙陋、傲慢的動物。柏拉圖說他們充滿了幻想，耽
於逸樂，並追求不高尚的目標。因此柏拉圖乃說：「過分的自由，無
論是國家的或是個人的，似乎都將淪於過分的奴役。所以，暴政自然
生於民主。」❹，這再加上希臘城邦國家（City-state）現實政治制度
的種種不公平來看，希臘確實不能代表民主。

再以柏拉圖爲例，他不相信現象界有眞正的善美物，認爲萬物
都是照觀念原型製造的影像❺。而一般人只沉迷於變換流轉的現象
界，沒有足夠智慧明白觀念界的眞理。同時，他因主張人有金、銀、
銅鐵三級的區分，而要把政治大權交予一個「哲君」。他說只有當權
力與智慧同時出現在某一個人身上時，才有最好的政治可言❻。至於
民主是來自財富原則之誤用❼，亦即是說民主政體通常是由於平民反
對過分的財閥政體而產生。可是柏拉圖卻認爲民主所要達到的自由平
等，只是每個人的隨意妄爲❽。而且競選公職的人往往沒有什麼文化
修養，沒有經過特殊的培養，沒有特別的資格條件，僅僅是在那空論

他是人民的朋友即可❷。這表示柏拉圖的思想跟民主是有距離的。

　　麥克佛遜（C. B. Macpherson）曾說：「從柏拉圖、亞里斯多德到十八、十九世紀，民主都被視爲是由貧民掌權的」❸。柏拉圖所說，我們已略述於上，可證明麥克佛遜的看法無誤。而事實上，對亞里斯多德而言，民主亦只不過是由低階層（指貧民）當政的政治❸。亞里斯多德自己也說：「民主與寡頭的眞正差別即是貧窮與財富而已」❸。同時，亞里斯多德堅決反對「完全沒有限制」的民主，亦即主張民主活動中要有恰當的財產限制。他認爲民主如要有成就，必須由有產業的人，擁有權力❸。此更不必論及亞氏所大力維護的「自然奴隸」說了。這也都可證明亞里斯多德的民主理念並不健全。

　　同時，我們要指出，近代所謂「法律」是以「權利」爲主要內容的，而與「權利」相對者即是「義務」。這種「權利義務相對」的觀念，亦即是西方政治思想的平等或權利的思想。而就政治思想家追求的平等或權利來看，它又是以古希臘的「公道」觀念爲其泉源，再經過羅馬法學家的努力而產生的。但究實而言，以柏拉圖爲代表的「公道」是指每一個人的各守本「分」，這個「分」卻是他自己劃分的，如他的金、銀、銅鐵之分。而且，「分」的觀念後來演變成權利義務觀，於是說不同社會地位或階級的人，有不同的權利義務。亞里斯多德則稱此爲「公平」、「平等」❸。這樣一來，在西方歷史上，就很容易看到彼此傾軋的爭鬥情事，因爲所謂「不同地位，不同權利」之說，本來就易於引生不平和剝削的。於是，每一群自認是「相同地位」的人，爲了爭奪更大的「權利」，自然會以含暴力在內的各種方式去爭權，而已得到大權的人，怕別人奪權，也只好用各種手段去維護已得之權。這正是中國「論語」所說的：「其未得之也，患得之，既得之，患失之，苟患失之，無所不至矣。」❸。

　　接下來，必須一提斯多噶（Stoics）學派的自然法。有人以爲民主與斯多噶學派由自然法而講平等，有不可分的關聯。但事實上，此處所謂的自然法只是萬有的秩序，而這種秩序特別表現在人類心靈

中，此即理性（reason）❸❻。雖然有人說：「智者能夠以其理性瞭解
這種定律，並且以其智慧結合成『四海之內皆兄弟』的關係。」❸❼，
或說：「有理性的人類在基本上是相同的，他們處於相同的自然法之
下而有平等的權利。」❸❽。可是因為斯多噶派的自然秩序只是「物理
上的必然」。例如，他們相信宇宙最初只有火，繼之產生氣、水、土
其它元素，而造成大千世界。然後這個世界又為火所焚燒，回到原始
狀態，以進行再一次的循環。這根本是一種命定主義❸❾。因此，上述
贊成自然法可以使人處於平等的學者，也只好承認：「斯多噶學派認
為共有的公民權既不能使人們結合在一起，也不能成為平等的手段。
相反地，智者之間的共同關係是建立在他們承認自然普遍性以及他們
應有順從自然的必要。」❹❶；「人類理性為自然律的根據並不意味著
個人獨立的判斷，而是人類共同的判斷。」❹❶，顯示一旦接受自然法
只是命定的物理上的必然，整個民主理論就會動搖，而無法讓人相信
他可以從主張自然法下的平等開出民主。到了中世紀，自然法或理性
都為上帝之概念所包涵。此如奧古丁（St. A. Augustine）所說：「上
帝是宇宙萬有的創造者」❹❷；「是上帝把自然法寫入人心中」❹❸。再
加上，他一心只鼓勵大家嚮往「上帝之城」，這自然與重現實人生之
民主政冶無大關聯了。

　　　至於中世紀另一位重要思想家阿奎那（St. T. Aquinas），他還是
以上帝為中心，認為現實政治最好是採君主政體，君主行政不當，自
有上帝來懲罰他。而民主政治唯一的好處，只是因為它要兼聽各方的
意見，所以為惡的力量比較小❹❹。這對民主的評價不是很高的。在各
方面來看，阿奎那是比奧古斯丁重現實的，但他因滿心想用宗教來化
解人世之矛盾，這使他的政治思想也有所混雜。例如，就財產而言，
他認為私有財產比較能建立一個和諧社會，也認為人既有智愚之別，
則智者當然可以發揮天賦才能取得較多的收獲，不必強求平等，以免
違背「效率」原則。可是又因物質界的一切是上帝給予人類共享的。
所以阿奎那竟不得不承認為需要而偷竊是合理的，為幫助他人而偷竊

也是可以容許的❹。又如就奴隸制度而言，他也說，因為人有智愚勤惰之分，為了使愚且惰者不致生活無著，故而要有奴隸制❹。

其實，中世紀的主要特徵，就是以基督教教義為依據，認為人是有罪的，人要待上帝的大力救拔，並力求出離罪惡痛苦的塵世。此如西元十三世紀的馬西略（Marsilio）之認定自然界是原始的，且不是完美的，自然界充滿人的物質性、生物性的活動，而沒有理性能力和德性❹。但是，到了西元十五世紀，「神本」取向的思想已有動搖的趨勢。當時有一樞機主教尼古拉斯（Nicholas of Cusa），他在論現實界時，已暗指自然界本身有其值得與適合的目標去探求❹。

這到了宗教改革時，更可以清楚看出這種演變。像馬丁路德就直指個人道德判斷能力，而力主平凡的個人也可認識真理，不必事事依靠教會。這是因為人心中被授予而充滿真理，由此真理就能在任何判斷中，得其實情❹。這使個人的地位大為提高。迨及喀爾文，此種情形更為明顯。喀爾文派的人認為：此生的所作所為與來生有極大的關係，所以喀爾文談論此生比來生更重要❺。於是，韋伯（Max Weber）才有《清教徒之倫理與資本主義之精神》一書，指出資本主義之發展，與清教徒之刻苦、勤奮、重現實人生大有關聯。這也表示中世紀已結束，要進入另一時期了；而西方的民主理論才有真正的發展。

從對人性的預設看近代西方民主理論

一般而言，民主政治包括：每一個人在法律前的平等，信仰宗教的自由，言論、出版、集會、結社的自由，選擇職業的自由等❺。或者說民主政治是一組制度，其中特別包含普選（general election），亦即表示人民有權解除統治者的職務，容許大眾來控制統治者；也容許被治者，縱冒統治者之大不諱，有可能不藉暴力來從事改革❺。可是，我們認為這些仍只是民主的外在運作，它之所以能有這些運作，

應該有其理論根據。

就西方民主的理論根據言，有人認爲，「西方民主政治的理想，是要把基督教對人類博愛的想法，應用到現實政治之中。」❸。但事實上並不盡然，西方近代民主理論實是中世紀神本思想消退之後才出現的。如十四世紀以後的義大利，上帝雖仍受尊敬，宗教勢力卻已降落，當時威尼斯商人的格言爲：「先爲威尼斯人，而後爲耶教徒」，明顯置宗教於次要地位❹。所以，文藝復興時代的人生觀，雖脫胎於古希臘，但已偏向重個人，它是「以人觀國家，亦以人觀宗教，所以完全是人本位主義。這種人本位主義，以後一直成爲歐洲思想重要的傳統」❺。這種思想的影響，在「十八世紀時，個人主義已見活躍，到了十九世紀尤爲盛行，而成爲十九世紀政治思想的大本營」❻。

由此可知，近代西方民主理論之形成，與個人爭自由或爭權益息息相關，與基督教的信仰並無絕對的關聯。相反的，近代西方人所謂爭自由，在西元十八世紀時，則還跟個人與教會間的衝突有關。甚至可說，當時對教會的攻擊，主要是根據於要爭取個人的自由（individual freedom）❼，而這種重個人的自由配合重現實人生的思想，再往前推一步，就變成重個人的權利了。而所謂爭自由也就變成爭個人權利或保護一己權利。此如十八世紀伏爾泰（Voltaire）所說：「什麼叫自由？自由就是去瞭解個人的權利，而瞭解就是要去保護這些權利。」❽。既然自由是爲爭取個人權利的，那麼人的自由係在於人能自由的運用他的能力❾。這樣一來，西方人對人性的看法，對「人」的定義，都與傳統有所不同。他們逐漸不再相信什麼普遍的自然律，而以個人的快樂和痛苦來解釋人的行爲❻。而這種對人性的看法，才產生近代西方所謂的民主政治。

上述這個看法影響西方人至深，且成爲此後西方人兩百多年來最主要的信念。此可舉例證之於下：

十八世紀的孔道西（M. de Condorcet），認爲只有到他那個時

代，人才眞正瞭解自己的權利。他並將人定義成具有感官知覺，及能用以推斷及明白自己利益者❻❶。所以，十八世紀的自由思想，其第一個主要特徵就是將個人一己的利益置於公眾威權之上❻❷。

到了十九世紀，自由主義更變成以個人利益爲中心了，主張個人有權追求一己的目標❻❸。像奧斯丁（J. Austin）就不認爲有超越私人價值之上的任何公利❻❹。他曾舉例說明，人不會爲了公眾幸福，而親吻他自己的太太❻❺。所以，自由主義立刻轉變成功利主義。於是，邊沁（J. Bentham ）才說：「最大多數人的最大幸福……就是是與非的標準。」❻❻；又說：「自然使人類受兩個至高統治者的支配，即痛苦和快樂。只有這兩者才能指出何者爲我們所當做，並決定何者爲我們所應做。」❻❼。所以，邊沁在認定每一個人都在追求一己的利益之下，便另外建立了一種「平等觀」。此即：「人人都在追求其一己之利益上有一種平等」❻❽。而政府存在的目的，或邊沁所謂之「立法原理」，就是要保障每一個人能自由的追求其一己之幸福。邊沁曾說：「現在個人的倫理是以幸福爲其目的，立法之事亦該如是。」❻❾。由此，民主政治才有實際之運作了。

追求功利幸福意義下的民主自由思想，到了二十世紀仍是一種「主流」思想。此如：

拉思基（H. J. LaSki）曾說：「自由即是對維護個人幸福的必要條件沒有任何束縛限制。」❼⓪。

杜威（J. DeWey）也說：「大多數重要的衝突，是在於那些令人滿足或已令人滿足事物間的衝突，而與善惡之間的衝突無關。」❼❶。這亦表示人活在這世間不必談論什麼虛玄的理想，人生存的理想或目標只是人的需求而已❼❷。

由上可知，西方式的民主理念，是一種讓每一個人都有平等權利去自由發揮其能力，以滿足其個人之慾望的理論。表現於外的，也就有一套民主政治的制度。我們不可小看西方民主政治的制度，在許多方面西方民主政治都有值得我們虛心學習的地方。但是，爲什麼追

求幸福的民主不能澈底解決人類的問題呢？我想這跟西方民主理論家
對人性的看法有關。也就是說，他們因過分的把人的價值局限在現實
利益的追求，由此才滋生許許多多的問題。

回顧歷史，近代西方民主理論可說是十八世紀在英法等地逐漸
形成的。當時那些理論家在前述之自然主義、享樂主義、功利主義的
影響下，大多都認爲人生可能的主要目的是追求幸福❼❸。或者認爲，
人的最高道德目的在於完全實現他自己的幸福❼❹。所以，公利二字根
本只是一無意義的概念❼❺。而這等於是說，每個人要盡其全力去滿足
其一己之慾望。因此，每一個人都有權利在這世上爭取一己之所需及
他所認爲必須的❼❻。這是人性，也是人的權利。「權利」就是一個道
德概念，而唯一主要的權利是個人爲其自身需要所擁有的權利❼❼。在
西方人看來，這種有權利運用自己的能力，依自己的需要，以滿足自
己慾望的看法，正可完成自己人性價值的理想❼❽。

而民主制度的可貴，就在於它給予每一個人自由追求他各自最
大利益的機會。同時，政府唯一的道德目的，也僅是在於保護個人權
利而已❼❾。於是，也才有言論、出版、集會、結社的自由及選舉權。
這樣一來，大家就可以清楚看出，這些人是從民主自由能使每一個人
充分發揮其天賦能力，以謀一己的快樂幸福，而主張民主。這與十八
世紀前的思想家所想的民主不同，而是近代民主理論的關鍵。

正如我們在前面指出的，這種民主理論對人性的預設太過於偏
狹，勢將引起問題。此可以麥克佛遜所說爲例證。他說：「西方民主
根基於兩項增加不已的要求上，其一是要求增大個人的功利，其二是
要求增大個人的權利」❽⓿。但是，因其只把人的價值局限於增大人在
現實界的功利幸福，無形中只把人當成功利的「享用者」了❽❶。又因
爲人是無止境的嗜欲者，也就不得不淪爲無限的「享用者」和占有者
❽❷。同時，西方人由求功利幸福的角度來看，人的無窮的慾望應該是
合乎理性的，也是道德上應該允許的❽❸。所以，我們從這種對人性假
定的推理中，可以發現西方的民主理論，確實有其先天的缺失，無怪

乎日後衍生出種種爭亂。

從主張競爭看近代西方民主理論

　　西方人既然把民主視為增加自己幸福的一種主要方式，那麼我們就要追問：「增加了何種幸福？如何增加幸福？」

　　照西方人看起來，維繫生存之權或免於匱乏之權是人類的基本權❽。因此，所謂個人的自由與經濟利益是密切相關的❽。換言之，所謂人類的權利中，當以財產權為首要。因為，生存權既是一切權利的泉源，財產權當然就是實現求生存的基本要件❽。或者可說，沒有財產權就根本沒有人權可言❽。可見，要增加幸福，要求生存，要有權利，就先必須要有財產權，用通俗的話來說，就是要有錢。何況，如果所謂幸福原本就是現實生活的成功的狀況❽。那麼人豈能不增加自己的財產，以增加自己的幸福。

　　當然，有人會說，西方人所謂追求一己之最大樂利，並不意指人只貪圖物質享受。例如，英人邊沁就特別指出人所追求的，除了感官和財富之外，還有技藝、和睦、名譽、權力、慈愛、幻想……等❽。但是，在近代物質化的人本主義或現實主義的侵襲下，人類對現實物質生活的重視遠超過其它的追求。此如，邊沁另外也有過名言，他說：「第一，每一份財富代表一相應的幸福；第二，擁有不同財富的二人，以較富有者有較大程度之幸福」❿。這等於說，金錢是衡量快樂或痛苦的一種指標❾。所以，增加幸福與增加財富就變成同一回事了❾。

　　這種對追求財富的偏執，在西方思想界中，實處處可見。例如：

　　早在羅馬時代的西塞羅（M. T. Cicero）就已說過：「建立憲政國家或市府的最主要目的，就是要保障個人的財產權。」❾。

　　提出勞動價值說的洛克（J. Locke）也說：「上帝將這世界給人

類共享,當然也給人類理性去開發這個世界以享受生活的便利。」
❾❹。所以,他認為人之所以要進入社會的最大原因,是要平穩安全的
享受他的財產❾❺。

對洛克所說,詹姆斯穆勒(James Mill)也有同樣的看法,他認
為政府存在的目的在於保護和擴展個人的利益,終極來說也是在於享
受財富❾❻。

美國當代著名的神學家與政治思想家奈布爾(R. Niebuhr)曾指
出:「任何政治團體以及團體領導者有關團體決策的行為,基本上是
不道德和非理性的,『自利』才是一切團體、階級、國家行為的最高
指導原則」❾❼。

「自利」是什麼呢?簡單說還是「財產權」。所以,所謂自由、
民主仍然必須奠基於個人的財產權。此證諸十八世紀的盧梭,亦可明
白其關聯。盧梭說:「財產權是公民最神聖的權利,在某些方面它甚
至比自由本身還重要,……財產是文明社會的眞正基礎。」❾❽。

十九世紀初,美國著名的傑佛遜(Jefferson)總統也說:「每一
個人由於他的財產或者由於令他滿意的狀況,而樂於支持法律和秩
序。」❾❾。

於是,當有人把正義(justice)當成政府的目的時,邊沁反駁
說,正義永遠是一件會引起爭議的事情,可是「人人卻知道幸福是什
麼」❿⓿。因此,這等於說「每一群人全然是被最狹隘最自私意義的利
益這個字的概念所管理控制,從不會顧及他人的利益。」❿❶

前面我們曾指出,邊沁由主張人人有同等追求幸福的權利而建
立人的「平等性」。可是,因為他過於注重一己的物質化的生活享
受,所以當他討論到法律是要保障個人的財產權時,為了要使個人享
受更高的物質生活,他堅決反對用法律來保障平等。他認為,由於每
個人的能力並不一樣,總有一些人比其他的人多得到一些財富,這些
得到多財富的人的繼續努力,也會使社會整體的財富增加。亦即是
說,能力強的人不但增加了個人的幸福,也會增大社會整體的幸福。

而法律上任何維持平等的企圖，都將使能力高的人的創造發展性受到損傷，因此，當面臨這個問題時，須捨棄平等⑩。

換言之，由於西方人認定喜愛財富不但是合乎天性之事，也是一切善行的根本⑩。又因為財產私有是達到追求財富的積極方法，此如洛克所說：「……人類用勞力和物質來改善生活的條件，這就必然引生私有。」⑩。所以，追求物質享受的人生觀，一旦與私有制相結合，必然不喜歡談平等，認為平等會妨礙社會整體的進步與個人幸福的增進。這也就是西方資本主義的根源。這是因為他們相信：「凡是宣揚贊成自由放任資本主義者，只是在宣揚贊成個人權利而已」⑩。或者是：「資本主義是一種基於承認包括財產權在內的個人權利的社會制度，在其制度之內，所有財產都是私有的」⑩。於是，西方人那種追求一己物質享受的心理意識，在資本主義的發展中，無論理論或現實都得到最高度的實現。

但是，事實上，每個人雖都想追求幸福，每個人追求幸福的能力並不一樣。因此，如果有人不顧其他人的能力也不顧其他人是否在享受幸福，而只求自由的發揮自己的能力為自己創造幸福，那麼無形之中，這個社會就會出現「剝削」的情事。也就是說，因為才能的不平等，將導致財富的不平等，而這也必然使號稱可以使每一個人自我全然實現的平等權整個被推翻⑩。

何況，物質慾望是永無止境的。每一種需求的滿足將刺激更進一步的需求，所以追求新慾望變成人的一種天性了⑩。這些看法，使贊成資本主義的人，反對財富平均的要求，他們反而希望財富必須大量累積，認為唯有如此方能獲得更大的幸福。此以資本主義大師亞當斯密來說，他就反對將累積的資本用於慈善事業，認為濟貧等慈善行為只會製造懶惰⑩。於是，資本主義更與社會達爾文主義合流，爭取幸福能力比較差的人，他們的生活就更痛苦了。而當時流行的「自由放任政策……帶有對不成功者的憎惡。」⑩，或者說：「競爭是自然界的定律。」⑪等說法也凸顯了「適者生存」之說。

不幸的是，追求一己物質幸福的「競爭觀」，似乎並未替人類帶
來眞正的幸福。在亞當斯密時代，低收入階級子女的死亡率，是驚人
的高⑫。而單就英國在西元一六〇一年至一八三四年的社會福利發展
來看，大家也可看出當時是把追求財富的成功視爲一種美德，貧窮被
視爲罪惡，一切濟貧措施都充滿了抑制性和懲罰性的色彩。這當然不
可能有幸福或平等可言。因爲，沒有財富的人在追求幸福的前提下，
必須盡一切可能去追求財富，否則，不但生活痛苦更將遭受他人的鄙
視。已擁有財富的人，在無窮物質慾望的支使下，也必須毫不止歇的
繼續去追求財富。同時，在「優勝劣敗」的心理壓力下，上述的追求
財富，必然衍生出永難化解的不擇手段的你爭我奪的衝突與矛盾。憤
激之人如普魯東（Pierre-Joseph Proudhon）也才會說：「財產是贓
物，財產是暴政之母，是對平等的否定」⑬。約翰穆勒（John Stuart
Mill）也說過：「財產來自於征服和暴力」⑭。因此，約翰穆勒對勞
工抱有一種矛盾心理。一方面，他認爲財富幾乎絕大部分被不工作的
人所奪占，勞工幾乎連維持生活必需的財富都得不到⑮，而感嘆勞工
所受的不平等待遇。另一方面，他又對勞工不信任，認爲勞工一旦享
有平等的參政權，必將遵照他們自私的傾向及只顧他們自己的利益，
而破壞民主政治⑯。所以，他和邊沁、詹姆士穆勒一樣都反對民主政
治中的「一人一票，一票一值」。他認爲某些比較有智慧，亦即職業
比較需要知識的人，應該享有較高的票值⑰。對這一點，他說這是必
須忍受的痛苦⑱。

所以，有人認爲，當西方中產階級在爭取民主政治之際，勞動
者曾盡力加以協助支援，但結果勞動者並未獲得任何利益。例如，西
元一八四八年至一八五一年之間，歐洲各國勞動者所遭遇的命運，可
謂悲慘之極⑲。於是，西方的勞動者在不平之憤的刺激下，出現過充
滿暴力與流血的民主之爭。這也才使馬克思共產主義的理論得以傳
播。

總結於上，我們可知，因爲西方的民主理論把人爭生存、爭財

產視爲人最主要的權利，所以人最迫切的事就是追求財富提高一己物質享受，以成就自己的生命價值。但是，不但這個世界的物質資源是有限的，就是每一個人所擁有的追求幸福的能力也是不相等的。於是，表面上，西方的民主社會提供每一個人自由發揮能力，盡全力與外人競爭，以滿足每一個人慾望需求的平等機會，但實際上，卻因抽象平等的不平等競爭，引發出榨取剝削性的不平等，以及爲了保障一己享受之平等所衍生的恐懼戒心，西方人乃特別重視法律，並有惡法勝於無法的無可奈何感。此也正是所謂「以不平，平；其平也，不平！」⑫的不幸結果。

由於不平等是無可避免之事，以及每一個人想剝削利用他人是人類天性的律則⑫。於是，這種對人性和社會的「市場競爭」型的預設，深深的貫穿於自由民主的理論中⑫。這也就是說，由於近代西方民主傳統是建立於一個「市場競爭」的社會，它主要的特性就是要以競爭的方式，增大每一個人的幸福。所以，我們可以得到這麼一個結論：西方的民主是就「市場競爭」社會而言的 ⑫ ，而也必然有「競爭」下的苦果。

從政治權力化看近代西方民主理論

由上文，我們已說明由於西方人認爲每個人追求自己的利益是合乎人性的天經地義之事，而且因「利益」二字大多意指物質享受，使人性的價值局限於現實物質的追求。然後又因認爲追求一己幸福的自由行爲不該受到限制，於是民主理論乃與資本主義的競爭特性合流，這不但造成剝削不平的人間衝突，更使增加個人幸福的行爲簡化成追求權力的爭鬥。民主政治也就有變成權力政治的傾向。近代西方民主理論大師邊沁曾一針見血的指出：「財富與權力之間的接合關係是極其緊密與親密的，密切到即使要在想像中將它們分開，也是一件困難之事。他們相互之間有著各自是產生對方的工具性關係存在。」

㉔。這當然使財富的追求有理由變成對權力的追求。何況,邊沁又說,因為:「人類是生產的最強力工具,因此,每一個人都急於運用他同伴的能力,以增加自己的安適。」㉕。於是,這世上乃有強烈與普遍的對權力的渴望㉖。

詹姆士穆勒(J. Mill)也毫不含糊的說:「每個人都熱切的希望使他人或他人的財產,臣服於自己的樂利之下。」㉗。又說:「對某個目標的渴欲,意指希望有必要的權力去實現那個目標。」㉘。所以,他認為:「權力就是使其他人的行為與自我意志一致的保證。」㉙。

在這個觀點之下,我們可以很清楚看出由於西方民主理論帶有市場競爭性,使增大功利變成增加人的權力。也就是說,由於人在競爭時能力並不相等,以及競爭的不擇手段,人為了增加自己的幸福,必須去主宰控制他人的能力㉚。這就是權力二字的現實妙用。或者可說:「人要以取得他人的權力來增加自己的權力」㉛。因為,人唯有在有權時,才能利用外在的人或物,不受限制的儘量增加自己的幸福。

所以,西方政治思想家對權力一詞有極其「深刻」的看法。此如:

霍布斯(Thomas Hobbes)不但宣稱人天生有權要擁有一切的外物㉜,更把人的特性視為是人的自然能力與權力的總合㉝。因此所謂人之未來或願景,即是指能得到某物的權力概念㉞。這說明霍布斯把權力定義成是一種滿足人慾望的能力,所以人在追求滿足慾望的天性之下,必然都儘量伸張自己的權力去控制他人。霍布斯乃結論說:「一個人的權力是反抗及阻礙他人的伸張權力,因此權力沒有什麼神奇,僅是一個人有超越他人的權力。」㉟。

霍布斯在另外一本名著《巨靈篇》(Leviathan)中也有完全一樣的看法。在這本書中,首先,他認為人的價值全然在於他能運用他的權力㊱。而所謂人的權力就是他目前所擁有的手段或工具,這些手段

或工具將來可得到一些明顯的好處⑬。所以，他得到這麼一個結論：「我認為一切人類有一個共同的傾向，那就是永無休止的追求權力，這種追求至死方休。」⑬。為什麼會這樣呢？這是因為，若不如此，人就不能保證他現在擁有的權力能使他繼續過美滿的生活⑬。

洛克也有類似的說法，他說：「僕人所割之草……即是我的財產。」⑭。這是因為，我（主人）能控制僕人的勞力，僕人的勞力使草脫離其原始狀況，那麼僕人勞力的結果也就是主人的財產了⑭。這不但合乎洛克的勞動價值說，也證明主人有權力控制外人，利用外人去勞動時，則外人勞動的所得就是主人的財產，而主人有這份財產，當然可享有因這份財產所帶來的幸福。這正是資本主義的基本理論根據之一。

馬基維利在論及國際政治時，也認為每個國家大都為無厭的權力慾望所支配，凡是不企圖擴張權力者終必失去權力。在國際關係，無所謂安定或滿足。一國要得到人人所欲的優越地位，只有犧牲他國⑭。

於是，斯賓諾莎（B. Spinoza）才會有類似霍布斯的觀點認為，每個人視其能力所及為所欲為，以求自保，即為其自然權利，為其個人的主權。此如魚天生會游於水，大者吞噬小者，為自然所決定，是以魚之游水，大之吞小，皆為依自然而生活的自然權利⑭。

這種爭權奪利的看法，使曼漢（K. Manheim）不得不指出：「政治討論與其它學術討論不同，因為政治就是衝突而且它易於擴大成生死之爭」⑭。

當然，霍布斯及馬基維尼所代表的是亂世的特殊著作，但從整體來看，直到二十世紀，西方的政治學者確實仍深受這個觀點的影響。例如：

拉斯威爾（H. D. Lasswell）和開卜蘭（Kaplan）就說過：「權力可說是政治科學中最基本的概念。」⑭。而且所謂政治意義上的權力，並不是一般普通達成某一意願的能力，它必然直接涉及到其他的

人。此即是說，政治權力不同於征服自然界的權力，而是征服其他人的權力⑭。所以政治行為欲達目的，權力是必要條件⑭。

塔尼（R. H. Tawney）則將權力定義為：「一個人或一群人依其自身的慾望，改變他人或其他團體之行為的能力」⑭。

達爾（R. A. Dahl）認為：「強制性影響力的使用範圍就是權力」⑭。此外，人並不僅是為了權力而追求權力，人也為了權力的工具價值，亦即因權力可以實現許多不同的目的而追求權力⑯。此處所謂的工具價值是什麼呢？此即權力像金錢一樣⑯。有了錢，人當然可以享受幸福。所以，達爾說：「毫不足奇，人一定要追求權力，我們不必認為追求權力這一認定有何不正常，或者說它是病態的」⑯。

伊斯頓（David Easton）也把權力當成是某一人或某一群人，依其自身之意願目的，而支配決定他人之行為的一種關係⑯。進而言之，這種權力與泛泛而談的影響是不一樣的，而是有權的這個人或這群人對受支配的失敗者，能行使制裁⑭。於是，政治活動有一特性，亦即政治不同於經濟或其它方面的活動，那就是它一直企圖要控制他人⑯。

費德瑞（C. J. Friedrich）則先把權力當成是人類的某一確定的關係⑯。然後直截了當的說：「權力就是控制他人的權力」⑰。可見，所謂確定關係者，就是控制與被控制的關係。

這樣一來，不但一國之內的政治活動是彼此爭權奪利的爭鬥，連國際政治也是在為爭權而爭鬥⑱。

在瞭解二十世紀當代政治思想家們對追求權力的普遍看法之後，如果我們再回頭看十九世紀約翰穆勒所說的：「人所追求的目的……在於其權力最高程度與最完滿的發展，與其目的達到一個全然與一致的整體。」⑲我們就可以看出，之所以會出現這個情形，完全是因為他們總是把道德或政治理論的基礎，建立於必須增大個人的能力，以展現他的本質的這麼一個概念之上⑳。而民主之可貴，則在於它給每一個人有平等的機會或權利去實現完成他自己的理想㉑。亦即

是說，每一個人有公平的機會與別人競爭，以實現自己所欲求的物質幸福。而此處所謂的競爭，說穿了就是儘量施展發揮自己的權力去控制外界（包括外在的物與人），認爲愈能控制主宰外界，所享的幸福就愈多。所以，民主乃有權力政治化的偏差出現。換言之，雖然民主自由的口號很動人，但事實上，相信這個理論的人，卻很容易誤把控制主宰他人的權力，當成政治社會的核心❻。而造成「政治權力化」的現象。

—註釋—

❶Cohen, *Democracy* (University of Georgia press, 1971), p. 31.

❷金耀基，《中國民主之困局與發展》（台北：時報出版公司，民國七十三），代
序頁，三二。

❸戴維思著，吳明實譯，《浩浩前程——論民主》，初版（台北：今日世界叢
書，民國四十三年），頁三〇。

❹P. L. Berger, "Democracy in Today's World," *Dialogue*, 64, Feb. 1984.

❺F. A. Hayek, *The Constitution of Liberty* (The University of Chicago press, 1960), p.
104.

❻*The Great Debate of the Year, in The Great Ideas Today*, 1961.

❼郭仁孚，〈民權主義的民主純度〉，《中華學報》，第九卷，第一期，民國七十
一年一月號，頁三一。

❽David Held, *Models of Democracy* (Stanford: Stanford University press, 1987), p.
61.

❾梁啓超，〈與嚴幼陵先生書〉，《飲冰室全集》，前揭書，頁一〇九。

❿同註❺。

⓫C. Cohen, *Democracy*, op. cit., p. 3.

⓬Ibid.

⓭同註❷，頁六四。

⓮同上註，頁六六。

⓯E. Gellner, "Democracy and Industrialization," in S. N. Eisenstadt ed., *Readings in
Social Evolution and Development* (New York: Pergamon press, 1970), p. 249.

⓰Austin Ranney, *Governing* (Holt, Rinehart & Winston, Inc., 1971), p. 229.

⓱殷海光，《中國文化的展望》，前揭書，頁五〇五。

⓲D. A. Zoll著，陳鴻瑜譯，《當代政治思想》，初版（台灣：商務印書館，民國
六十九年），頁一四七。

⓳A. Toynbee著，陳曉林譯，《歷史研究》，初版（台北：桂冠圖書公司，民國六
十七年），第二二至二四章。

⑳同註⑱，頁一一二。

㉑C. B. Macpherson, *The Life and Time of Liberal Democracy* (Oxford University Press, 1977), p. 10.

㉒Pericles, "the Funeral Oration," in William Y. Elliott and Neil A. McDonald ed., *Western Political Heritage* (New York, 1949), p. 23.

㉓Karl R. Popper, *The Open Society and Its Enemies* (London: Routedge & Kegan Paul, 1956), p. 182.

㉔Plato, Tr. by Benjamin Jowett, *Dialogues* (London: Oxford University Press, 1953), p. 822.

㉕Percy Whitehall, *A Treasury of Traditional Wisdom* (New York: Simon & Schuster, 1971), p. 670.

㉖Plato, *Dialogues*, op. cit., p. 281.

㉗Paul Shorey, *What Plato Said* (The University of Chicago Press, 1934), p. 240.

㉘Ibid., p. 241.

㉙Ibid.

㉚C. B. Macpherson, *The Life and Times of Liberal Democracy*, op. cit., p. 9.

㉛Lee Cameron McDonald, *Western Political Theory* (Harcourt Brace Jovanovich, Inc., 1962), p. 65.

㉜Justin D. Kaplan ed., *The Pocket Aristotle* (New York: Pocket Books, 1958), p. 309.

㉝Aristotle, Tr. by Ernest Barker, *The Politics of Aristotle* (New York: Oxford University Press, 1958), 1292 b.

㉞鄒文海，《西洋政治思想史稿》，初版（台北：環宇出版社，民國六十一年），頁一二九。

㉟論語，陽貨篇。

㊱L. C. McDonald, *Western Political Theroy*, op. cit., p. 74.

㊲M. Judd Harmon著，周恃天譯，《西洋政治思想史──從柏拉圖到現在》，初版（台北：政工幹校，民國五十九年），頁一一二。

㊳Lawrence C. Wanlass著，周恃天譯，《西洋政治思想史》，初版（台北：政工幹校，民國五十六年），頁八二。

㊴逯扶東，《西洋政治思想史》，三版（台北：三民書局，民國五十九年），頁七四至七五。

㊵同註㊲。

❹同註❸。

❷A. Augustine, ed. by Whitney J. Oates, *Basic Writings of St. Augustine* (New York: Randon House, 1948), Vol I, pp. 259-260.

❸L. C. McDonald, *Western Political Theory*, op. cit., p. 121.

❹T. Aquinas, ed. by A. P. D'Entreves, *Selected Political Writings* (New York: Bormes & Nobel, 1959), pp. 15-17.

❹同註❸，頁一七九至一八一。

❹同註❸，頁一六九。

❹Charles N. R. McCopy, *The Structure of Political Thought* (New York: McGraw-Hill, 1963), pp. 126-131.

❹F. C. Copleston, *Medieval Philosophy* (New York: Haper & Row, 1961), pp. 164-165.˙

❹M. Luther, Tr. by Bertram Lee Wolf, *Reformation Writings* (London: Lutterworth Press, 1956), p. 308.

❺L. C. McDonald, *Western Political Theroy*, op. cit., p. 245.

❺P. A. Sorokin, *The Crisis of Our Age* (New York: E. P. Dutton & Co., 1957), p. 171.

❺K. R. Popper, *The Open Society and Its Enemies*, op. cit., p. 340.

❺湯恩比，《歷史研究》，前揭頁，頁三○。

❺同註❸，頁二一○。

❺同上註，頁二一六。

❺同上註，頁三八五。

❺參閱Diderot, Tr. by Francis Birrell, *Memoirs of a Nun* (Chester Springs Pa: Dufour, 1959).

❺E. Cassirer, Tr. by F. C. A. Koelln and J. P. Pettegrove, *The Philosophy of The Enlightenment* (Boston: Beacon Press, 1955), p. 251.

❺Claude Adrien Helvetius, *De L'esprit* (Paris: Garnery, 1973), Vol. I, pp. 298-299.

❺L. C. McDonald, *Western Political Theory*, op. cit., p. 344.

❻Ibid., p. 354.

❻Ibid., p. 416.

❻Ibid., p. 429.

❻Ibid., p. 432.

❻John Bowle, *Politics and Opinion in the Nineteenth Century* (New York: Oxford

University Press, 1954), p. 73.

⑥ J. Bentham, John Bowring ed., *The Works of Jeremy Bentham* (Edinburgh: Tait, 1838-42), Vol. I, p. 227.

⑥ J. Bentham, *Introduction to the Principles of Morals and Legislation* (Oxford: Clarendon Press, 1907), p. 1.

⑥ L. C. McDonald, *Western Political Theory*, op. cit., p. 463.

⑥ J. Bentham, *Introduction to the Principles of Morals and Legislation*, op. cit., p. 144.

⑦ H. J. Laski, *Liberty in the Modern State* (New York: Viking, 1984), p. 129.

⑦ J. Dewey, *The Quest for Certainty* (New York: Minton,Balch, 1929), p. 266.

⑦ J. Dewey, *Freedom and Culture* (New York: Putnam's 1939), p. 156.

⑦ Robert K. Woetzel, *The Philosophy of Freedom* (Popular Library, Inc., 1964), p. 126.

⑦ Ayn Rand, *The Virtue of Selfishness* (New York: The New American Library, Inc., 1964), p. 27.

⑦ Ayn Rand, *Capitalism: The Unknown Ideal* (New York: The New American Librrary, Inc., 1967), p. 20.

⑦ Ibid., p. 300.

⑦ A. Rand, *The Virtue of Selfishness*, op. cit., p. 93.

⑦ R. K. Woetzel, *The Philosophy of Freedom*, op. cit., p. 16.

⑦ A. Rand, *The Virture of Selfishness*, op. cit., p. 93.

⑧ C. B. Macpherson, *Demorcratic Theory: Essays in Retrieval* (Oxford University Press, 1973), p. 3.

⑧ Ibid., p. 4.

⑧ Ibid., p. 5.

⑧ Ibid., p. 18.

⑧ R. K. Woetzel, *The Philosophy of Freedom*, op. cit., p. 85.

⑧ Ibid., p. 30.

⑧ A. Rand, *The Virture of Selfishness*, op. cit., p. 94.

⑧ Ibid., p. 91.

⑧ Ibid., p. 27.

⑧ J. Bentham, *Introduction to The Principle of Morals and Legislation*, op. cit., Ch. V, p. 33.

⑨ J. Bentham ed. by C. K. Ogden, *The Theory of Legislation* (London: Routledge &

Kegean Paul, 1931), p. 103.

⑨W. Starked, *Jeremy Bentham's Economic Writings*, i. 117.

⑨C. B. Macpherson, *Democratic Theory*, op. cit., p. 27.

⑨Marcus Tullius Cicero, Tr. by Walter Miller, *De Officiis* (Cambridge: Mass, Harvard University Press, 1913), BK. I, Ch. 21, p. 249.

⑨J. Locke, ed. by J. W. Gough, *The Second Treatise of Government* (Oxford,1966), p. 15.

⑨L. C. McDonald, *Western Political Theory*, op. cit., p. 330.

⑨Ibid., p. 429.

⑨參閱Reinhold Niebuhr, *Moral Man and Immoral Society* (New York: Charles Scribner's Sons, 1953)。

⑨Jean Tacques Rousseau, Tr. by G. D. H Cole, *The Social Contract and Discourses* (New York: Everyman's Library, 1927), p. 271.

⑨Saul K. Padover, *The Complete Jefferson* (New York, 1943), p. 679.

⑩J. Bentham, "Constitutional Code," in J. Bowring ed., *The Works of Jeremy Bentham*, op. cit., Vol. 9, p. 123.

⑩Ibid., ix. 102.

⑩J. Bentham, *The Theory of Legislation*, op. cit ., p. 120.

⑩C. B. Macpherson, *Democratic Theory*, op. cit., p. 29.

⑩J. Locke, *The Second Treatise of Government*, op. cit., p. 19.

⑩A. Rand, *The Virture of Selfishness*, op. cit., p. 100.

⑩A. Rand, *Capitalism: The Unknown Ideal*, op. cit., p. 19.

⑩C. B. Macpherson, *Democratic Theory*, op. cit., p. 34.

⑩Ibid., pp. 33-34.

⑩L. C. McDonald, *Western Political Theory*, op. cit., p. 350.

⑩ J. Salwyn Schapiro, *Liberalism and the Challenge of Fascism* (New York: McGraw-Hill, 1949) , p. 105.

⑪W. G. Sumner, "The Challenge of Facts," in A. G. Keller and M. R. David ed., *The Essays of Willism Graham Sumner* (New Haven: Yale University Press, 1943), Vol II, p. 95.

⑫ Robert Heilbroner, *The Worldly Philosophers* (New York: Simon and Schuster, 1953), p. 57.

⑬ 參閱Pierre Joseph Proudhon, Tr. by Benjamin R. Tucker, *What is Property* (New York: Humboldt, 1876)。

⑭ John S. Mill, "Principles of Political Economy," in J. M. Robson ed., *Collected Works* (London, 1965), BKII, Ch. I. sec. 3, p. 207.

⑮ Ibid.

⑯ John S. Mill, "Representative Government," in J. M. Robson ed., *Collected Works*, op. cit., p. 446.

⑰ Ibid., Ch. 8, p. 447.

⑱ Ibid. p. 470.

⑲ 陳水逢，《近代歐洲政治社會簡史》，初版（台北：金鼎圖書文物出版社，民國六十一年），頁二一三。

⑳ 方東美，《新儒學哲學十八講》，初版（台北：黎明文化公司，民國七十二年），頁九一。

㉑ C. B. Macpherson, *The Life and Times of Liberal Democracy*, op. cit., p. 44.

㉒ Ibid., p. 21.

㉓ C. B. Macpherson, *Democratic Theory*, op. cit., p. 25.

㉔ J. Bentham, "Constitutional Code," in J. Bowring ed., *The works of Jeremy Bentham*, op. cit., BK. I, Ch. 9, ix. 48.

㉕ J. Bentham, W. Stark ed., op. cit., iii. 430.

㉖ Ibid.

㉗ James Mill, E. Barker ed., *An Essay on Government* (Cambridge, 1937), section IV, p. 17.

㉘ Ibid.

㉙ Ibid.

㉚ B. Macpherson, *Democratic Theory*, op. cit., p. 9.

㉛ Ibid., p. 21.

㉜ Thomas Hobbes, Ferdinand Tonnies ed., *Elements of Law, Nature and Politic* (Cambridge, 1982), Ch. 14, sect. 10, p. 55.

㉝ Ibid., Part I, Ch. I, p. 1.

㉞ Ibid., Part I, Ch. 8, sect. 3, p. 26.

㉟ Ibid., sect. 4, p. 26.

㊱ Thomas Hobbes, *Leviathan* (New York: E. P. Dutton & Company, 1950), p. 70.

⑬ Ibid., p. 69.

⑬ Ibid., p. 79.

⑬ Ibid., pp. 79-80.

⑭ J. Locke, *The Second Treatise of Government*, op. cit., p. 16.

⑭ Ibid.

⑭ A. R. M. Murray著，王兆奎譯，《政治哲學引論》，初版（台北：幼獅書店，民國五十八年），頁九八。

⑬ 逯扶東，《西洋政治思想史》，前揭書，頁二六一。

⑭ K. Mannheim, Tr. by Louis Wirth and Edward Shils, *Ideology and Utopia* (New York: Harcourt, Brace & World, 1949), p. 34.

⑭ H. D. Lasswell and Kaplan, *Power and Society* (New Haven: Conn., 1950), p. 75.

⑭ Ibid.

⑰ Ibid., p. 240.

⑱ R. H. Tawney, *Equality* (New York: Capricorn Books, 1961), pp. 175-76.

⑭ Robert A. Dahl, *Modern Political Analysis* (Englewood Cliffs, N. J., 1964), p. 50.

⑮ Ibid., p. 68.

⑮ Ibid.

⑮ Ibid.

⑬ David Easton, *The Political System* (New York, 1953), p. 143.

⑭ Ibid.

⑮ Ibid., p. 115.

⑯ C. J. Friedrich, *Constitutional Government and Politics* (New York: Harper, 1937), pp. 12-14.

⑰ C. J. Friedrich, *Man and His Government* (New York, 1963), p. 160.

⑱ H. J. Morgenthan, *Politics Among Nations* (New York: Knopf, 1948), p. 13.

⑲ John Stuart Mill, "on Liberty," in John M. Robson ed., *A Selection of His Works*, Xviii. 261.

⑯ C. B. Macpherson, *Democratic Theory*, op. cit., p. 21.

⑯ Ibid.

⑯ C.Ibid., p. 47.

第三章
近代西方民主理論的檢討

- ◎ 物化文化與價值迷失
- ◎ 剝削榨取與帝國主義
- ◎ 「逃避自由」與極權政治
- ◎ 參政不平等與政治冷感
- ◎ 西方民主理論發展應有的新方向

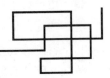

　　無可否認，民主自由一直是人類追求的目標，但是我們在上述民主理論的探討中，由隱而顯的逐漸發現，西方民主理論中所蘊含的一些缺失。在深入論究到底有哪些缺失之前，我們願再一次簡要說明西方之自由與民主的理念。在此，我們由感性自由論起。

　　所謂「感性自由」是索羅金（P. A. Sorokin）的用語。索氏認為十九世紀以來個人主義的盛行，完全是由於感性自由氾濫的緣故。這是因為如果自由意指一個人做其想做之任何事的可能性，那麼當他可以做他想做的事時，他就是自由的。亦即如果他的慾望得到滿足，他就是自由的，否則他就不是自由的❶。這也等於說，如果一個人的慾望總合大於滿足這些慾望的手段方法，他就不是自由的❷。所以，自由可以從兩方面去談，一是克制自己的慾望，使自己的慾望小於滿足慾望的方法手段，這是理性自由。另一方面，如果採取增大自己慾望與增大滿足慾望的手段，就是感性自由。

　　照我們在前面的論述看來，西方人大多是選擇了感性自由。而感性自由的發揮逼使人或團體只去追求物化的感性價值，此如財富、安逸、舒適、刺激等。這使感性自由只是外在的（sensate liberty is thus mainly external）❸。所以，人才會盡其可能的要求追求權利❹。也正為了這個緣故，西方人要改變外在的社會、經濟與政治的環境，要盡一切努力保障自己的言論、出版、思想等自由，和所謂「人的不容割讓的權利」（inalienable rights of man）。於是，民主乃逐步茁壯、開花與結果。但深一層來看，上述這一切自由，這一切人類神聖的權利，是西方十九世紀社會之感性文化的結果與展示而已❺。

　　這樣一來，西方的民主理論就有偏差謬誤的地方了，我們且修述於下：

物化文化與價值迷失

　　索羅金指出，近代西方文化的基本形式是感覺的、經驗的、世俗的「現實」文化。亦即是說，近代人認為唯有經過視、聽、嗅、觸，及其他感官所知覺的東西，才是實在的，才承認其有價值。超感覺的實在，係什麼也沒有的；即或是有，我們也感覺不到。

　　感覺不到豈不就等於沒有，當然也就沒有必要去理會它。在這麼一個前提之下，文化的根本內涵是唯物的、快樂的，而且是功利的。再加上把人性的價值局限在追求可知覺的物質享樂上，人類乃以獲得愈多的財富、權力與名望，來衡量是否愈幸福，愈偉大。於是人生所謂的「偉大」，變成都要用可知覺的「量」來測度。若某人在量上只有一點點世俗物化的價值，就會被認為是應該受他人支配的「失敗者」，並被貶到社會的最下層。如果有人膽敢拒絕去爭取那種物化的價值，則會被認為是奇怪癲狂的無志氣者。因此沒有幾個人能夠不受這種「時代精神」的控制。這第一個毒果，就是使得真理和價值領域被致命的「窄化」了❻。這樣一來，機械的唯物主義、乏味的經驗主義、極端的實證主義和卑俗的功利主義便因此而產生。這是當代文化發展的必然現象❼。而人自身的評價，當然也無法高尚。人不再有何價值可言，不再是上帝（代表價值）的創造物，人只淪為是一個不完美的有機物。當然，一個有機物是沒什麼神聖可言的❽。在許多方面，人比某些動物更不完美，那我們對待人跟對待動物又何必有所不同❾。如果他有害於我們或是他是毫無用處的，我們可以消除他，正如我們消除蛇、蚊子、寄生蟲和其他年老動物一樣。而這一切，無論是用性慾衝動或功利計較來說明，都只是物化文化的正常反應而已，不會使人有罪惡感的。

　　於是，表面上，西方的民主很尊重個人，很保障個人的權利，

給予個人一公平機會去發揮自己的能力，以追求自己的幸福。但事實上，其本質卻是使個人對個人，團體對團體，相互敵對、相互鬥爭。由價值的這種墮落，當現代文化使一切的個人與團體，認爲自己是價值和標準的最高裁判官的時候，則必然變爲如霍布斯所說的「萬人與萬人爲敵」❿。而「作爲鬥爭的最高裁判者遂不能不依靠暴力和詐僞的行爲──即依靠力與權的規則。」⓫。

上述這種物性文化當然造成人類生命價值的墮落，甚至可說導致了道德虛無主義的猖獗。這早在休謨（D. Hume）就說過：「強有力與活潑的概念對人的刺激，遠比模糊者強烈許多。」⓬，而所謂強有力與活潑的概念，只是當下偶然的感官的印象（impression），由印象是推不出什麼因果關係，我們平常的推論亦只不過是習慣的信念而已。所以，生命當下只有感官刺激的反應，沒什麼價值可言。這一點，韋伯（Max Weber）也言之甚詳。他說：「問題不是在於經驗科學是否要拒絕價值判斷，而是在於理想與價值判斷在科學批判主義上具有何種意義和目的」⓭。但事實上，卻因爲經驗科學不能告訴人應該做什麼，只能告訴他能作什麼，或者是在某一情形之下，人想做什麼⓮，這當然使在經驗科學至上的近代，不會有價值判斷可言。再舉杜威爲例，杜威認爲像康德（H. Kant）從事推理的普遍一致性，是連續不斷的一條因果鏈，而其之所以能如此，靠的是理性。但對杜威而言，理性只是一個結果，是一功能，而非原動力⓯，所謂「結果」或「功能」是指人適應環境的成就。於是，無怪乎有人說，杜威的道德不是什麼確定的規律，而是有機物適應環境之事而已⓰。也無怪乎，後來有「價值中立」之說。在索羅金心目中，這些情形代表了在道德虛無主義的氣氛下，感性自由的誤用已更爲氾濫成災⓱。

剝削榨取與帝國主義

　　由前面所述，我們已知道，近代西方人把爭個人的權益當成人的天職，而又因個人的權利或幸福是建立在物質享受之上，於是個人主義、功利主義與資本主義乃並生而起。像洛克就說人有生命、自由、財產三大自然權利。而且，至少洛克以後的英國思想，幾乎把自私看作是理性的，因爲自然法下的「理性」不能不把人爲自己謀幸福或利益當成理智的行爲❸。所以，從好處看，像美國政治思想代表人物的傑佛遜就把所謂的自然法，稱爲「不可言喻的眞理」，人是生而自由平等的，自然權利即是生命、自由、快樂的追求。這是不可分割轉讓的權利。但是，我們卻不得不指出，因爲近代西方市場競爭型態之民主理論與資本主義視人之價值爲同一物，都是贊許人之向外榨取占有的能力，把此當成實現追求幸福天賦的方法。於是民主乃淪爲權力政治，而出現剝削和鬥爭。換言之，因爲人爭取幸福能力不同，如果只求一己幸福的滿足，不講生命眞正的價值，不顧及他人的幸福，當然就有控制主宰外人的權力慾，也就有剝削情事了。因此，歐洲人認爲白種人能在非洲出現是一種美德，而在印度的英國征服者變成當地行政主宰時，也會不再相信世上有什麼律法具有恆眞性，而自認其天生就有控制和主宰印度人的權力❹。這一點得到瞭解之後，我們才能明白何以西方民主國家有其轉化成帝國主義的最大可能。於是當西式口味的民主愈往外「推銷」，愈會引生各種不同程度的誤會和排拒。

　　這表示，在剝削榨取的「權力民主」下，一定會有強凌弱或貧富懸殊的不良結果。這給馬克思和列寧良好的機會，以鼓吹共產式的「平等」與進行「無產階級世界革命」。由此，大家可看出，資本主義與共產主義都是西方文化的產物。也就知道，共產主義絕對無法解決

人類的問題。因爲它還是以「二元對立」的觀點爲基礎，企圖以更大
的暴力打倒資本主義的暴力，結果卻造成更大的榨取壓迫和更深更矛
盾的不平等。可惜的是，因爲西方民主國家在由資本主義國家轉爲帝
國主義國家後，一般非西方國家對西方國家抱有一種矛盾情結，也就
是說，在西方人所謂「低度開發地區」的人的政治意識中，對西方是
混雜了敵意和崇拜⓴，而直至現今，我們仍未看到這種矛盾已有化解
的傾向。

　　因此，西方式的民主在第一次世界大戰之後，立刻遭到嚴酷的
攻擊，法西斯、納粹、布爾塞維克的左右夾擊，和金錢勢力的操控控
制，大眾傳播的膚淺、道德與宗教意識的沉淪，幾乎使人懷疑民主是
否還有前途⓴。

「逃避自由」與極權政治

　　由於近代西方人傾向於把人的價值局限於追求物質幸福，而且
認爲人爲這個目標而爭鬥是合理的。所以，史賓格勒（O. Spengler）
就說過：「在純潔的民主外衣之下，權力意志的運作實已登峰造極，
人民自以爲獲得了自由，實際上，卻面臨前所未有的最澈底的奴
役。」⓴。對這一點佛洛姆也說：「人類在爭取自由的過程中，一方
面好似因可以逐漸控制自然、增長理智，而能與他人共享幸福。另一
方面，在爭自由而日益個人化的過程，卻意味著日漸的孤獨，不安
全，和日益懷疑他自己在宇宙的地位，生命的意義，以及日益感到自
己的無權力與不重要」⓴。在文藝復興時代人文主義者的哲學作品
中，也可以發現這種矛盾。他們一方面強調人性尊嚴、個人地位及個
人力量，同時又在作品中，顯示出不安全感與失望⓴。這除了是因爲
人從中世紀那種固定社會結構脫離之後的暫時不適應外，當代心理學
家佛洛姆認爲，主要是因爲在所謂爭自由的過程中，「他們利用他們

的權利與財富，從生活中壓擠出最後的一點愉快；但是在這樣做時，他們必須殘忍地使用每種手段，從身體上的折磨，到心理上的操縱，來統治群眾，和對付自己階級中的競爭者。人類的一切關係，都因這種爲維持權利與財富的生死存亡鬥爭，而受到傷害……其他的人被視爲被利用和操縱的『目標』，或者，爲了自己的目的，無情地摧殘他們，個人被一種熱烈的自我中心，一種對權力與財富的不知足貪心所吞用。因此，個人與自己的關係，及其安全感和信心也受到破壞。他自己也成爲被利用的目標。」㉕。在這方面，我們也就看到競爭的日形重要。西方在中世紀固然也有競爭現象，但是封建社會的經濟制度在某種意義內是以合作的原則爲主，同時也有很多規章禁止競爭。然而隨著追求個人幸福和資本主義的產生，中世紀的那些原則便由個人化企業的原則所取代。每個人必須競爭，他必須力爭上游，否則便遭淘汰。大家相互競爭，有時且得在你我的生死存亡之間做一選擇㉖。所以，表面上，近代西方人士爭到自由了，但事實上，卻也陷於孤獨與隔離，並受到來自各方面的威脅。

在這種競爭至上的情形之下，人只被當成一種工具㉗。資本家僱用一個人，就如同使用一部機器一樣，彼此相互利用，各爲其經濟利益把對方當工具。人的工作，似乎並不是在出賣他所製造的貨物，而是在出賣他自己。這種與興趣相離的勞動，使生命喪失了可能獲致的重要性㉘。這也才有所謂的「異化」（Alienation）問題。此外，當大家都在出賣自己時，人的價值變成貨品一樣，各因環境及需要而異。所以，人的自身無法爲自己估價，行情好，價格就高，行情不景氣，則乏人問津，而愈是大眾化，愈有名氣，則愈有高價推銷出去的可能。這就是爲什麼「大眾歡迎」四字是那麼重要的原因，也是爲什麼大家要想盡辦法「打知名度」或「譁眾取寵」的原因。對人類而言，少了有所寄望於他廣大群眾的擁戴，他就變成一無所取，他能成爲什麼樣的一種人並不是以某種理想爲尺度來衡量的㉙。於是，必然有價值的墮落化㉚。在這種情況下，人只有在擁有財產及權位時才有

安全感❸。

依近代西方人爭自由的原始信念來看，只要使個人不受外在的
約束，近代的民主制度便實現了眞正的個人主義。亦即只要不受任何
外在權威的管制，我們便可以自由地表達我們的思想與感覺，同時，
我們也認爲，這種自由幾乎自動地保障了我們的個人地位。但是，這
個論點必須建立在一個預設之上，那就是：唯有當我們人類有能力可
以有自己獨立的想法，及有表達我們想法的權利時，自由才有價值。
換言之，只有當人類有能依其良知自作主宰時，他的自由才有價值。
可是，在上述大衆歡迎或價值墮落化的過程中，人卻可能假自由爲
名，做著人類可能行爲中最膚淺、最瑣碎、最無意義的事❸。這表
示，如果人心中根本沒有主宰，沒有獨立價值判斷的能力，而徒然向
外「認同」。就會有隨波逐流、追求時髦，不知內省的情形。民衆也
就出現穿著相似，跳同樣舞蹈，以同樣方式思索，喊同樣的口號的情
形❸。所以，佛洛姆也指出，近幾十年所謂「良知」已漸失去其重要
性，人以爲只要不涉及他人的正當活動，每個人都是「自由」的。實
際上，權威並非消失了，而只是轉變爲看不到的。我們叫他「匿名」
的權威。他僞裝成一般常識、科學、公衆輿論等。人處處被類似「名
人住名人居」，或「吸這種牌子的香菸，可使你清涼肺腑」的溫和
「說服」的設計廣告所左右，而卻自以爲是自由的。甚至可說，人急
於逃出自己的孤獨不安，而更急於不負責的屈服於外在看不到的權威
之下。這就是「逃離自由」。此正所謂：「從前，人不敢自由思想，
如今他敢了，可是卻已不能自由思想，他被報紙刊物、傳播媒體緊緊
控制著，而他卻認此爲他的『自由』。」❸。因此，「我們今天文化
與政治的危機，並不是有太多的個人主義，而是由於我們所以爲是個
人主義的，已成爲一個空殼」❸。而偏偏人類此時居然還會被類似
「只要我喜歡，有什麼不可以」這種口號所欺騙，自認擁有「自由」。

在「逃避自由」的情形下，人已喪失了自我作主的能力，人變
成願意接受任何理念，和任何領袖，只要他能令人興奮，只要他能給

予一種表面的似乎能使人的生命有意義及有秩序的政治結構與象徵㊱。此亦即是說，當世人普遍茫然迷失之際，只要有人看起來似乎有果斷力和自信，有其自認的堅實信念，能解決問題，就會被視爲救主㊲。於是，民主政治也就有變形爲極權政治的可能。

參政不平等與政治冷感

　　由於近代西方人提倡的自由是競爭的自由，所以民主也就是市場競爭下的組織結構與運作㊳。或者如熊彼特（J. A. Schumpeter）所說：「民主的方法是經由競爭選票的過程使某個人獲得政治決定權的一種制度化的安排。」㊴。

　　但是，在爲選票而競爭，或爲取得政治決策權而競爭時，卻因每個人參政能力的不平等，造成政治冷感（political apathy）。因爲直到目前爲止，人是離開不了金錢來取得政治權力的，而人的財富及取得財富的機會實際上又是不平等的㊵。所以，因這種社會基礎的不平等，會產生了政治冷感㊶。

　　另外一個原因，則是像熊彼特指出的，由於政治和經濟同樣都不是完全競爭的（imperfect competition），而是被少數寡頭所操縱的。所以，選民的需要不可能是政治系統中最高獨立的要項㊷。亦即，在政治活動中，民眾的意見大都不是真實者，而是被人工製造出來的，極其類似參照商業廣告的方式製造出來的㊸。這表示，如果政治活動是完全競爭也許還有平等可言，可是事實上卻因不是完全競爭，而是由少數寡頭所壟斷。所以，一般人既不能提出也不能決定問題，而決定他們命運的問題，在一般情形下，是另一些人爲他們提出與決定者㊹。而這種被他人所決定的選擇卻是民主過程中最基本的部分㊺。

　　另外，在當代這種「大」社會中，製定計畫已成爲體現人權的

基本要件❹。甚至可以說，唯有經由個人和團體的合作努力才能得到
免於匱乏的自由❹。因此，凱因斯（J. M. Keynes）才說：「個人在
他們的經濟活動中，並不擁有必然的『國民自由』。」❹。同時，在
大規模生產的要求之下，壟斷性的私有資本壓制了個人能力的發揮和
勇氣及智慧的施展，個人原有的勇氣和信心，已完全被灰心和一種無
力可施之感所取代。權力只由少數集團所掌握，他們也同時能左右社
會的命運。一九二三年的德國通貨膨脹及一九二九年的美國經濟崩
潰，一直使人類的安全帶有陰影，並抵消了「自我努力即可成功」的
傳統觀念❹。

這樣一來，雖然民主號稱要「以數人頭代替打人頭」，但是在上
述情形下，無論是「數人頭」或「打人頭」，實際上都只是把人當成
「物」而已，並不曾眞正的尊重「人」，無權無勢或競爭力不足者的意
願並沒有機會伸張。於是政治冷感也才一直無法解除。而「在金錢摧
毀了心智之後，透過金錢，民主政治乃成爲自己的摧毀者」❺。因
爲，「任何其他的文明之中，權力抑制都不曾如我們西方這樣，顯現
出如此嚴酷緊固形式。」❺這也正表示，近代西方的民主理論眞是有
必要另尋新的發展出路了。

西方民主理論發展應有的新方向

我們在前面曾深入的剖析了近代西方民主理論的內涵及其偏
失。也許有人會誤會，以爲我們故意抹殺西方民主政治的優點，同時
也以西方民主政治之重妥協性（Compromise），及其重視社會福利措
施爲根據，認爲所述之西方民主流弊已得到補救。

事實上，我們絕未輕忽小視西方之民主，而是爲了重視民主之
必要性，才進行這項剖析。所以，絕無故意抹殺其優點之意，而純是
就其理論之發展論其可能之得失。至於所謂之民主的「妥協性」，則

正如曾虛白所說：「簡捷檢討，資本主義的民主體制就本質部分講，是社會上既得利益者得勢之後，挾爭取到手的政治力量，彼此協商政權分配的一套妥協安排，美其名曰『制衡』，露骨直言，只是『分贓』，謂爲民主，實有距離。」❷。而對當代之福利國家之措施，我們只要注意其仍然信守資本式的誘因，認爲唯其如此才能在社會活動中創造主要的生產成果❸，就可看出所謂社會福利措施只是被動消極的緩和衝突，並不能眞正的解決問題。因爲競爭型態下的社會福利措施其基本心態仍停留在堅持競爭是進化的原動力，當人還是把人性視爲向外擴張權力的貪婪「占有者」時，整個世界將永遠淪陷在你爭我奪的矛盾之中。

尤其，我們應該認清一個新的事實，那就是：「西方國家已不再全然主宰著這個世界」❹，或者說，我們面臨另一個新的事實，即是：「西方國家已不能再指望把他們的社會形式強加於整個世界上」❺，所以，不但我們這些非西方人對西方的民主理論要有眞誠的認識，對其得失要有眞誠的瞭解，才能不蹈其覆轍，建立眞正完美民主理論與運作，而不致盲目屈從於西方民主理論之下。更何況，就是連西方人自己也發現，如果民主理論不求新的發展方向，那麼西方社會自由民主的傳統，很難再繼續傳承下去（If we do not, the liberal-democratic heritage of western society has a poor chance of survival）❻。而在所謂西方先進的自由民主中，首須要克服的困難，並不是物質條件而是在於意識形態❼，換言之，西方民主政治之改進不在於技術方法的變更，而是在於要有一套新的價值觀與新的人生態度。

所謂新的人生態度，也正是佛洛姆所說的，人要追求一種「積極自由」。獲得這種自由的方法，是自我的實現，是發揮自己整個而完整的人格。他說在這種自我實現的過程中，「人再度與世界與人類，自然及他自己，結合起來。」而「愛心是此種自發行爲的最主要因素」，所謂愛心，「不是把自己融化在另外一個人裏，也不是占有他人」❽。此即是說，人不再彼此爭鬥，「他們的關係是共同負責的

連帶關係，而不是主從的關係」❺❾。

此外，索羅金在論述了感性自由所引生的問題之後，也提出了一個解決問題的良方。他說：「我們的良方是這樣的：我們要求一個精神意識方面的全盤改革。這個改革包括了價值系統根基的改換，以及文化價值、人類關係的澈底變更」❻⓪。

這裏引用佛洛姆及索羅金所說的「積極自由」與價值系統、人類關係的澈底改變，主要就是指近代西方人習慣的那一套追求權力彼此鬥爭的信念，必須加以澈底改變。此誠如伊斯頓（D. Easton）所說：「儘管現在充斥著權力當成政治研究中心的看法，但是我卻要說，直至今日，權力之觀念並不能完善的說明政治科學中的重大事件。」❻❶而把權力當成政治活動中心者，終將導致對生命的仇視❻❷。甚至可說，當政治活動被簡化成僅僅是爭權時，那麼歷代聖哲所描述的人生的高尚理想目標，都將墜毀❻❸。這表示，權力雖是政治研究的重要項目之一，但政治到底並不只是權力。或者說爭權並不能描述說明政治活動的中心現象，此即是說即使它很重要，也不能擺在第一位❻❹。

伊斯頓是當代美國重要的政治思想家，他有兩段自我反省的話，更值得我們重視。他說：「爲數甚多的研究者，在研究權力時，覺知追求權力是人類的一種天性，但是即使把這個理論當作是正確的，充其量只能說它在西方文化與西方式的組織結構中爲眞。」❻❺。此外，伊斯頓還說：「渴求權力和威勢，常被視爲是西方文化典型的態度和動機。」❻❻。

上述這些是西方人自己的反省，對我們這些正在接受西方民主政治影響的非西方人而言，這些反省是非常重要的。因爲唯有經過反省愼思，我們才可以眞正找出一條適合我們的道路。當然，當代中國的學者對西方民主的得失不乏明見。例如，唐君毅就曾說過：「民主自由和平，是今日之爲生民立命之道。」❻❼，以及：「自由與民主之理想，雖可在中國文化思想中求其根據。然此爲西方文化思想所最重

視。吾人乃受西方思想之誘發，而眞知自由權力之保障之重要，民主
制度之重要。」❻❽。可是，因爲近代西方人過於偏重權力之爭奪，亦
即所謂：「西方近代人之精神，正以此無限的權力慾，爲其潛在的動
機。」❻❾。所以，民主政治的理想就逐漸喪失了。方東美也說：「一
切政治又變成了什麼東西了呢？變成了Power Policy。」❼⓿。這種權
力政治當然只顧自己的利益，結果「在美國有許多號稱知識分子
（intellectuals），不管是學生也好，記者也好，大學教授也好，紛紛是
昧著良心，變爲在雙重標準下，凌辱善良人民，助長暴政氣燄的民主
自由的劊子手。幾千萬人，幾億萬人的自由都被剝奪了，但是他們全
不理睬，而在報章雜誌上毫不羞赧的自稱爲『自由主義』者。這些
『自由主義』者，可以說是喪盡天良的玩弄知識能力的人，所以從這
一點看起來，西方所謂的Democracy怎麼能夠不破產？」❼❶

　　在這麼一種瞭解之後，我們發現當我們已經接受西方民主政治
的影響時，確實有必要超越出近代西方人的困境，求得眞正合理的出
路，對此，唐君毅說：「吾人所可以還報於西方之社會文化之思想，
則爲和平與悠久之社會文化理想。此乃中國所最重視社會人文之理
想」❼❷。如果這種說法可以接受，則我們既已不能再盲目迷失於歧
途，就要研究一下以孔孟爲代表的中國傳統的社會人文思想，在當代
到底還有何價值與意義，看看是否能幫助我們解決問題。

—註釋—

❶P. A. Sorkin, *The Crisis of Our Age*, op. cit., p. 172.

❷Ibid.

❸Ibid., p. 174.

❹Ibid.

❺Ibid., p. 175.

❻Ibid., p. 311.

❼Ibid., p. 313.

❽Ibid.

❾Ibid.

❿徐復觀，〈素羅肯論西方文化的再建〉，《素羅金與危機時代的哲學》，初版
（台北：大西洋圖書公司，民國五十九年），頁二五〇。

⓫同上註，頁二四九。

⓬David Hume, *Treatise of Human Nature, L. A. Selby Bigge* (Oxford: Clarendon
Press, 1896), BK. Ⅲ, Part Ⅱ, sec. 7.

⓭Brecht, *Political Theory: The Foundations of Twentieth Century Political Thought*
(Princeton: Princenton Univ. Press, 1959), p. 223.

⓮Ibid., p. 225.

⓯John Dewey, *Human Nature and Conduct* (New York: Random House, Modern
Library, 1930), p. 247.

⓰L. C. McDonald, *Western Political Theory*, op. cit., p. 562.

⓱P. A. Sorokin, *The Crisis of our Age*, op. cit., p. 198.

⓲鄒文海，《西洋政治思想史稿》，前揭書，頁二三〇至二三一。

⓳Hannah Arendt, *The Origins of Totalitarianism* (New York: Noonday Press, 1958),
p. 221.

⓴A. G. Meyer, *Leninism* (Cambridge: Harvard Univ. Press, 1957), p. 267.

㉑胡秋原，《國父思想與時代思潮》，初版（台北：幼獅書店，民國五十五年），
頁一三七至一四一。

㉒史賓格勒著，陳曉林譯，《西方的沒落》，初版（台北：桂冠圖書公司，民國六十四年），頁五〇八。

㉓佛洛姆著，莫迺滇譯，《逃避自由》，初版（台北：志文出版社，民國五十九年），頁三一。

㉔同上註，頁四二。

㉕同上註，頁四一。

㉖參閱M. Mead, *Cooperation and Competition among Primitive Peoples* (New York: McGraw-Hill Book Company, 1937).

㉗Karl Jaspers, Tr. By Eden and Cedar Paul, *Man in the Modern Age* (New York: Doubleday, Anchor, 1957), p. 48.

㉘Ibid.

㉙Ibid.

㉚Ibid, P55.

㉛同註㉓，頁九五。

㉜Karl Jaspers, *Man in the Modern Age*, op. cit., p. 55.

㉝Ibid., p. 85.

㉞同註㉒，頁五〇九。

㉟同註㉓，頁一五五。

㊱同上註，頁一四四。

㊲同上註，頁一七七。

㊳C. B. Macpherson, *The Life and Times of Liberal Democracy*, op. cit., p. 79.

㊴Joseph A. Schumpeter, *Capitalism, Socialism, and Democracy* (New York, 1947), p. 269.

㊵C. B. Macpherson, *The Life and Times of Liberal Democracy*, op. cit., p. 87.

㊶Ibid., p. 88.

㊷J. A. Schumpeter, *Capitalism, Socialism, and Democracy*, op. cit., p. 254.

㊸Ibid., p. 263.

㊹Ibid., p. 264

㊺Ibid., p. 282.

㊻R. K. Woetzel, *The Philosophy of Freedom*, op. cit., p. 54.

㊼Ibid.

㊽John. M. Keynes, "The End of Laissez-Faire," in Alan Bullock and Mawrice Shock, eds., *The Liberal Tradition from Fox to Keynes* (Edinburgh:Black, 1956), p. 254.

㊾同註㉓，頁九七。

㊿同註㉒，頁五一〇。

㋍同上註。

㋎曾盧白，〈澄清僞證，闡揚眞諦〉，民國七十二年六月十一日，《中央日報》，第二版。

㋏C. B. Macpherson, *Democratic Theory*, op. cit., p. 12.

㋐Ibid., p. 21.

㋑Ibid.

㋒Ibid., p. 38.

㋓Ibid., p. 63.

㋔同註㉓，頁一四八。

㋕同上註，頁一五〇。

㋖P. A. Sorokin, *The Crisis of Our Age*, op. cit., p. 321.

㋗David Easton, *The Political System*, op. cit., p. 116.

㋘Ibid.

㋙Ibid.

㋚Ibid., p. 143.

㋛Ibid., p. 33.

㋜Ibid., p. 212.

㋝唐君毅，《人文精神之重建》，再版（台灣：學生書局，民國六十三年），序言，頁一二。

㋞同上註，頁一一。

㋟唐君毅，〈西洋近代文化精神之省察〉，《人文精神之重建》，前揭書，頁一五五。

㋠方東美，《新儒家哲學十八講》，前揭書，頁九一。

㋡同上註，頁九〇至九一。

㋢同註㋞。

第四章

孔孟思想的背景與特色

◎孔孟思想的背景

◎孔孟思想的特色

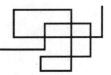

孔孟思想的背景

　　孔子名丘，字仲尼，春秋時魯國人，生於魯襄公二十二年，卒
於魯哀公十六年。孔子家世之考未能詳確，然孔子為殷遺民貴族之
後，則無可疑。故孔子少雖貧賤，其所治則為「君子之學」。而其一
生之事蹟，不外從政、教學與編書三者❶。蕭公權曾評孔子為：「就
孔子之行事論，其最大之成就為根據舊聞，樹立一士君子仕進致用之
學術，復以此學術授之平民，而培養一以知識德能為主之新統治階
級。然其所以能如此者，雖由其本人之敏求天縱，半亦由時代之影
響。」❷

　　孟子之生卒確年，並無定論。唯史記所載：「孟軻，鄒人也。
受業子思之門人。」較為可信。孟子之時，已為戰國時期，孔門道德
仁義之說，淹沒不張。孫奭「孟子正義序」稱孟子「挺名世之才，秉
先覺之志，撥邪樹正，高行屬辭，……致仲尼之教，獨尊乎千古。」
此不但可見孟子之功，亦見其所處時代背景之特性。

　　蓋自周平王避犬戎之禍，東遷洛陽之後，政局出現一個前所未
有的局面，此即錢穆所說之：「周室東遷，引起的第一個現象，是共
主衰微，王命不行。……列國內亂，諸侯兼併，及戎狄橫行。」❸。
於是，東周分為前期的春秋時代（770B. C.～403B. C.），與後期的戰
國時代（402B. C.～226B. C.）。在春秋時代，「周禮已廢而未泯，階
級方壞而猶著」❹，支持封建制度的政治意理（political ideology）
仍能發生作用。故王室雖然衰微，政權卻可維持，而霸主爭霸時也仍
會以「尊王」為口號。可是到戰國時代，封建制度幾已全然崩解，支
持封建制度的政治意理，已無法約束諸侯和卿大夫，竟然發生韓、
趙、魏三家分晉之事，周天子也被迫予以承認。周天子成為只是不受
尊敬的名義上的領袖，各國爭霸之烈，更甚以往。這種背景，當然刺

激了包括孔孟在內的才智之士，紛紛提出評析或對策。

　　以孔子來說，孔子之時正值春秋戰國交替之際，王室凌夷，諸侯兼併，夷狄交侵，戰爭連年，封建政治之基礎如宗法制度和等級制度，皆已崩潰。人倫大壞之下，僭竊篡奪，事所多見，弒君者多達三十六次，且甚多爲子弒其父者。而政治上不卹民艱之官僚，又令人興苛政猛於虎之慨。日人宇野哲人說：「王室衰微，號令不能行於天下，……。列強對峙，各圖自國之富強，而以侵略他國爲念，……。其時君主，以今語狀之，當爲軍國主義或帝國主義者，以故，戰爭之事，始終無有絕息，人民實處於感受塗炭之痛苦狀態中。」❺在此情形下，「孔子身受舊社會之薰陶，又於舊制度中發現新意義，即欲以其所發現者爲改善及復興舊秩序之具」❻。因此，以孔子主張的正名爲例，早期固然可能單純以恢復周禮爲目標，這可說是受舊社會之薰陶，但進而終在新意義之仁的道德理念的開拓下，建立可大可久的人文政治理想，而得「至聖」的美名。這一點若不明白，僅以若干文句誣指孔子有「階級意識」或誣爲「奴隸主的代言人」等，都是對孔子的誤解。

　　而據史記之載孟子之生平時有云：「當是之時，秦用商君，富國強兵。楚魏用吳起，戰勝弱敵。齊威王宣王用孫子田忌之徒，而諸侯東面朝齊。天下方務於合從連衡，以攻伐爲賢。」孟子自己也形容他那個時代爲：「世衰道微，邪說暴行有作，臣弒其君者有之，子弒其父者有之。」（《孟子・滕文公下》）以及：「爭地以戰，殺人盈野，爭城以戰，殺人盈城。」（《孟子・離婁上》）此眞所謂：「聖王不作，諸侯放恣，處士橫議。」（《孟子・滕文公下》）。可見孟子所處之時代，較孔子更爲無道。然孟子卻以極強烈之自信心與使命感，自誓：「五百年必有王者興，其間必有名世者。由周而來，七百有餘歲矣。以其數，則過矣；以其時考之，則可矣。夫天未欲平治天下也，爲欲平治天下，當今之世，舍我其誰也？」（《孟子・公孫丑下》）。

　　孟子平治天下之道，一方面是以「正人心，息邪說，距詖行，

放淫辭」的方法,來宣揚孔子的思想價值;另一方面則在確立「性善」
的基礎上,特別主張「民貴君輕」,以「不嗜殺人者能一之」(《孟
子·梁惠王上》),及「國君好仁,天下無敵」(《孟子·離婁上》),
「以不忍人之心,行不忍人之政,治天下可運之掌上」(《孟子·公孫
丑上》)來對治當時的霸道暴政。而也正因爲孟子的這些思想主張,
使孔子的思想體系更加明確完備,形成一種足以代表中國文化特色的
儒家思想。因此,我們可說,儒家在這種亂世的背景下,所提出的主
張,雖然某些部分被後世專制政權利用而受到歪曲,然原始儒家的思
想到底一直是秦漢專制以後二千多年的思想主流,一直到了中西文化
交流,中國文化發生了鉅變,儒家政治思想才又開始發生動搖和轉
變,直到今日,它仍在繼續的發展和接受考驗之中❼。

孔孟思想的特色

人文化成的理想性

要想深入瞭解「人文化成」理想的涵義,我們必須分下述兩部
分來說明:

第一,「人文化成」的理想,事實上是奠基於中國體用如一、
變常不二,即現象即本體的形上思想之上的。

中國人在討論形上思想時,雖有「形而上者之謂道,形而下者
之謂器」之分,但是中國之形上觀並不在於純思辯式的追究宇宙之根
本或宇宙之構成原素,而是在於體悟宇宙人生最後目的或價值之源,
由明天人之際,順性命之理,終而成天下之文,於是形上形下渾然一
體,有一完整立體式之動態統一發展結構。故此處所謂形而上者,即
指在任何現實世界事務之中或者之上,那個視之不見,聽之不聞,搏

之不得的「萬物資始」、「萬物資生」的道理。這個道理是原則的原則，是目的的目的，而有「彝倫攸序」的美稱，進而有貫串天道和人道的價值顯現❽。可是這個道理或目的，卻必須落實下來，必須在現實世界中顯露其光輝。對這種形上思想，方東美就嘗說：「我以『超越形上學』（Transcendental Metaphysics）一辭，來形容典型的中國本體論，其立論特色有二：一方面深植根基於現實；另一方面又騰衝超拔，趨入崇高理想的勝境而點化現實。」❾此即是說，中國人絕不認為有隔絕外在的形上之理，而要說本體雖無定相無自體，然卻能顯為無盡的價值，這就是即體即用，即用即體的神妙。上所說可以拿中國哲學中所謂之太極來舉例，太極固是終極之理，然太極並無自體，必以萬物之用為其體。因此，我們甚至可以說，太極亦必須即體顯用，要通其變而成天下之文，極其數而定天下之象。此文此象即是舉而措之天下之民的事業，即是百姓日用，立成器以為天下利的富有大業。離開這些器用，根本便無所謂太極理體。所以可知，不可形容的「性」，它所顯出的能，並非性體本身執意要顯其能之能，而是因「性體」純是妙運遍潤萬物之實，由「仁而不得已」，亦才有動靜闢闔之陰陽變化，這仍是體用一如的道理。此理，明儒王陽明亦曾有如下之見解：「目無體，以萬物之色為體；耳無體，以萬物之聲為體；鼻無體，以萬物之臭為體；口無體，以萬物之味為體；心無體，以天地萬物感應之是非為體。」❿

可見萬有無定體可尋，萬有之體皆在其用之中。故人類之良知才可在是非之感應中，生天生地，而無所不化。正所謂：「用就是體的顯現。體就是用的體。無體即無用，離用原無體。」⓫

由此可知萬有實非憑空突然而有的，在生化不測，繁然妙有之中，畢竟都是本體真性的顯露，而確能由之以反顯出體也。然萬有與本體的關係，則是：用由體現，體待用存，體用可分亦不可分矣。是以天成其大，地成其厚，一切都有真實至善。有此體悟，才知本體不是頑空，萬有不是混亂無序，人生又豈是空虛無意義的。因此，中國

學人普遍都認爲：「中國人的生活興趣是寄託在『此世』，認爲在這現實的人間世中，就可以充分完成人類所追求的一切價值。假使在宇宙中有一個可能設想的最好世界，那麼就是此世，因爲憑藉人類通力合作的創造性生命，不難點石成金，將此現實世界點化超昇，臻於理想，所以我們並不像許多宗教狂的出世態度，對現實世界只是逃避，卻去蹈空追求另一渺茫的他世。」⓬。這表示對中國人而言，現實世界確有其價值，也是不容逃避或盲目否定的。

第二，中國人除了重視現實世界所具有的理想價值之外，更堅信人的可貴在於經由一己德性的體認與提昇，能將現實世界點化成理想世界，而政治上也就有「人文化成」的理想性。

牟宗三曾說：「中國的哲人多不著意於理智的思辯，更無對觀念或概念下定義的興趣，而是重於實踐的。實踐的方式初期主要就是在政治上表現善的理想，例如，堯、舜、禹、湯、文、武諸哲人，都不是純粹的哲人，而都是兼備聖王與哲人的雙重身分。這些人物都是政治領袖，與希臘哲學傳統中那些哲學家不同。在中國古代，聖和哲兩個觀念是相通的。哲學的原意是明智，明智加以德性化和人性化，便是聖了。因此聖哲二字常被連用而成一詞。聖王重理想的實踐，實踐的過程即爲政治的活動。此等活動是由自己出發，而關聯著人、事和天三方面。所以政治的成功，取決於主體對外界人、事、天三方面關係的合理與調和；而要達到合理與調和，必須從自己的內省修德做起，即是先要培養德性的主體，故此必說『正德』然後才可說『利用』與『厚生』，中國的聖人，必由德性的實踐，以達政治理想的實踐」⓭。而這種政治理想，就是要使現實人類的政治活動，與最高尚的價值理想合而爲一，變做「人文化成」價值理想之實現。

在上述這種「人文化成」理想的激勵之下，中國各宗各派的政治思想，無不以完成此一價值理想爲歸趣。此如：「儒家以同情忠恕追求至善，也就是說，能夠在體悟天地生萬物的仁心之後，奮然興起，參贊化育，以發揮生生不已的創造活力，追求所有生命的充分完

成，這並不是只求個人生命的完成實現，而是連同一切人群與一切萬有的生命，都一起要在雍容恢宏的氣圍中完成實現，這就是儒家的精神傳統。道家則能契入大『道』，而臻於至『德』內充的境界，消極的能夠據以不役於物，消弭一切私心，積極的則能據以冥齊物我，怡然與大道同體，這就是道家的卓越氣魄。墨家則能力行兼愛，避免互害，遵照『尚同天志』的原理，原天以律人，使人之所爲能契合天之所欲，據此以全天志好生之德，並使一切萬有都能在廣大同情之下視爲平等價值，這就是墨家的根本法儀。」❶

　　上所說者，正是章太炎在駁斥康有爲建立孔教之論時所說之：「國民常性，所察在政事日用，所務在工商耕稼，志盡於有生，語絕於無驗。」李澤厚稱此爲一種「實踐理論」或「實用理性」的傾向或態度，「它構成儒學甚至中國整個文化心理的一個重要的民族特徵」❶。蓋在這種思想特色中，天不大而人不小，「體」不高於「用」，「道」即在「倫常日用」、「工商耕稼」之中，這即是說人不必離開倫常日用的現實人生和經驗生活去追求超越、先驗、無限和本體。而本體、道、無限、超越即在此當下的現實生活和人際關係之中。故「體用不二、天人合一、情理交融、主客同構，這就是中國的傳統精神，它即所謂中國的智慧。」❶。因此，李澤厚也才指出：「孔學所以幾乎成爲中國文化的代名詞，絕非偶然。恩格斯曾認爲，『在一切實際事務中，……中國人遠勝過一切東方民族』，便也是這種實踐（『用』）理性的表現。」❶。

　　因此，在這種體用合一、人文化成的理想性之下，孟子雖有「所過者化，所存者神，上下與天地同流」（《孟子·盡心上》）的高意境，但仍以「仁政必自經界始」（《孟子·滕文公上》），及「養生送死無憾，是王道之始也」（《孟子·梁惠王上》）爲基本依據。而孔子在《論語·子路》上所說之「庶」、「富之」、「教之」，也是這種精神的具體顯現。清儒章學誠在《文史通義》一書中就曾說：「古人未嘗離事而言理」，所以朱子在註解《論語·述而》：「子所雅言，詩書執

禮，皆雅言也」時，即說：「皆切於日用之實，故常言之。」由此可
見，孔孟思想皆以人為中心，不喜談論怪力亂神之語，因此思想中自
然表現出極其強烈的社會政治取向，把一切理想都落實到當下即是的
現實人生。這種對人生現實的重視，與力求以理想來點化現實人生的
特色，正是人文化成的特色。

廣大和諧的涵攝性

我們都知道西方文化思想的特色即在於重視向外界分析探討的
能力，而既然要進行分析探討的工作，當然首先要確立能分析的主體
與所分析的客體。這種分析的意識立即使每一個人自覺與其他存有不
同，每一個人都自認是主體，而其他存有都是「外物」。這樣一來，
不但自然的和諧一致性被打破，人類的問題也自此而起❶。對這一
點，我們可以拿西方人所熟知的亞里斯多德的邏輯為例來說明。在亞
式邏輯中，不管是全稱判斷、肯定判斷或否定判斷，都只是在表達一
種所謂的「歸屬關係」（relation of attribution）。這就是從一個實體
（substance）出發，再從知識論的立場上將實體化成認知上的主體
（subject），然後說在這個主體之外的其他的一切事務或狀態都只有在
化成形容詞之後，才能歸屬於那個主體，以完成邏輯推述。而這種邏
輯推述所用的動詞，卻是不及物的Be動詞（Verb-to-be）。所以，事實
上，不論亞氏講任何判斷或說明任何關係都無法成功，因為他只能把
許多事物化成屬性，又因為這些屬性無法獨立自存，只好再把這些屬
性化到主體裏去❶。而基本上這仍無法消解主詞與述詞間的對立情
形，反而因抹殺「客體」，使人與人、人與萬物都對立起來。

上述這種對立性並非一無是處，西方一位心理學家榮氏（C. G.
Jung）就曾說：「對立性是使人類生命歷程充滿活力的必要緊張力
（tension）」❷。我們可以拿文藝思想來說明這種對立「緊張力」所帶
來的活力。此如：當古典主義過分偏執理智與形式時，乃興起崇尚感

情與自由之浪漫主義。可是當浪漫主義流於狂熱誇張時，再又有重現實與理智的自然主義，然後當這種自然主義講過了頭，才又有所謂的神秘主義與印象主義。由此看來，西方文化各方面的優點，正是因爲其在每一對立的偏執中都能發揮的淋漓盡致，各有可觀之處。但是就整體來說，我們可以說西方的學術，始終都是因在二元對立的這一立場中徘徊，而常患有心靈分裂症，也才習於用一物來克制與其對立的另一物。這「不僅是構成近代西方人的困惑，也促成現代人的煩悶，因爲這一種心靈分裂症是始終沒有法子醫好的」❷。

此外，習於這種觀點的人，更有可能全然不顧外在他物的價值，只以自己主體意圖爲主，強要外物臣服於自己的主觀價值之下。這時之分析理性亦只是控制外物的工具而已，此無怪乎西人有云：「知識即權力。」熊十力亦感嘆這種人爲：「……不求復其與萬物同體之本性，不務全其所以生之理，只退墮而成爲一物，以與身外之物相攻取。」❷。方東美也在討論西方近代思潮時說：「近代歐洲人雄踞一己生命之危樓，虎視宇宙之遠景，情則激越，理轉退歛；理或遠注，情又內虧；實情與眞理兩相刺謬，宇宙與生命彼此乖違。揭生命之情，不足以攝宇宙之理；舉宇宙之理，不足以盡生命之情；情理異趣，物我參差，結果遂不免兩相矛盾，銷磨牴觸，趨於空無，入於幻滅。這就是歐洲人在生命過性中所演的悲劇。」❷。有這種相同感受的，並不只是中國人，一位頗負盛名的英國詩人和藝術史家秉寧（L. Binyon）就曾說過：「目前我們西方人所經驗到的是一連串的怨恨和挫折。我們雖然已能操縱和利用自然界的資源，但儘管我們多麼努力，仍然有些重要的東西爲我們所忽略。我們把生命肢解成許多分離的部分，每一部分都由冠冕堂皇的科學所主管，其結果把生命的整體弄得模模糊糊，弄得我們似乎完全失去了生活的藝術。」❷。印度詩人泰戈爾（R. Tagor）更說：「西方人常以征服自然的思想自傲，好像我們都生活在一個敵對的世界中。在那裏，我們必須向外掠奪所需，才能生存。……於是造成了人，和孕育我們的宇宙之間的一種人

為的分隔。」❷。在這種「生命悲劇」之下，人的高尚情操乃墮落為
現實物慾之爭，而現實物慾之爭，又因有抹殺「客體」之傾向，強要
伸張一己權欲使外物臣服，乃使政治活動變成權力政治的悲劇了。

其次，我們可從西方學術思想的變遷發展，來說明這種對立性
對西方文化的影響。早在希臘的巴曼尼底斯（Parmenides）與赫拉克
里特斯（Heraclitus）分別主張宇宙是永恆不變及萬物流轉之後，柏
拉圖就根據二分法把整個世界劃分成觀念界與現象界。柏拉圖到了晚
年，雖想「把觀念論與實在論這兩種分裂而不相容的宇宙，化成價值
學上的最高統一。但是他也僅能嚮往而已，對於這個二元對立性的問
題，他卻始終沒有辦法解決。」❷。其後，亞理斯多德雖以「質料
——形式」之說，想來解決柏拉圖留下來的問題，然而卻終究無法把
所謂「第一因」與「最後因」完全結合起來，以解答人生與宇宙的問
題❷。於是他把哲學化成神學，要請第一不動的上帝來解決問題，企
圖以此把希臘思想上二元對立性的分裂，化成宇宙全體的統一。後來
也才有千餘年以「神本」為取向的中世紀思想。

「神本」取向的宗教性思想，雖予混亂時代的人一向上提昇的
希望，但是當「神本」講過頭之後，人類的生命就有危機了。因為，
無論是教父派的奧古斯汀或士林派的阿奎那，大致上都是將人的生命
劃分成肉體與精神兩方面，然後把一切感情慾望都視為罪惡，而力求
貶抑肉體，使人的整體性的生命受到壓縮。這一點，我們可以西元十
二世紀的聖貝那德（St. Bernard）為例，他有一次騎驢經過一個風光
美麗的湖澤時，竟不敢去欣賞那悅目怡心的風景，反而俯伏在驢背
上，一心懼念於魔鬼與地獄的可怕，更擔心那明媚的風光是魔鬼的幻
變❷。

在這刺激之下，西方乃有「人本」取向的文藝復興和啓蒙運
動。這表現在思想上的，則是以探究現實界之知識為中心的理性主義
和經驗主義的對立。而特別具影響力的後者可說是一種約簡法，在認
識的心與客觀世界的自然現象間劃一鴻溝，有構成認識心的「次性」

與構成物質世界的「初性」之分，「然後再由約簡法認為屬於心靈世界上面的次性，通通是主觀的，沒有客觀的真實性。」㉙。其後更有因把「價值」歸入認識上的「第三性」，說既然「次性」都不可知，「第三性」更不必談了。這表示為了解決二元對立性的問題，那些人卻反而慢慢走入不可知論的死巷。所以迨及休謨（D. Hume）時，幾乎已把人類知識成立的可能基礎給攻擊垮了。於是康德才出而力求解決知識論上的主客內外的矛盾，也就有感性、悟性、理性三類的劃分。然而因為他所提出的「超越自我」並未真正解決主客二元的對立，所以繼起的德國觀念論竟完全投身於超越性自我，而把客觀外在世界給否定掉。爾後，才有實證派和唯物論的反擊，執意於拿現實可經驗之物來否定人類的價值或人生命中的高超理想。表現於現實政治上的，就是「物競天擇」的資本主義和充滿鬥爭性的共產主義。

　　由此可知，近代西方文明的「人本」原是反「神本」的。但無形中隨「人本」而來的，是重視現實物質界的「自然主義」，這幫助了工業革命的成功。但隨著這種現實界物質開發的成功，人類也就有功利主義、享樂主義、科學主義的滋生。這些假「人本」為名而流於偏執的思想，要不是排斥高超的宗教信仰和道德理想，就是淪為不敢或不能講價值判斷的「刺激反應」論。而這些又都只是一種虛無主義，於是人類的整體生命受到扭曲，立體性頂天立地的人墮落成扁平的人。這在現實政治上，乃有講實用、講功利、講鬥爭的各種錯誤思想和行為。

　　相對上述這些由惡性二分法所導致的衝突矛盾，以孔孟為代表的中國思想上卻有一個「廣大和諧」的對治之道，作為解決問題的理想依歸。中國人素來認為，人的生命及人文活動與外在世界必須和諧一致，內外相孚，才能絜幻歸真。而人唯有徹知人與自然相因相成，流衍互潤，蔚成同情交感的中道，只有大方無隅大道不滯之中，始能淋漓宣暢生命的燦溢精神。這種保全大和，才能使每一個人盡生靈之本性，合內外之聖道，贊天地之化育，參天地之神工，充分完成道德

成就上的最高境界。

　　而這個「廣大和諧」的原則，是由於我們相信萬有的生存發展是一整體，一切的關係都不是單向的，而是可以「互爲因緣」、「互爲條件」、「更互相應」的。所以「我們便可以發現在森羅萬象的宇宙裏面，具有眾多的差別世界裏面的事物，這些事物也都可以相互的、輾轉的、交互的發生廣大的作用。」❸⓿。這就證明平常我們認爲是對立的事物，有一種相互關涉（Mutual Relevance）的關係，是互相扶持的，而不是互相對立、互相衝突的。而在互相通貫，互相依持之中，彼彼相望，互爲能持，互爲所依。萬有互爲依持，非但莫不爲主，亦莫不相屬，是以不齊而齊，玄同彼是。這時，物與物之間，是一種和諧圓融的融貫關係（Relation of Consistence），所以任何兩個東西都可以並存而不相悖，任何兩個表面對立的事物都有實質相待關係（Essential Relativity），這也正是莊子所說之「彼是相因」、「彼此相待」。我們乃可說宇宙間的一切關係都是在表現相互平等性、相互依存性、相互起作用、相互無障礙。方東美也才說，用相互蘊涵、相互關涉（Mutual Implication, Mutual Relevance）關係，及價值討論上的相互重要（Mutual Importance）來討論宇宙人生的問題時，「宇宙裏面所存在的種種阻礙的障礙，都能一一地獲得消解或化除。因此在他們所謂整個的宇宙，就彷彿在生命領域裏面的各種神經系統、消化系統、循環系統、肌肉系統，都是牽一髮而動全身。因爲它們彼此是相對待的、是互相扶持、互相統貫、互相維護，而不是衝突矛盾的。」❸❶。

　　因此，梁漱溟在論及中國文化與西方文化的不同時，才說：「中國文化是以意欲自爲調和持中爲其根本精神的」❸❷，「西方文化是以意欲向前要求爲其根本精神的」❸❸。李亦園亦說：「西方文化的態度是控制環境、征服自然；中國文化則注重人與自然、人與人、人與時間的調和，把宇宙看成一個整體系統，在此一系統中的部分只有均衡的調協，才能維持整個系統長久的運作」❸❹。更值得說明的是，

在這「廣大和諧」的均衡調協性之下，中國人特別重視各種對立物之間的互補，和自行調節以保持整個機體的動態平衡。它強調的是執兩用中和相反相成的道理，亦即「孤陰不生、獨陽不長；陰中有陽、陽中有陰；中醫理論便突出表現了這一特徵，而不是如波斯哲學強調的光暗排斥，希臘哲學強調的爭鬥成毀」 **㉟** 。所以，孔孟在政治思想中，一方面固然要君王「居其所」，但另一方面則大力主張德治與民本的思想，這就是在求「均衡的調協」。此外，在孔孟政治思想中，並沒有偏狹的個人思想，也沒有偏狹的集團思想，而始終是求個人與團體的互涵互攝。在人倫關係上，孔子所謂互尊互重的倫理禮治與正名思想，事實上也是奠基於此的。

　　換言之，在這個「廣大和諧」的特性之下，宇宙間永恆創造的歷程與人類積健為雄的活動交融互攝，才能形成一種廣大悉備的生命契機，這時天與人、人與人、人與物都是相待而有、相待而生、相待而成，都能雍容和諧，略無仇隙。人類自然應該促進這種廣大悉備的道德性生命契機，使天下萬物都能各得其所、各正其性，處處顯露親切而和諧的關係。從這個角度來看，「國家就是這種道德精神實踐的園地，政治就是這種道德精神開放的花朵。」 **㊱** 。李澤厚乃總結這種「廣大和諧」的特性說：「孔子正是把握了這一歷史特徵，把他們概括在實踐理性這一仁學模式中，講求各個因素之間動態性的協調、均衡，強調『權』、『時』、『中』、『和而不同』、『過猶不及』等等，而為後世所不斷繼承發展。儘管在當時政治事業中是失敗了，但在建立或塑造這樣一種民族的文化——心理結構上，孔子卻成功了。他的思想對中國民族起了其他任何思想學說所難以比擬匹敵的巨大作用。」 **㊲** 。

　　最後，我們要指出「廣大和諧」的政治特性，係主張人與自然的和諧性，使人類政治活動真能成就萬物的價值。因為無論從哪一方面看，「廣大和諧」的特性不但使吾人明白人類的行為互有影響，更可以說人與自然具一體相關性。這個觀點，使人類瞭解人是處於一個

有機大全之中，每一個體要互求忍讓和諧，要彼此互尊互重，個體所組成的人類社會與自然萬物更是息息相關，不可妄分爲二。而人類之災禍，主要就是不瞭解這一點，於是才有人從分割對立的心態中，滋生不是要控制其他個體，就是要征服宇宙萬有的妄念，結果不但人與人相爲敵，連自然界也要反抗人類的妄行了，這可以從當前生態環境或所謂公害問題之嚴重性即可知。

這種「廣大和諧」的原則，所表現出來的萬有和諧自在的關係，正是老子所謂之：「天下有始，以爲天下母，既得其母，以知其子，既知其子，復守其母，沒身不殆」（《道德經》第五十二章）。這表示自然和人類之間其親切和諧之關係有如母子，這種關係一旦確立就可以永不消失，人能善體這種關係就能永守安寧舒適的生活。因爲「廣大和諧」的特性，可以使吾人明白自然是宇宙普遍生命大化流行的境域，是一個廣大悉備，生成變化的境域。所以，只要吾人有此體認，就不能將自然界簡化成機械性物質場所，以供貪婪人類作科技知能征服控制之對象。更不能將自然界變成人類政治性、經濟性權益與慾望之鬥爭場所。反而可以由於眞心體認到自然界是一和諧的體系，更使我們堅信自然界是本體的至眞之境，也是萬有價值的淵藪。在這個理想特性的落實之下，人類一切欣然愛人的心念，在政治活動上能夠儘量表現，才有方東美所說之：「政治的幸福生活就是道德精神的結晶，國家機構更應是道德精神的具體代表」❸❽。也就是人類的政治活動眞能成就萬物的價值，達到各正性命、各得其所、各安其位的理想。這樣一來，我們也才明白孔孟思想中的德治仁政與禮樂倫理，都是人性的自然流露，在廣大和諧性的融攝之中，都是有本有據應該追求實踐的。

─註釋─

❶蕭公權，《中國政治思想史》，再版（台北：華岡出版公司，民國六十年），頁五一。

❷同上註，頁五三。

❸錢穆，《國史大綱》，上冊（台北：台灣商務印書館，民國五十八年），頁三五至三六。

❹同註❷。

❺轉引自邱鎮京，《孔子思想述論》（台北：文津出版社，民國六十年），頁九。

❻同註❷。

❼吳瓊恩，《儒家政治思想與中國政治現代化》，初版（台北：中央文物供應社，民國七十四年），頁二四。

❽程石泉，《文哲隨筆》，初版（台北：先知出版社，民國六十五年），頁九五。

❾方東美著，孫智燊譯，〈中國形上學中之宇宙與個人〉，《生生之德》，初版（台北：黎明文化公司，民國六十八年），頁二八三。

❿王陽明，〈王陽明傳習錄〉，《王陽明全集》，初版（台北：文友書店，民國六十一年），頁八三。

⓫熊十力，《新唯識論》，台景印一版（台北：河洛圖書出版社，民國六十三年），頁四五。

⓬方東美，《中國人生哲學》，五版（台北：黎明文化事業公司，民國七十六年），頁二三七。

⓭牟宗三，《中國哲學的特質》，台初版（台北：台灣學生書局，民國六十三年），頁一○至一一。

⓮同註⓬，頁二三八。

⓯李澤厚，〈孔子再評價〉，《中國古代思想史論叢》，前揭書，頁一九。

⓰李澤厚，〈試談中國的智慧〉，《中國古代思想史論叢》，前揭書，頁三六九。

⓱同註⓯，頁二二。

⓲B. S. Rajneesb, From Ego to the Inner Guid, *Sannyas*, No. 1, 1976, p. 17.

⓳方東美，《華嚴宗哲學》，下冊，初版（台北：黎明文化公司，民國七十年），

頁二九七。

⑳Carl Gustav Jung, Tr. By R. F. C. Full, *Two Essays on Analytical Psychology* (New York: World Company, 1956), p. 206.

㉑同註⑲，頁一九四。

㉒熊十力，《讀經示要》，初版（台北：樂天出版社。民國六十二年），卷一，頁八一。

㉓方東美，〈生命悲劇之二重奏〉，《生生之德》，前揭書，頁一〇二。

㉔轉引自方東美，《生生之德》，前揭書，頁二五九。

㉕同上註，頁二五九至二六〇。

㉖同註⑲，頁五。

㉗方東美，〈黑格爾哲學之當前難題與歷史背景〉，《生生之德》，前揭書，頁二二三至二二六。

㉘鄒文海，《西洋政治思想史稿》，前揭書，頁二一五至二一六。

㉙同註⑲，頁八。

㉚同上註，頁三〇二。

㉛同上註，頁三四四。

㉜梁漱溟，《東西文化及其哲學》，初版（台北：虹橋書局，民國五十七年），頁五五。

㉝同上註，頁二四。

㉞李亦園，〈現代化問題的人類學檢討〉，《中國現代化的動向》，前揭書，頁二九二至二九三。

㉟同註⑮，頁二三。

㊱同註⑫，頁二四五。

㊲同註㉟。

㊳同註⑫，頁二四四。

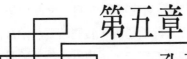

第五章
孔孟人性論的當代意義

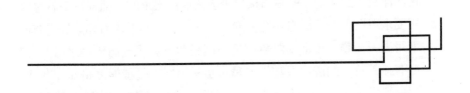

◎人的價值與性善說

◎仁的道德理念與政治活動的目的

人的價值與性善說

中國人大多認為政治活動既是人類文化活動中的一環，所以政治活動與人的心性必有不可分的關係。此即是說，我們若要討論政治問題，也必然先要論及人對自身之價值的看法，這也就必然要論及人的心性問題。正所謂要先看看人在天地之間居於何種地位，然後才能從事於各項文化活動的評估。因此，中國傳統思想，一向重視人性問題的論述，以此為一切論究的前提。

事實上，如前所述，近代西方人也是因為對人的價值有新的看法，才有所謂民主政治的開創。此如梁漱溟所說：「近世的西洋人，捨棄他中世紀禁慾清修求生天國的心理，而重新認取古希臘人於現世求滿足的態度，向前要求去，於是就產出近世的西洋文化。」❶。而「什麼『宗教改革』，『工業革命』，『民主革命』，非美亞澳四大洲的侵略，地球上有色人種的征服，世界大戰，『社會革命』……所謂近世西洋文化的怪劇，就是這樣以奔放式而演出來的。而同時亦就是因這要求現世人生幸福的態度之確立，一世之人心思才力都集於這方向而用去。」❷。梁漱溟認為這種心理是西方人「一切成功之母」，但亦有「其特異的虎狼吞噬性」❸，這是因為，這種態度是「從『我』出發，為『我』而向前要求去，一切眼前的人與物，都成了他要求，利用，敵對，征服之對象；人與自然之間，人與人之間，皆分隔對立起來；渾然的宇宙，打成兩截。」❹。所以，西方近代文明的成就，「當初本從個人為出發點，而以現世幸福為目的地……其不免於有己無人，而損人以利己，逐求外物，而自喪其天然生趣。」❺。梁漱溟進而指出：「歐洲近代政治，實是專為擁護慾望，滿足慾望，而其他在所不計或無其他更高要求的；我名之曰『物慾本位的政治』。其法律之主於保障人權，即是擁護個人的慾望，不忍受妨礙，其國家行政

地方行政，無非是謀公眾的慾望之滿足。從來的中國國家固斷斷乎做不到此，要亦未甘如此，不屑如此。」❻。因此，梁漱溟也才會說：「其實將來中國的民治並不是不能有；但絕不如近世西洋人從自己本位向外用力，寄民治於彼此對抗互爲防遏之上，此我可斷言者。」❼。這其間最主要的關鍵，仍是因爲中國人對人之價值的看法與西方人不同而已。所以，我們更有必要先看看孔孟對人之價值的看法，也才可知像梁漱溟的這種論點到底能否成立。

關於人的價值之問題，事實上也就是對人性的論究。而這一個問題卻又是極爲複雜的。據殷海光說，所謂「人的本性」是什麼，這個問題在科學上是很難解答的，「也許根本就是一個擬似問題（Pseudo-problem）。自來一般人和宗教家及道德家所說的『人性』只是經過各種文化涵化染過了色的『人性』。……依此，嚴格地說，一般人所說的『人性』只是一個假設或一組假設的性質。」❽。這樣看來，好似人性是不能討論的，或者說人性只是後天社會化的產物。可是，爲什麼有某「一個假設」或某「一組假設」？以及爲什麼各種文化不能「涵化」染色出同一種對人性的解答？這豈不意謂人性也可能是一切文化發展的基礎預設。對此，大多數學者都肯定，任何文化傳統在其根源上，都有一套明確的人性論；同時，任何現存的社會都有某種價值觀，這種價值觀也是建立在人性論上面的❾。因此，我們還是有理由從孔孟對人性的看法，來闡述其思想。

世人皆知孔子之偉大在於提倡仁政與道德政治的理想，但是環繞著道德政治這個概念仍有若干問題孔子未曾細論，這些問題中之最重要者，即爲「有關人之作爲道德人的內在問題，亦即人性的本質的問題。」❿。而這個問題是在孟子手上才完其大要的，這使孟子得其亞聖之美名，也使儒家思想體系得以完備。所以在人性問題的說明上，是以孟子之說爲主的。

在孔子之前，中國人對人性問題之探討雖無專門而有系統的著述，惟在古籍之中屢屢出現有關「性」這個字。如《左傳·昭公二十

五年》曰：「淫則昏亂，民失其性，是故爲禮以奉之……哀樂不失，乃能協於天地之性。」又《左傳·昭公八年》曰：「今宮室崇侈，民力凋盡……莫保其性。」《國語·周語》言於民「懋正其德，而厚其性。」《書經·召誥》有：「節性……王敬作所，不可不敬德。」又《西伯戡黎》有：「故天棄我，不有康食，不虞天性，不迪率典。」《詩經·大雅·卷阿》有：「伴奐爾游矣，優游爾休矣，豈弟君子，俾爾『彌爾性』，似先公酋矣。」

上引諸文，所言之「性」，有人認爲應解爲「生」字。但是我們從整體思想的發展來看，卻認爲不必局限於只是要人各遂其生，自繼其生之自然性命要求的意思。換言之，我們不必全然拿「生」字來訓「性」。因爲，「性字之涵義，若與生字之義沒有區別，則生字亦不會滋乳出性字。並且必先有生字用作性字，然後乃漸漸滋乳出性字。」[11]。所以我們引用這些古文，是要經由相應之瞭解，逐步探究出中國人「對人的生命的根源，道德的根源的基本看法。」[12]。進而對中國以孔孟爲代表的人性論有一正解。

至於中國人爲什麼要把心性二字連用而有所謂心性說呢？這是因爲中國人雖喜分論心性情意知等概念，然而「從大體上著想，我們可以說，心乃是個主腦，其勢用可以統御人類一切知能材性。這個心有體有用。它的『體』能容能藏，包管萬慮，無物不貫。它的『用』能任能行，或主於身，爲形之君，或生於道，爲生之本，或以貫理，神明變化，或以宅情，慈惠精誠。」[13]。可見就心性之關係來看，心性二字是可以相承相連的。

再者，孔子雖未明言心性問題，然中國學者大多承認孔子所說：「性相近也，習相遠也。」（《論語·陽貨》）這一句話，可以視爲儒家論性之濫觴。這句話因爲過於簡約，引起後人的爭議。可是我們現在可透過皇疏與邢疏來說明這一句話，以得孔子之眞意。

皇疏云：「性者，人所稟以生也，習者，謂生後有百儀常所行

習之事也。人俱稟天地之氣以生，雖復厚薄有殊，而同是稟氣，故曰相近也。及至識，若值善友，則相效為善，若逢惡友，則相效為惡，善惡既殊，故云相遠也。」邢疏云：「此章言君子當慎其所習也，性，謂人所稟受以生而靜者也，未為外物所感，則人皆相似，是近也。既為外物所感，則習以性成，若習於善，則為君子，若習於惡，則為小人，是相遠也。」

　　這兩段話的析理，均甚中肯。我們更可藉此作一推斷。蓋所謂「相近」，乃是就人與人皆稟天地之氣以生者之相近而言。而「習之為用」，則有雙向作用；即它可導人向善，亦可導人向惡。可見就孔子所言來看，他對人性善惡問題，並未作明確的表示。是故，孔子意在指明先天的稟受，人各相近，沒有多大差別，並非人格高下所由分，而是經過薰染才會增加人與人間的距離，以形成高下不同的人格⓮。

　　由此可知，孔子是由後天薰陶之不同，而言每一個人成就之異。可是，所謂後天薰陶之道為何？曰繫乎人之所志與所學，故立志與向學為孔子所恆言。此如：《論語・述而》有：「志於道，據於德，依於仁，游於藝。」〈里仁〉有：「苟志於仁矣，無惡也。」〈為政〉有：「吾十有五而志於學。」〈泰伯〉有：「學如不及，猶恐失之。」此蓋因相近之人性，可為人之不同之志向與學習的根據，而使此相近之性聯繫於各種可能的志與學。此即表示孔子論性隱含有一「相近之人性，如能自生長而變化，原具無定限之可能之旨者也。」⓯。何況，像此種論述，「多對一理想而言，又無以人性為惡之論。」⓰。因此，孔子雖不抽象地討論性善或性惡，但因其所言皆落實於具體向上之學或向善之立志活動中，而由此才有人格高下之分。這才使孔子確立「仁學」的基礎。於是周朝封建制度下，君子小人原本是代表身分地位之區分，經由孔子「仁學」的建立，君子小人已成為人格品德成就的區分。換言之，孔子認為君子小人之別正是仁與不仁之別。胡秋原乃說：「這一君子小人之新分法，可稱『孔子的旋轉』。

這一旋轉，使中國古典文化，向『人格』而發展其無盡的光芒。」
⑰。

徐復觀也以孔子「爲仁由己」這句話說：「孔子是通過他個人
下學而上達的工夫，才實證到性與天命的合一。所以性與天道，對於
孔子，還是個人地事實地存在；孔子似乎還沒有把它客觀化出來，加
以觀念的詮表；所以子貢才有『不可得而聞』之嘆。」**⑱**。而到了孟
子，則是即心言性，力倡性善說。此如他在〈告子上〉所說之：「人
性之善也，猶水之就下也，人無有不善，水無有不下。」所以勞思光
就說：「孔子立仁、義、禮之統，孟子則提出性善論以補成此一學
說。無性善則儒學內無所歸，故就中國之『重德』文化精神言，性善
論乃此精神之最高基據。」**⑲**。這表示中國人將孔孟並稱是極有道理
的。

何以說孟子是即心而言人性爲善？此乃因孟子認爲人生而皆有
「惻隱」、「羞惡」、「恭敬」、「是非」四種善心，而言人生而皆有
仁、義、禮、智四種善性。對這一點，孟子說過：

> 惻隱之心，人皆有之。羞惡之心，人皆有之。恭敬之心，人皆
> 有之。是非之心，人皆有之。惻隱之心，仁也。羞惡之心，義
> 也。恭敬之心，禮也。是非之心，智也。仁義禮智非由外爍我
> 也，我固有之也，弗思而已矣。故曰：「求則得之，舍則失
> 之。」(《孟子‧告子上》)
> 所以謂人皆有不忍人之心者，今人乍見孺子將入於井，皆有怵
> 惕惻隱之心，非所以內交於孺子之父母也，非所以要譽於鄉黨
> 朋友也，非惡其聲而然也。由是觀之，無惻隱之心，非人也。
> 無羞惡之心，非人也。無辭讓之心，非人也。無是非之心，非
> 人也。惻隱之心，仁之端也。羞惡之心，義之端也。辭讓之
> 心，禮之端也。是非之心，智之端也。人之有此四端也，猶其
> 有四體也。(《孟子‧公孫丑上》)

　　這些話是孟子之認定在人的本性之中有上述之四種善心，而由這些善心之自覺，人乃有價值意識，而有道德行爲。所以，孟子之即心言性，正是將德性主體確實的挺立起來。其實，人在日常經驗生活中，隨時隨地都會有「應該不應該」的選擇，孟子乃以孺子將入於井爲例，力言目睹者必然會發出不忍人之心，而前往施救。此舉純出乎天性使然，既無意內交於孺子之父母，亦非要譽於他人。這證明人在做「應不應該」的選擇時，並不受利害考慮的束縛，而是順心而爲。這就是道德心的自覺或是價值意識的自覺。因此，孟子又說：「乃若其情，則可以爲善矣。」（《孟子・告子上》）這表示，孟子之性善論，不是經由知識上曲折的論證過程所得之結果，他是直接就當下流露在具體生活中的惻隱、羞惡等德性表現，而印證到人性普遍價值的存在[20]。

　　孟子又從人的耳目感官之同求滿足，而證人心要依自覺之價值而有所抉擇。他說：

> 口之於味，有同者也。易牙先得我口之所耆者也。如使口之於味也，其性與人殊，若犬馬之與我不同類也，則天下何耆皆從易牙之於味也？至於味，天下期於易牙，是天下之口相似也。惟耳亦然，至於聲，天下期於師曠，是天下之耳相似也。惟目亦然，至於子都，天下莫不知其姣也。不知子都之姣者，無目者也。故曰：口之於味也，有同耆焉，耳之於聲也，有同聽焉，目之於色也，有同美焉。至於心，獨無所同然乎？心之所同然者，何者？謂理也，義也。聖人先得我心之所同然耳。故理義之悅我心，猶芻豢之悅我口。（《孟子・告子上》）

　　孟子此處所說，並不是在由耳目之同，而證人心之同。孟子只是在說，既然我們可知耳目之求滿足，那麼人心當也有求其滿足之道。所謂人心求滿足，即是求人之自覺於行爲該當合於理義。亦即以四端之心的推擴，使「理義之悅我心」，使人不限於形骸之束縛，免

於純粹之逐慾求利。這也是孟子所強調人之所以爲人的基本信念，也
指出了道德存養的門路，這對後世儒者的影響極大。

由上可知，孟子是直就「如人有具惻隱不忍之情之心之生，見
於對孺子之入井等，孟子即就此心之生，即可擴充爲一切不忍人之
心；而言人性之有不可勝用之仁」**㉑**。所以，孟子乃即心之生，以言
心之性之善。此正所謂：「君子所性，仁義禮智根於心」（《孟子・盡
心上》）。因此，孟子所言是要我們由吾人之心之「悅理義」，而知理
義是發展吾人之性的基本目標。此亦不外欲就學者當下所自能承當
者，直接點出目標，而視爲根本之工夫。這表示孟子把一切複雜的義
理與修行工夫，都含聚成一個簡易直截的工夫，以一心之發，當惻隱
時自惻隱，當羞惡時自羞惡，純以不忍人之心自作主宰。因而孟子肯
定人心之自覺自悟，自然興發以自拔於物慾之上。在這種道德實踐之
中，若說人世中有道德理想的天理，則因滿心而發無不合理，顯示人
之本心良知與天理不一不二，是以無天理能外在於本心，而人心之自
然流露，自然踐致，亦即天理所在，故天地萬物乃森然畢備於此一心
內，若說天理有一超越義，則因人心之同其尊貴，而同其超越矣。於
是，不但人的尊嚴可以挺立，物我內外之二元對立性亦得以打消。此
即孔孟之學的眞精神。

這種性善之說提出後，每一個人都可以在自己的心上，當下認
取善的根苗，而不必向外攀援。這裏不但有個人心性修養上之道德的
無限性，更可將之擴充於天下國家，把天下國家當成道德實踐的對象
㉒。這不但證明我們前所說之，人心與人之任何活動都有密切的關
係；更可以看出，由這個觀點才可以說「內聖外王」是儒家的理想。
此正是牟宗三所說之：「精神生命之基本方向之決定乃是人生之一基
本問題。」**㉓**。

對孟子這種性善論，也有人予以批評，近代最主要的代表如殷
海光所說之：「儒家所謂『性善』之說，根本是戴起道德有色眼鏡來
看『人性』所得到的說法。……因爲他們認爲必須人性是善的，道德

才在人性上有根源，所以說性善。這完全是從需要出發而作的一種一廂情願的說法。」❷。韋政通也說：「儒家在道德思想中所表現的，對現實人生的種種罪惡，始終未能一刀切入，有較深刻的剖析，根本原因就是儒家觀察人生，自始所發現者在性善，而後就順著性善說一條鞭地講下來。因此，儒家的道德思想，對生活安適，痛苦較少的人，比較適合而有效；對生活變動輻度大，且有深刻痛苦經驗的人，就顯得無力。」❷。葉啓政則說：「經過幾世紀的演變發展，儒家之內修思想衍生『以理殺人』的僵化教條。在充滿權力慾望、基本生存備受威脅的社會裏，這種思想知常而不知變，應常而不應變，同時也把修養工夫看得太容易，道德規範往往僅只模糊指點工夫的意涵，未能明確點明實踐的具體途徑。」❷。

　　上述這些論點也許各有所本，然我們認爲以此來批評孔孟，似嫌過苛。蓋孟子之以孺子入於井時，人良知本心自然流露，而主張性善，明顯是說一般人即使不知道德自覺的內省過程，但只要時機適切，仍會自然興發「人之所不學而能者，其良能也；所不慮而知者，其良知也。孩提之童，無不知愛其親也；及其長，無不知敬其長也。」（《孟子‧盡心上》）這種「我固有之，非外爍我也」心理要求。也就是說，孟子確實是在人自己心意的活動中，建立道德行爲的根據。但這並不是說孟子就不知道現實人生充滿罪惡，更不是說孔孟於此全然是「一廂情願」。其實，當孟子說出：「人之所以異於禽獸者，幾希。」（《孟子‧離婁下》）時，已完全正視了現實世界的罪惡與痛苦，更對人受慾望牽引之深，表達了深刻的關切。但孟子於此還要主張性善，正是把仁義之性與耳目之慾，從混淆相雜中，加以釐清，使人對道德的主宰性、責任性得以確立。這豈是只是對「生活安適、痛苦較少的人，比較適合而有效」？孟子所說：「口之於味也，目之於色也，耳之於聲也，鼻之於臭也，四肢之於安佚也，性也，有命焉，君子不謂性也。仁之於父子也，義之於君臣也，禮之於賓主也，智之於賢者也，聖人之於天道也，命也，有性焉，君子不謂命

也。」(《孟子‧盡心下》)正是說明此理。故徐復觀也說:「古來對
孟子性善說的辯難,多由不明孟子對性之內容賦予了一種新的限定,
與一般人之所謂性,有所不同而來,所以這類的辯難,對孟子的原意
而言,多是無意義的辯論。」❷。

　　所以,孟子所謂之「性」乃係指性體之實或人之本性之實而言
❷。而孟子以仁義禮智四端為代表的人這種本性之實,乃肯定價值意
識內在於自覺心這一觀點,「乃指人所以與其他存在不同之性而言,
亦即指Essence」❷。可是,這又並不表示孔孟不重實際道德修養的
工夫。相反的,孟子認為人與禽獸的本質差別在於「四端」之性的有
或無。因此,「四端」只是始點之意,並非說人一生下來即是聖人,
只是說人若能存養推擴良知本心,不被外誘所惑,不使善心沉淪,即
可成聖成賢。此一則說明道德善行的根本所在,另外也凸顯了修行的
重要性。所以孟子乃說:

> 君子所以異於人者,以其存心也,君子以仁存心。」(《孟子‧
> 離婁下》)
> 雖存乎人者,豈無仁義之心哉?其所以放其良心者,亦猶斧斤
> 之於木也,旦旦而伐之,可以為美乎?(《孟子‧告子上》)

　　至於如何才能存養善性,孟子認為與每一個人自身後天的修養
有密切關係,此如:「人之異於禽獸者,幾希,庶民去之,君子存
之。」(《孟子‧離婁下》);「求則得之,舍則失之,是求有益於得
也,求在我者也。」(《孟子‧盡心上》)。而在實際道德修行上,則要
注意:

不可被外在物慾所惑,要認清生命的大方向

　　此如孟子所說之:

> 體有貴賤,有小大,無以小害大,無以賤害貴。養其小者為小

人，養其大者為大人。（《孟子・告子上》）

從其大體為大人，從其小體為小人。曰：鈞是人也，或從其大
體，或從其小體，何也？曰：耳目之官不思而蔽於物，物交物
則引之而已矣。心之官則思，思則得之，不思則不得也。此天
之所與我者，先立乎其大者，則其小者不能奪也。（《孟子・告
子上》）

可見，良知本心是價值性自覺的源頭，唯其自覺之思才能不被
「小」所誤，而為「大人」。

要克服外在環境的束縛

孟子說：

富歲，子弟多賴，凶歲，子弟多暴，非天之降才爾殊也，其所
以陷溺其心者然也。（《孟子・告子上》）

這表示，人若不能持志存養，雖先天的性善是相同的：結果卻
可能有人懶、有人暴。而若把懶與暴的責任推在環境因素，不知自我
反省絕非「豪傑之士」。蓋孟子認為：

待文王而後興者，凡民也。若夫豪傑之士，雖無文王猶興。
（《孟子・盡心上》）

要有信心，不可自暴自棄

人由於身處現實物慾的交感之中，往往因某些人性陷溺的病
象，而喪失可以向上的信心，孟子特別以性善鼓舞吾人，力言不可自
暴自棄。此如：

牛山之木嘗美矣，以其郊於大國也。斧斤伐之，可以為美乎？
是其日夜之所息，雨露之所潤，非無萌蘗之生焉，牛羊又從而

牧之，是以若彼濯濯也，人見其濯濯也，以為未嘗有材焉，此
豈山之性也哉？（《孟子‧告子上》）
自暴者，不可與有言也，自棄者，不可與有為也。（《孟子‧離
婁上》）

只有在存養推擴之下，「苟得其養，無物不長」（《孟子‧告子
上》）而上契聖賢境界。對此，孟子說過很多，如：

盡其心，知其性也。知其性，則知天矣。（《孟子‧盡心上》）
仁義禮智根於心。其生色也粹然見於面，盎於背，施於四體。
（《孟子‧盡心上》）
萬物皆備於我，反身而誠，樂莫大焉。（《孟子‧盡心上》）
可欲之謂善，有諸己之謂信，充實之謂美，充實而有光輝之謂
大，大而化之之謂聖，聖而不可知之謂神。（《孟子‧盡心下》）
所過者化，所存者神，上下與天地同流。（《孟子‧盡心上》）

這些說法毫無神秘可言，都只是形容道德善性推擴的境界而
已。也是中國哲學「體用不二」、「天人合一」特徵的顯現❸。這種
使心德實現於客觀世界之中，而不是停留在「觀想」、「觀念」世
界。至此，孟子的人性論才算完成❸。

孟子的政治思想正是由於人性論擴充而來者，陳澧在《東塾讀
書記》中說：「孟子道性善，又言擴充，性善者，人之所異於禽獸
也；擴充者，人皆可以為堯舜也，人能充無欲害人之心，而仁不可勝
用也，人能充無穿窬之心，而義不可勝用也，人能充無受爾汝之實，
無所往而不為義也。……擴充之義，獨處皆是，親之敬長，達之天
下，擴充也，推恩而保四海，擴充也」。可見保四海之道，也是由性
善推衍出來的。

為什麼保四海之道可以從性善論推出？這是因為就孔孟所立的
仁與良知本心的觀點來看，一個人能體認「不待外鑠」的仁、本心且

加以自覺的實踐推擴，表現出美善之行為，就是「從大體」的「大人」；否則，便是從「小體」的「小人」㉜。這也就是說孔孟開創的儒家思想由確立「人與獸的區別」，而定下人存在的終極價值，並開出人通往自由的途轍。因為如果我們能自覺的掌握自己本心之善的自然興發，那我們就可以知道：孔門倫理所提倡嚮往的自由是行善的自由，是選擇善行的自由㉝。所以，中國人認為自由不是意指「免於什麼」的自由㉞。而是積極去行善的自由。這種選擇善行不是漫無根據的，它是以本心之仁為本。亦即是說，選擇善行是依據仁而選擇的，這種選擇不是出乎任何個人一己心中的私善㉟。這樣一來，這種選擇善行的自由可以視為發展一個人的人性或一個人真實自我的自由㊱。我們願再說一次，這種自由是「我固有之」的，不是任何外力壓迫的產物。換言之，是人本心之仁的自然要求，不順此要求，人就會墮落，就會與禽獸「相差幾希」。而順此仁心之發，則能成聖成賢，成就自己之無上人格。因此，從孔門的倫理觀點來看，要成為一個人，首先就要盡一個人的責任，而不是強調要爭取一個人的權利㊲。對這一點，勞思光也說：「人作為自覺活動者說，則即在自覺處顯現其自由及主宰……人只能在『義』處作主宰。」㊳。我們從這裏可以很清楚的看出這種自由觀與近代西方人以爭權利為中心的自由觀是不相同的。而且我們也相信，只有奠基於自由行善的觀點才是正確的立人之道。否則，當人只是被外在條件決定或被現實經驗內容所決定的存在物時，「人之自作主宰性，自本自根性，於此乃無法建立的」㊳。偏偏某些在中國以自由民主號召的人士，不知中國人是從這個觀點來看人的價值，不知中國人是從這個觀點來看自由的可貴。因此，「中國人數十年之科學文化運動，與政治社會之民主自由運動者，恆欲澈底推翻否定中國文化之傳統，此未嘗不由於彼等之感到，中國文化精神陶養下之中國人，恆不能真如西方人之貢獻其生命精神，於科學與民主自由之運動」㊵。這時才有胡適所說之：「我們必須承認我們自己百事不如人。不但物質機械上不如人。不但政治制度不如人，並且道

德不如人，知識不如人，文學不如人，音樂不如人，藝術不如人，身體不如人」❹。但是，「一般提倡自由民主者，更不知中國文化精神陶養下之中國人，所以不能真貢獻其生命精神於科學與民主自由：乃由於中國人文精神，自一方言之，確較單純之科學民主自由之精神為高。純出自功利動機，與由慾望而生之卑屈羨慕之意識形態，以提倡此二說，尤為中國人深心之所不願」❷。所以，今天如果我們真要在中國提倡民主自由，就不該再犯前人那種錯誤，不要再自以為處處不如人。

話再說回來，我們可以說，在孔孟這種將心比心的推擴仁心本性的過程中，人類才能由其小我之私慾中超越出來，而體認出其對人世間的責任。這種責任不是壓迫自我的苦役，而是人性之真自由的呈露。而這種人性的自由呈露，其實就是四端之心的存養推擴。因此，人雖然可能墮落，但人卻永遠有機會超出私慾與黑暗，其關鍵乃在「求則得之，舍則失之」的仁心。此亦《論語·述而》上所說之：「子曰，仁，遠乎哉？我欲仁，斯仁至矣。」這與近代西方人之由「天賦人權」論人之價值是不盡相同的。何況「天賦人權」還易於引起爭鬥，這是張佛泉在論「人之理智與自覺乃權利之源」時所未論及的❸。這也是中國近代許多提倡自由主義的學者共同有的偏失，他們只以「不可出讓的權利」為出發點來看人，而不知中國人要建設民主可以不走這一條路。

所以，唐君毅才說：「由此而欲中國人在短期內有美國式之自由平等之生活享受，絕無可能。我們亦不必羨慕。因其中正藏有一使人向平面世界物化的危機」❹。這是因為，中國人深受孔孟思想的影響，不把人的價值局限於物質幸福的享受。反而認為：「人的價值，並不當以其所享受者，定其高下，而當以所享受者，除所創造者，所得商數之大小，定其大小。享受者愈小，而所創造者愈多，人之價值乃愈高。則中國人之不能有美國式之生活之享受，亦並非即我們之文化之缺點，於此羨慕，絕無一絲一毫之價值可言」❺。換言之，渺小

的人類，如果從人類自覺之仁心良知這一方面立定方向，不必向外界去追逐名利權位，就能「像後來宋明理學家張載所說的『大其心則能體天下之物』。這是表現原始儒家裏面的一種所謂天地同一（Cosmic Identification）精神。把人的生命，提昇到精神價值的理想上面去，而使現實人類的生命活動，同最高尚的價值理想，合而爲一。……變做『人文化成』價值理想之實現」❹。所以，我們可說，孔孟把人的地位抬得很高，認爲人是價值理想的實現者，認爲人所追求的眞自由就是要善盡實現「人文化成」理想之責任。由此看來，近代西方人由爭個人幸福權力，而自由發揮能力，引生的開發物質界的成就，中國人可以虛心學習，因爲開發物界本是「人文化成」的理想之一。但也不必對西方之成就屈從羨慕。因爲西方人的成就只停留在「利用」、「厚生」，於是才會有糾纏不清的衝突。對此，錢穆也說：「……但人生理想，究不爲要送人上月球，送人上了月球，依然解決不了當前世界有關人生的種種問題」❹。甚至我們可說，如果人的價值只是一己物質幸福權利的追求，如果人生理想只是享受開發物界之成就，那麼人將沒有眞正的價值標準以評估人的生命，而「代替眞正的客觀的價值本身的衡量者，遂只能是外在的效用之比較」❹。於是「金錢自然化成價值之尺度」❹。

　　但是，孔孟絕不願以外在的效用來決定人的價值，而是直就人之所以爲人的仁心本性而論人有無上的價值。所以，一方面「孟子深入研究人類行爲的善良和好義，奠下了性善的道德基礎。內心的至善須待擴充，善端擴充後便成爲完美的人格，這種完美的人格，光風霽月，不失其爲大，所謂『大而化之之謂聖，聖而不可知之謂神』。人的理想就是要趨於神聖」❺。而另一方面，在這種踐仁盡性的道德實踐中，成立了一種「道德的形上學」，「其道德性的眞正創造之意義，它始打通了道德界與自然界之隔絕」❺。於是，我們乃可知由孔孟所述之仁心惻隱之相涵相攝之中，通於天性天理之普遍，這樣才「不將世界二元化」❺。

在孔孟這種對人性價值的肯定之上，我們接下來才能談論民主政治如何落實於中國的問題。這也正是唐君毅所指出的：「我們即只有由尊重中國古典式之文化傳統，以保我們之超越向上之精神，我們之價值差等之意識，以運之於我們之平等自由之觀念中，而成就中國之民主政治的實踐。否則我們絕無路可走。」❸。

仁的道德理念與政治活動的目的

幾乎所有的學者都承認孔子思想的主要範疇是「仁」。例如，大陸學者金觀濤就指出，孔子以三個非常獨到的概念來把握儒家意識形態結構的三個子系統，即是：「禮」、「仁」、「天」❹。其中，「禮」代表孔子的社會觀，「天」代表孔子的哲學觀，而「仁」則是孔子的價值觀與實現道德的具體途徑。由於這三個子系統高度內在關聯的和諧特色，使得孔子以後儒家學說不斷豐富發展，體系大備。但依我們看，代表價值觀的「仁」卻是中心思想，由仁的外顯才有禮，而由仁的踐形上達才得契於天，可見討論孔子思想確實要從論仁開始。

孔子自己對仁也極為重視，此如他在《論語》一書中曾說：

> 君子去仁，惡乎成名。君子無終食之間違仁。造次必於是，顛沛必於是。（《論語‧里仁》）
> 志士仁人，無求生以害人，有殺身以成仁。（《論語‧衛靈公》）
> 仁之於民也，甚於水火。水火吾見蹈而死者矣；未見蹈仁而死者也。（《論語‧衛靈公》）

孔子對仁雖如此重視，但如果我們真要體認孔子仁的道德理念，仍必須先以孟子性善論為其基礎。也就是說，孟子性善論是孔子仁學的邏輯基礎。唯有確立人係可以自作主宰的道德主體，我們才能討論仁的道德實踐。許多學者認為孔孟為人本主義的政治思想家，並

以孔子論仁爲依據。這種說法當然正確，但依我們看，所謂人本主義政治思想，仍必須先對人的價值有正確認識。

在此，我們要再一次指出，孔孟對人性的基本認定，是視人爲一個能自覺力行道德的主體，亦即人的主體性在於他能「以理義悅吾心」，於是能自作道德行爲的主宰。孔孟從未把人之能自覺苦樂當成人之所以爲人的本質。我們甚至可以說，凡是動物皆知趨樂避苦。以狗爲例，狗亦知爭骨頭爲食的重要性，狗亦有逃避災害的天性。就此而言，狗亦有其自覺苦樂的主體性。然人到底不能純以自覺一己苦樂的心態出發，而效法狗爭骨頭般的爭權奪利。如果眞能如此，人世間又何必談什麼理想，論什麼價值，只要比權力之大小即可。但是人畢竟不能如此，人在災難之時，恆有犧牲自身救助他人之義行（此以父母救助子女尤爲明顯）；人在聽到慘聞時，常興血肉相連般的悲痛心念；人在發現社會發生重大凶殺案時，從未讚賞凶手之惡行爲高明者；人在看到不公不義之事時，常有抱不平的是非之分。這表示，這世上可能有「非人」之人，但人類總不能全被化成狗。何況，非人之人只要一念覺醒仍可重新爲人。可見孟子所說無惻隱之心，無羞惡之心，無辭讓之心，無是非之心非人也，眞是一針見血之論。

由此可知，如果說以孔孟爲主流的中國文化有無上之價值，「此即依於人者仁也之認識，以通天地，成人俗，正人倫，顯人文是也」⑮。當然，我們不能說只有孔孟重仁，至少西方基督教與印度佛教之博愛慈悲亦是重仁的顯現。但是，「以人性即仁，以至以一切善德，皆直接內在於人性。則特爲數千年來之中國思想，萬變而不離其宗者。此種人性即仁之思想，始發於孔子欲仁仁至，仁不外求之思想，而由孟子加以發揮」⑯。這一種「人性即仁」的思想，也正是中國文化的特色。

仁字在我國古籍中出現最早者，首推《周禮》，《周禮·大司徒》「六德——智、仁、聖、美、中、和」爲仁字初見最古者⑰。可是，仁的哲學意義則爲孔子所創發。此亦即是說，在殷代文獻中並無「仁」

這個字，周以後雖有仁字，涵義並不確定。至孔子以後，仁的涵義才有確解與擴大，幾已包括了人類全部的美德，成爲作人的最高原則⑧。

《論語》一書中，仁字共出現一百零五次，《論語》書中有五十八章論仁⑨。《孟子》七篇中，亦有七十章論仁義之道。兩書其餘各章雖未明提仁字，但其意涵皆與仁的理念相關。故蔡子民就說：「孔子理想中之完人，謂之聖人。聖人之道德，自其德之方面言之曰仁；自其行之方面言之曰孝；自其方法之方面言之曰忠恕。」⑩。而梁啟超亦說：「儒家言道言政，皆植本於仁。」⑪。

如果從仁字之構造來看，其左邊是一「人」字，這表示論仁先要瞭解人之所以爲人的道理，其右邊是一「二」字，這表示有兩個人才用得上「仁」字。所以古人說：「仁，相人偶也」⑫。此即表示仁是指人與人相處之道，可見仁的出發點是在人際關係。清儒阮元就依此而說：「詮釋仁字，不必煩稱遠引，但舉曾子制言篇：『人之相與也，譬如舟車然，相濟達也。人非人不濟，馬非馬不走，水非水不流。』及〈中庸〉：『仁者人也。』鄭康成注：讀如相人偶之人。數語足以明之矣。春秋時孔門所謂仁也者，以此一人與彼一人相人偶，而盡其敬禮忠恕等事之謂也。」⑬。但是如果只從人際關係來解釋孔子的仁，似乎仍不能完全把握孔子論仁的整個意涵。例如，孔子說：「我欲仁，斯仁至矣。」（〈述而〉）就不能僅從人際關係去體會。像類似這種話事實上包括兩方面意涵，「一方面是對自己人格的建立及知識的追求，發出無限地要求。另一方面，是對他人毫無條件地感到有應盡的無限地責任。再簡單說一句……即是要求成己而同時即是成物的精神狀態。」⑭。因此可說仁是人所表現出來者，而不仁者又可視之爲非人。所以古人又常將人與仁互訓。例如，中庸上說：「仁者，人也」，《孟子·盡心》上也有：「仁也者，人也」。這說明仁之概念是在人際關係外，更要與「人」之概念相涵攝。而又因爲有仁心良知的方才是「人」，仁的德行也必然是落實於擴充四端之良知而已。所

以，人必須先能自覺有仁心良知，才能表現出仁之德。因此，雖然我們很難為「仁」下一個知解上的定義，但是只要人能自覺其良知，就能成一仁者。而且自覺的愈深刻，愈能體認或展現仁的美德。

　　在這種情形之下，孔子對仁的理念雖極重視，但卻未曾給予明白的界說，孔子只是針對門弟子本人人格特質和其所處社會環境之不同，直接就其人際關係與道德責任加以指點。故《論語》一書中記載孔子對仁的說明層面甚廣。此如：

> 顏淵問仁。
> 子曰：「克己復禮為仁，一日克己復禮，天下歸仁焉，為仁由己，而由人乎哉？」顏淵曰：「請問其目。」子曰：「非禮勿視，非禮勿聽，非禮勿言，非禮勿動。」顏淵曰：「回雖不敏，請事斯語矣。」(〈顏淵〉)
> 仲弓問仁。
> 子曰：「出門如見大賓，使民如承大祭；己所不欲，勿施於人；在邦無怨，在家無怨。」仲弓曰：「雍雖不敏，請事斯語矣。」(〈顏淵〉)
> 樊遲問仁。
> 子曰：「愛人。」(〈顏淵〉)
> 司馬牛問仁。
> 子曰：「仁者，其言也訒。」曰：「其言也訒，斯謂之仁已乎？」子曰：「為之難，言之得無訒乎？」(〈顏淵〉)
> 子貢問仁。
> 子貢問曰：「如有博施於民而能濟眾，何如？可謂仁乎？」
> 子曰：「何事於仁，必也聖乎！堯舜其猶病諸？夫仁者，己欲立而立人，己欲達而達人。能近取譬，可謂仁之方也已。」
> (〈雍也〉)
> 子貢問仁。

子曰：「工欲善其事，必先利其器。居是邦也，事其大夫之賢
者，友其士之仁者。」（〈衛靈公〉）

子張問仁。

子張問仁於孔子。孔子曰：「能行五者於天下，為仁矣。」「請
問之？」曰：「恭、寬、信、敏、惠。恭則不侮，寬則得眾，
信則人任焉，敏則有功，惠則足以使人。」（〈陽貨〉）

由上所引，可見仁包含了一切作人處事的道德條目，如愛、
敬、忠、恕、訒、恭、寬、信、敏、惠等，眞可說是全德之名。

孟子對於孔子仁的道德理念，引申發揮，而提出仁義的主張，
他說：

惻隱之心，仁之端也；羞惡之心，義之端也；辭讓之心，禮之
端也；是非之心，智之端也。人之有四端，猶其有四體也。有
四端而自謂不能者，自賊者也。（〈公孫丑上〉）

仁，人之安宅也；義，人之正路也；曠安宅而弗居，舍正路而
不由，哀哉。（〈離婁上〉）

仁之實，事親是也；義之實，從兄是也。（〈離婁下〉）

惻隱之心，仁也；羞惡之心，義也；恭敬之心，禮也；是非之
心，智也。仁義禮智，非由外鑠我也，我固有之也，弗思耳
矣；故曰，求則得之，舍則失之；或相倍蓰而無算者，不能益
其才也。（〈告子上〉）

雖存乎人者，豈無仁義之心哉？其所以放其良心者，亦猶斧斤
之於木也。（〈告子上〉）

仁，人心也；義，人路也；舍其路而弗由，放其心而不知求，
哀哉！（〈告子上〉）

親親，仁也；敬長，義也。（〈盡心上〉）

君子所性，仁義禮智根於心。（〈盡心上〉）

王子墊問曰：「士何事？」孟子曰：「尚志。」曰：「何謂尚

志？」曰：「仁義而已矣。殺一無罪，非仁也；非其有而取
之，非義也。居仁由義，大人之事備矣。」（〈盡心上〉）

仁也者，人也；合而言之，道也。（〈盡心下〉）

仁之於父子也，義之於君臣也。（〈盡心下〉）

人皆有所不忍，達之於其所忍，仁也。人皆有所不為，達之於
其所為，義也。人能充無欲害人之心，而仁不可勝用也；人能
充無穿窬之心，而義不可勝用也。（〈盡心下〉）

君子以仁存心，以禮存心。仁者愛人，有禮者敬人。（〈離婁
下〉）

仁者以其所愛，及其所不愛；不仁者以其所不愛，及其所愛。
（〈盡心下〉）

　　由上所引，可見孟子實本諸性善之說，對孔子仁的理念作創意
的發揮。其所以恆以仁義並稱，則是以仁為體，以義為用。亦即以仁
為心之體，以義為仁之用，以禮為仁之行，以智為仁之知❻。由此可
知「仁是理想的人道，做一個人須要能盡人道，即是仁。」❻❻。而
「盡人道，即是『完成人格』，即是仁。」❻❼。故胡適說孔子的思想乃
是「仁的人生哲學，要人盡仁道，要人做一個人。」❻❽。

　　至於如何才能明白仁就是「完成人格」，依我們看，還是要從
「自覺」與「行」兩方面來入手。牟宗三認為孔子的「仁」具有兩大
特質，第一就是「覺」，此覺「不是感官知覺或感覺」，「而是悱惻之
感」，亦即「論語所言的『不安』之感，亦即孟子所謂惻隱之心或不
忍人之心。有覺，才可有四端之心，否則便可說是麻木……一個人可
能在錢財貨利方面有很強烈的知覺或感覺，但他仍可能是麻木不仁
的，儘管他有多麼厲害的聰明才智。那是因為『覺』是指點道德心靈
（moral mind）的，有此覺才可感到四端之心」❻❾。同時，牟宗三又
以為：「仁以感通為性，以潤物為用」。感通是生命無止境的擴大，
「所以感通必以宇宙萬物為一體為終極」。而「潤物是在感通的過程中

予人以溫暖,並且甚至能夠引發他人的生命」。所以「仁的作用既然
如此深遠廣大,我們不妨說仁代表眞實的生命;既是眞實的生命,必
是我們眞實的本體;眞實的本體當然又是眞正的主體,而眞正的主體
就是眞我。」❼。至此,不但人的眞實的主體性得以確立,仁的意義
與價值也是昭然若揭了。

梁漱溟則認爲像胡適在《中國哲學史大綱》上說:「仁就是理
想的人道,盡人道即是仁」;或像蔡子民在《中國倫理學史》上說孔
子的仁乃是「統攝諸德完成人格之名」,雖然正確,但仍嫌「籠統空
蕩」,「並不能讓我們心裏明白」。所以,梁漱溟以《論語》上之宰我
問三年喪太久,孔子回答:「汝安則爲之」爲例,說明「這個『仁』
就完全要在那『安』字上求之」,因此:「敏銳的直覺就是孔子所謂
仁」❼。所謂敏銳的直覺當然就是指人的生命精神不墮落,不會麻木
不仁,而充滿悱惻之感。所以,所謂安不是情感薄直覺鈍嗎?而所謂
不安,不是情感厚直覺敏銳是什麼?❼。可見,仁是人之不忍人之心
的自然流露,而愈能有此敏銳直覺,當然就是對仁心良知愈有自覺之
人,其行爲就是仁了。

由上也可知,此覺不可只是一名詞,更可當動詞用。即人之自
覺乃其能從某一情境中提拔出來,站在情境之外觀照物我,然後再以
仁心提昇萬物價值能力。此亦即生活於現實之中,卻不拘泥於現實,
而能點化現實,提昇價值。換言之,自覺之意乃自作主宰,不受外在
既成環境狀況的限制支配,有「爲仁由己」的自覺之行。所以,所謂
「麻木不仁」就是「心外馳,而不得爲主,即寄其思於耳目官能,便
以小體役其心,而奪心之用」❼。這就是不能自覺之人,其只「隨耳
目官能迷亂奔流」,「不能內斂」,而「人禽幾希之異在此」❼。吾人
豈能不慎乎。所以,熊十力說:「人之異於物者,以其能感也。汝而
不感,則草木禽獸矣」❼。感也者,即此處所謂自覺的覺字。而人若
能充分掌握這份自覺,能該惻隱時自惻隱,該羞惡時自羞惡,那麼這
個人的心就是仁心了。此亦誠如熊十力所說:「汝自見得透、自信得

過，便隨順行去。日用間、吃飯、穿衣、看書、散步、應事接物，乃至臨難處危，一一順此本心行去，平平穩穩。禮所謂臨財毋苟免，《論語》所謂居處恭、執事敬、與人忠，陽明所謂事父便知孝，事兄便知弟，皆此心也。」**⑯**。

　　這種自覺仁心的顯露足以說明孔孟相信人能弘道、人能成聖的道理。因此，人之所以能善善惡惡，人之所以能是是非非，亦即人類的道德行為之所以可能，或說人類之道德行為之所以不是漫不經心的隨意呈現，或說人的高尚行為不能用刺激與反應的理論來說明，都是因為良知自始就呈現在生命流通處，而起大用。這一點，是儒家義理最精要之處，也是論「仁」首先要掌握的要點。

　　其次要注意，上所說自覺之義如被誤為是主觀對客觀之知性瞭解，則必然無法將客觀之事物納入於「主觀者之生命內，而發生血肉相連之責任感」**⑰**。這表示若僅在認知中自以為有所知並不能算是仁，而是要加上推擴的工夫，才能使自覺之仁變為自己生命之一部分。這時的自覺才是真知，真知必然自然興發沛然莫之能禦，陽明「致良知」即是此意。孔子一生倡仁，正說明他不希望大家只在客觀的知性瞭解上空談仁，而是要透過即知即覺即行的工夫，使仁的觀念「通過整個生理的作用，……向生理中，向血肉中貫注，貫注得久而久之，觀念同著血肉便由不斷的連接而融合一致。」**⑱**，於是仁不僅是「觀念而是生命，生命不僅是生理的，同時也是仁的生命。」**⑲**。這種仁的生命，《論語》中有：

> 樊遲問仁，子曰：「愛人。」（〈顏淵〉）
> 子曰：「泛愛眾，而親仁。」（〈學而〉）

　　此皆說明仁之生命是以愛為中心的。因此，就政治活動言，凡能以同情之愛心以改善社會動亂解救生民痛苦者，即可謂之仁，如：

> 子路曰：「桓公殺公子糾，召忽死之，管仲不死」，曰：「未仁

乎！」子曰：「桓公九合諸侯，不以兵車，管仲之力也，如其
仁，如其仁。」（〈憲同〉）

而仁之表現到極致，則為由「立己立人」到達「博施濟眾」的
境界。故論語上又有：

子貢曰：「如有博施於民，而能濟眾，何如？可謂仁乎？」子
曰：「何事於仁，必也聖乎，堯舜其猶病諸！夫仁者，己欲立
而立人，己欲達而達人，能近取譬，可謂仁之方也已。」（〈雍
也〉）

這種由「己立立人」、「己達達人」表現出「博施濟眾」之仁的
道理，再進一步推論，正是說如果人能以良知本心自我作主，就能開
創出生命價值上的無上光輝，人亦即成為天地創造的泉源之一。因為
人有「己立立人」的仁心，所以宇宙萬有生滅變化之生生不息的超越
性天道天理，就在仁的運潤中，與人心內在德行生命之覿體承當而合
為一體。這使孔孟相信，只要經過自覺的仁德生活，一個平凡的人可
以與天地合德，與日月合明，與四時合序，與鬼神合吉凶，其結果必
是遍潤一切而不遺，上達乎生死晝夜與變化相通為一，而有內外物我
不分之感。於是孟子才會說：「夫君子所過者化，所存者神，上下與
天地同流」。這時之天理，亦不過是人之仁心的沛然。故由人之自覺
主體之仁心的知是知非，落實於生色踐形的德行，就有無限之擴申，
充其極，亦攝萬物而不遺，這豈不正是天理之仁德乎，亦正是孔子論
仁，孟子論四端之真義所在。

於是，人不但對自己生命的理想擴而申之，進而該提攜完成其
他人生命中的理想價值，更以同情之愛心，兼天地備萬物，使萬物的
生命價值都能呈現，以成就一切生命種種向上發展的可能，這樣才真
正實現了人生之理想，使自己一人的生命上接於天、下澈於地。孔孟
這種對人之價值與地位的看法，不但是一種圓滿獨到的看法，也唯有

瞭解這個看法才能明白以孔孟爲代表的儒家何以能有「內聖外王」之思想。同時，由這個觀點出發，即使孔孟或後來之儒家未能圓滿開出科學與民主之成果，也萬萬不可說孔孟之學反對科學與民主。因爲，如果說我們承認科學該是對物界正確的開發利用，那麼孔孟儒家之以同情愛心去兼天地備萬物，豈不正是「正德、利用、厚生」之基本正確人生態度。而如果說我們承認民主該是人與人彼此互尊互重的相處之道，那麼孔孟儒家之論人的仁心推擴，豈不正是實現民主理想的基本關鍵。因此，以孔孟之理想來看，非但不反科學不反民主，只要順孔孟思脈去想，其必然積極的要力求民主科學之實現。

在這麼一種情況之下，我們可以發現孔孟之論人與人的生命，都是強調在人類的現實生命活動中，人所表現的可以都是他生命中偉大神聖的情操與理想。於是，一個通常被視爲生滅變化、苦悶異常的世界，就成爲一個神聖和睦的世界。一個平常被許多外在因素壓抑或被嘲笑是平凡渺小的人，其精神之成就也能發展到極高尙的境界，發出人之所以爲人的光輝。而人在有限的生命中，只要當下能把握這一點，則自有孟子所說存神過化，上下與天地同流的意境與氣魄。《中庸》第二十二章也才有：「唯天下之至誠，爲能盡其性，能盡其性，則能盡人之性，能盡人之性，則能盡物之性，能盡物之性，則可以參天地之化育，可以與天地參矣。」這也正如牟宗三所說：「儒家惟因通過道德性的性體心靈之本體宇宙論的意義，把這性體心體轉而爲寂感眞幾之生化之理，而寂感眞幾這生化之理又通過道德性的性體心體之支持，而貞定其道德性的眞正創造之意義，它始打通了道德界與自然界之隔絕，這是儒家道德形上學之澈底完成。」❽。對這一論點，明儒王陽明也有很好的闡釋，他說：

> 明明德者，立其天地萬物一體之體也；親民者，達其天地萬物
> 一體之用也；故明明德必在於親民，而親民乃所以明其明德
> 也，是故親吾之父，以及人之父，以及天下人之父，而後吾心

之仁與吾之父、人之父，與天下人之父而為一體矣；實與之為
一體，而後孝之明德始明矣。……君臣也，夫婦也，朋友也，
以至於山川鬼神禽獸草木也，莫不實有以親之，以達吾一體之
仁，然後吾之明德始無不明，而真能以天地萬物為一體矣。❽

　　上述雖是哲學意境，然所謂明德親民之一體之仁，就政治思想
的觀點來看，正是蕭公權所說之仁的內涵為「推自愛之心以愛人」
❽。由此可見孔孟政治思想之最大特點，在於把「人」視為政治生活
之起點、內容和目的。蓋孔孟之思想，都認為政治生活只是人性之表
現，是人性或人格發展之過程，和滿足人類要求之努力。由此可見，
在孔孟思想中，政治活動不該只是爭權奪利的鬥爭之事，政治活動應
該是要有理想的，亦即是說政治的目的就是仁的實踐。而仁的實踐或
政治生活的目的，是每一個平凡的人本其自覺之良知，把自己當「人」
看，把其他的人也當「人」看，於是再由親親而仁民，由仁民而愛
物，進而推到「博施濟眾」、「天下歸仁」。此也正是《大學》一書中
所說「修身而後家齊，家齊而後國治，國治而後天下平」的修、齊、
治、平之道。這一方面說明仁心推擴發展之可貴，另一方面更說明由
家庭、社會，到整個國家甚至全世界，都是我們行仁之場所。這些正
是仁的道德理念與其具體落實於政治活動所可能獲致的成就。

―註釋―

❶梁漱溟，《中國民族自救運動之最後覺悟》，初版（台北：學術出版社，民國
　六十年），頁四〇。

❷同上註，頁四二。

❸同註❶，頁四三。

❹同上註。

❺同註❶，頁一三四。

❻同註❶，頁一三五。

❼同註❶，頁一三三至一三四。

❽殷海光，〈近代中國文化的基線〉，《中國文化的展望》，前揭書，頁一三九至
　一四〇。

❾傅佩榮，〈人性向善論的理論與效應〉，中國人的價值觀國際研究會（台北：
　漢學研究中心舉辦，民國八十年五月二十三至二十六日），頁一。

❿黃俊傑，〈儒學傳統中道德政治觀念的形成與發展〉，《儒學傳統與文化創
　新》，前揭書，頁一二。

⓫徐復觀，〈生與性――一個方法上的問題〉，《中國人性論史先秦篇》，二版
　（台北：台灣商務印書館，民國六十四年），頁五。

⓬同上註，頁一。

⓭方東美，《中國人生哲學概要》，台一版（台北：先知出版社，民國六十三
　年），頁二八。

⓮陳大齊，《論語臆解》，初版（台北：商務印書館，民國五十七年），頁二九
　八。

⓯唐君毅，《中國哲學原論原性篇》，修訂再版（香港：新亞書院研究所，民國
　六十三年），頁一四。

⓰同上註，頁一二。

⓱胡秋原，《古代中國文化與中國知識分子》，台四版（台北：學術出版社，民
　國六十七年），頁一二三。

⓲徐復觀，〈從性到心――孟子以心善言性善〉，《中國人性論史先秦篇》，前揭

書，頁一六二。

⑲勞思光，《中國哲學史》，前揭書，頁九二。

⑳韋政通，《中國思想史》，四版（台北：大林出版社，民國七十年），頁二七一。

㉑同註⑮，頁二九。

㉒同註⑱，頁一六三至一六四。

㉓牟宗三，《心體與性體》，第一冊，前揭書，頁三一二。

㉔殷海光，〈道德的重建〉，《中國文化的展望》，前揭書，頁六一四。

㉕韋政通，《傳統與現代化》（台北：水牛出版社，民國五十七年），頁三。

㉖葉啓政，〈當前台灣社會重利愛財之價值取向的解析〉，中國人的價值觀國際研討會（台北：漢學研究中心舉辦，民國八十年五月二十三至二十六日），頁一三。

㉗同註⑱，頁一六八。

㉘牟宗三，《心體與性體》，第三冊，前揭書，頁四一六至四一七。

㉙同註⑲，頁一〇〇。

㉚李澤厚，〈孔子再評價〉，《中國古代思想史論叢》，前揭書，頁三七。

㉛同註⑱，頁一八五。

㉜蔡英文，〈自由與和諧──個體自由與社會秩序〉，《中國文化新論──理想與現實》，初版（台北：聯經出版公司，民國七十一年），頁二五八。

㉝Hsieh Yu-Wei , "The Status of The Individual in Chinese Ethics," in Charles A.Moore ed., *The Chinese Mind* (The University Press of Hawaii, 1977), p. 310.

㉞Ibid.

㉟Ibid., pp. 311-312.

㊱Ibid., p. 313.

㊲Ibid., p. 314.

㊳同註⑲，頁七五。

㊴唐君毅，〈西方人文主義之歷史的發展〉，《中國人文精神之發展》，再版（台北：台灣學生書局，民國六十三年），頁六一。

㊵唐君毅，〈中國文化之創造〉，《中國文化之精神價值》（台北：正中書局，民國六十三年），頁三五八。

㊶胡適，〈介紹我自己的思想〉，《胡適語粹》，初版（台北：大西洋圖書公司，民國五十七年），頁一三一。

㊷同註㊵。

㊸參閱張佛泉，《自由與人權》，初版（香港：亞洲出版社，民國四十四年），頁
一二〇至一四二。

㊹唐君毅，〈民主理想之實踐與客觀價值意識〉，《中華人文與當今世界》，初版
（台灣：學生書局，民國六十四年），頁五三三。

㊺同上註，頁五三三至五三四。

㊻方東美，《華嚴宗哲學》，上冊，前揭書，頁一六〇。

㊼錢穆，〈中國文化與中國人〉，《中國文化叢談》，四版（台北：三民書局，民
國六十二年），頁一一七。

㊽同註㊹，頁五一二。

㊾同上註。

㊿方東美著，吳怡譯，〈從比較哲學曠觀中國文化裏的人與自然〉，《生生之
德》，前揭書，頁二七四。

51同註23，頁一八

52唐君毅，《哲學概論》，台初版（台北：台灣學生書局，民國六十三年），頁一
〇二八。

53同註㊹，頁五三四。

54金觀濤、劉青峯，《興盛與危機》，初版（台北：風雲時代出版公司，民國七
十九年），頁二八九。

55同註㊵，頁三四九。

56同上註。

57蕭公權，《中國政治思想史》，前揭書，頁七八至七九。

58參閱屈萬里，〈仁字涵義之史的觀察〉，《書傭論學集》（台北：台灣開明書
店，民國五十八年），頁二五五至二六七。

59阮元，〈論語論仁論〉，《揅經室集》，四部叢刊本，三，卷八，頁一。

60蔡元培，《中國倫理史》（台北：中央文物供應社，民國六十八年），頁九。

61梁啓超，《先秦政治思想史》，七版（台北：中華書局，民國六十二年），頁六
七。

62《禮記》，鄭註。

63同註59。

64徐復觀，〈孔子在中國文化史上的地位及其性與天道〉，《中國人性論史先秦
篇》，前揭書，頁九一。

㉝周伯達，《孔孟仁學之研究》（台北：自印本，民國五十三年），頁五一。

㉞胡適，《中國古代哲學史》（台北：台灣商務印書館，民國六十三年），頁一一
　〇。

㉟同上註。

㉘同上註，頁一二五。

㉙牟宗三，《中國哲學的特質》，初版（台北：台灣學生書局，民國六十三年），
　頁二九至三〇。

⑩同上註，頁三〇。

⑪梁漱溟，《東西文化及其哲學》，初版（台北：虹橋書店，民國五十七年），頁
　一二六。

⑫同上註。

⑬熊十力，《十力語要》，五版（台北：廣文書局，民國六十三年），卷一，頁一
　〇。

⑭同上註。

⑮同註⑬，卷四，頁五九。

⑯同上註，頁八。

⑰徐復觀，〈孟子知言養氣章試釋〉，《中國思想史論集》，台初版（台北：台灣
　學生書局，民國六十三年），頁一四五。

⑱同上註，頁一五二。

⑲同上註。

⑳同註㉓，頁一八〇。

㉑王陽明，〈王陽明文集〉，《王陽明全集》，初版（台北：文友書店，民國六十
　一年），頁九〇。

㉒同註㊼，頁五九。

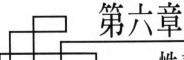

第六章
性善仁德與民主化的關係

◎性善仁德與政治平等的建立

◎性善仁德與政治和諧的關聯

◎性善仁德與現代政治活動中的義利
　之辨

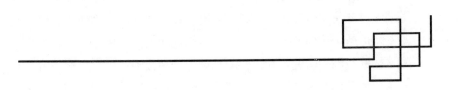

仁的道德理念是孔子所發明，而其邏輯先在基礎則是孟子的性善說。所以，孔子從仁的道德理念所提倡的道德政治，到了孟子即直接從性善說開展出仁政的概念，這也才使以後儒家的政治思想，有一系統化的結構。對此，孟子特別有云：

> 人皆有不忍人之心，先王有不忍人之心，斯有不忍人之政矣。
> 以不忍人之心，行不忍人之政，治天下可運之掌上。（〈公孫丑上〉）

此即表示，不忍人的性善爲世人所共具，而關鍵在於是否能操持推擴，唯執政者能發揮善性，由操持仁心行仁政，在仁政的開拓下，天下方能得治。

孟子又云：

> 三代之得天下也，以仁；其失天下也，以不仁。國之所以廢興存亡者亦然。天子不仁，不保四海；諸侯不仁，不保社稷；卿大夫不仁，不保宗廟；士庶人不仁，不保四體。（〈離婁上〉）

再觀諸孔子曾說己立立人、己達達人可表現出博施濟眾之仁的道理，可見孔孟皆以仁爲治國的要務，以仁政的開拓爲政治合理化的基本。可是，這種性善仁德思想對當前我國政治之民主化到底有何影響？根據我們的研究，孔孟性善仁德思想與政治民主化之關係至少有三，即性善仁德與政治平等的建立、性善仁德與政治和諧的關係，以及性善仁德與現代政治活動中的義利之辨。

性善仁德與政治平等的建立

民主政治對政治平等是極爲重視的，柯漢（Carl Cohen）在 *Democracy* 一書中就曾說：「現實政治中驗證民主與否的基本依據即

是平等。」❶，「平等可說是民主的理論性核心。」❷，這是因爲：「由於自由而使民主運作，但唯由於平等，使我們相信民主應當實現。」❸。

所謂「政治平等」是指人人都有相同的機會去參與國家政治決策的過程❹。在這個原則之下，每一個人不但都有相等的選舉權與被選舉權，更能於公開的政策資訊中，加以獨自的選擇或辯護，選民也必須有相等的機會去說服他人或被他人說服接受某一項決策的可欲性❺。

但政治平等並不意指每一個人都有相同的政治機會，也不是事實上每一個人都能平等的參與，而是每一個人當他希望且能夠參與時，有平等的機會❻。而這其間，由於每一個人擁有的參與條件不等，所謂每一個人具備之「希望且能夠參與」這一條件不相等，故不見得能保證平等的機會。所以，柯漢也說：「在現實經驗上很難印證有平等」❼，這可說是西方民主政治上的一大缺失。

如何才能克服民主政治上不能平等參與的缺失，固然有待於更完備的法律制度，以保障所謂弱勢者的參與機會，及提昇弱勢者的參與能力。但除此之外，孔孟性善仁德思想也有從根本上解決此一問題的可能貢獻。

就孔孟性善仁德思想來看，要想實現政治平等的要求，必須以人格平等爲其基礎。這可分兩方面來說：

第一，就每一個人自己本身而言，孔孟性善仁德思想，因承認人人皆爲性善，人人皆有仁心，只要具體實踐這種德性，就能平等參與國家大事，甚至在「有德者必有其位」的觀念下，發展出「開放領袖」（open elite）的主張❽。徐復觀就說過：「因爲孟子實證了人性之善，實證了人格的尊嚴，同時即是建立了人與人的互相信賴的根據，亦即是提供了人類向前向上的發展以無窮希望的根據。」❾，這種自尊自重的信念，正是人格平等的眞正基礎。以此來看孔子仁德的開拓，也可看出「在中國文化史上，由孔子而確實發現了普遍地人

間，亦即是打破了一切人與人的不合理的封域，而承認只要是人，便是同類的，便是平等的理念。」❿。這與當前還有若干人以膚色、種族、階級、黨派甚或地域來決定人的差等，或以人不能平等爲肆行極權專制藉口的政治災難來對比，孔孟性善仁德思想實提供了一條通往眞平等的大道。

第二，就人與人之間的相處而言，雖外在條件如智能、財富有所差別，若能肯定人與人之間人格的平等，則能實現政治平等。蓋人眞能自尊自重以體悟吾人內在本有的善性仁心，必能在政治活動中不能容忍任何人在政治機會上的不平等，否則必然力求合理化的改革，此所以孔孟肯定「人格平等」必含具有「政治平等」之意，而足以爲民主政治的基礎。沒有這個基礎，一切假制度之名所進行的民主化工作都是虛而不實，鮮具功效的。換言之，孔孟在強調性善仁德感通下的人格平等，就是對衆人俱加肯定的「泛愛衆」之心，此正是求平等的源頭活水。唐君毅曾就此而說：「我之能自覺，即一我之能超越我自己的當下證明。而我在超越我自己，而自覺自己時，即必同時覺到我以外之客觀世界中的他物與他人，否則便是無人無我。因而我之說我覺我時，皆能與覺你或他人俱起俱生，我即涵攝你或他人，此中即有，對我對你或他人平等俱加以肯定的心靈。」⓫。於此可見，有我有你有他人的平等相攝心念若能普及，則政治平等方才可期。而這才是孔子所謂推自愛之心以愛人的仁心的體現，亦即何以我們說孔孟政治思想之最大特色，在於把「人」當成政治活動之目的的原因。

性善仁德與政治和諧的關聯

當代政治思想家卓勒（D. A. Zoll）曾形容民主政治爲：「雖然習慣上不說民主主義是資產階級的政治理論，但它的確如此。它的重心是『嗜好』（appetition），它的主要政治世界觀與中產階級社會地

位所具有的觀念相同，無論在物質上或心理方面，本質上是獲取的
（acquisitive）。中產階級之興起與取得政治控制權，乃是由麥克佛森
（C. B. Mcpherson）稱霍布斯和洛克的思想爲『占有的個人主義』
（Possessive Individualism）的觀念所推動」⓬。因此，雖然說，人權
（human rights）觀念，從二十世紀初開始，才逐漸演化成民主政治的
主流⓭，但因其思想因襲了「占有的個人主義」者們「以數量的多寡
與大小來計算道德」⓮的世界觀，所以西方爭人權的實際行動才有種
種缺失。

　　再者，在西方的民主觀念中，權利與自由，向爲一體之兩面
⓯，可是由於對人性的假設不當，使西方人對爭權利與爭自由的看法
產生偏差。這一點尤其可以西方人對自由的看法爲例來說明。此如：
貝意（C. Bay）就曾把自由視爲自我表現，或是個人表現他自己所能
表現的能力、機會和誘因⓰。西塞羅（Cicero）說：「什麼是自由？
自由是人照著自己的意思而生活的能力。除了正確的事物以外，他只
照著他自己的意思來生活。他樂於盡義務。……他的行徑都是由他自
己來決定的，而且其行徑的目標是由他自己決定的。除了他依自己的
意志之所向而作的判斷以外，再沒有別的東西對他更有影響力。」
⓱，這裏所謂「照著自己意思而生活」，就是能自作決定，西方人普
遍認爲唯能如此才是一個自由的人。同理，柏爾林（I. Berlin）亦
說，一個人要成一個自由人，他所作決定必須出於他自己，而不是出
於任何種類的外界力量⓲。因此，法國人權宣言上才有：「自由是在
不傷害別人時做任何事的權利。」這樣一來，自由乃爲落實民主政治
時最爲吾人具體嚮往與關心者⓳。

　　在民主政治中，對如何建立制度來保障個人在選擇決定上的自
由，是非常注意的，但是對如何作決定，及所謂「照著自己的意思而
生活」是否是一種良好的生活，則不能過問。因此，張佛泉就把自由
分成下述兩種：「……一種指政治方面的保障，一種指人之內心生活
的某種狀態，……前一種指稱下的自由又稱爲權利。它的意義是很確

鑿的。它自成一個很固定的意義系統（system of meanings）。後一種指稱下的自由則是遠較爲複雜的。它不只代表『自由意志』。凡是自發的、主動的、內心的自由生活或理論，都可說包括在後一種指稱之下。」❷但是由於權利意義的自由界定「很確鑿」，所以一般政治學者都習於以這種自由爲重，而普遍認爲：「一般地說，我們必須把政府的力量限定在人之某些外表行動。這意思即是說，人之內心生活是不許法律過問的。它所能管制的只是人之外表行動。而人之外表行動也只有一部分是可加管制的。其沒有必要加以管制的部分，法律仍然不能過問。」❹在這種不過問行爲者內在心意，只注重限定人之外在行動的原則之下，政治活動中以政府之運作而言，即應力守「阻礙之阻礙的原則」（principle of the hindrance to hindrance）。所謂「阻礙之阻礙的原則」，它的意義就是：「當確立一基本權利或立一法時，我們應先問：此一法律行動之目的只是在除去生活中嚴重的障礙？還是在以強制力促進道德或幸福呢？若是前者，則此法便亟須制訂；若是後者，則立此法便爲多事。」❷

由上可知，民主政治實際上不能也不願涉及人的「內心的自由」。但是，我們認爲「內心的自由」才是學者們所謂第一種自由的基礎。我們說此話的意思，絕不是贊同政治活動可藉任何名義管制人的內心生活，那樣當然是極權暴政。可是，如果民主政治所保障的人的自由，只是自私鬥爭慾念下的外在律法節制約束，則眞正的民主理想仍是不能實現的。在這種自私心念下的「照著自己意思而生活」，仍將造成人文政治社會不斷的衝突矛盾。所以當蘭尼（Austin Ranney）把「政治」界定爲「決定政府政策的過程」❷；或者如伊斯頓（D. Easton）把「政治」視爲「社會價值權威分配」的過程❷時，會因西方人常把人性的基礎設定爲求慾望的滿足，所以自由的人在爭權利時，以及在所謂決策或價值分配的過程中，充滿「衝突」。也就是說自由的人以其自己的私心出發，必有不同的目標及對立的利益要求，而造成傾軋鬥爭的情事。爲了使這些利益爭鬥的外在行爲不

破壞人群團體生活的秩序，所以政府才要對人的外在行動加以法律規範的管制。這表示，政治衝突並非是不幸的，也不是完美的合作或和諧的規範有了暫時性的突變（temporary aberration）㉕，而是人類政治生活的本質。因此，也才有人把政治視為一求獲得權力，相互賦予權力，規定權力，分配權力之意識㉖，這樣一來也才出現西方民主政治之鬥爭剝削與政治權力化的缺失。

其次，在這種外在行為的管制約束之下，所謂「權利的自覺」往往只是私念爭鬥下的不得已，於是只要有可能便會利用法律漏洞去爭取自認該有的權利。這種出自私慾的爭權利心理而逼出來的以法律保障權利的制度，並不能使人真正認識法律有超越個人私慾的價值，不能真正肯定其他人的權利㉗。因此，法律所保障的自由權利很容易淪為爭鬥對抗的工具，加以此處的自由又常以「占有的個人主義」為內涵，所以社會必將充滿潛在的不安感。

在上述這種情形之下，蘭尼才說：「吾人一直將焦點置於人類生活中政治衝突的普遍性與必然性上，視政治為一種長久的生死存亡的戰爭；而使政治社會陷於毫不留情的血腥對抗。設若將政治著力於凝聚與整合上，則不致於產生上述的錯誤觀念。」㉘可是如何才能避免把政治之衝突視為是一種必然性，如何才能使政治表現出「凝聚和整合」的功效，這些正是孔孟性善仁德思想所能做到的。蓋社會心理學家現今都認為社會之穩定健全，除要促使成員具有認同、忠誠與奉獻之外，最重要者，尚須社會成員遵守「道德的義務」（moral obligation）㉙，此亦即是帕森斯（T. Parsons）所說之「道德的秩序」（moral order）的重要性㉚。而所謂「道德的義務」與「道德的秩序」，正是孔孟對性善仁德的堅持。孔孟認為人只要體認一己不待外求的善性，推擴出己立立人、己達達人的仁心仁行，這不但真正提昇了人格的尊嚴，也會使社會與政治活動得以穩定。因為性善仁德的發揮原就是自尊自重，使個人的日常行為在克己復禮的修行工夫上，同時表現成己成物的道德要求。所以，這時外在行為不會再以私慾為出

發點，不會淪爲血腥鬥爭，而有互助與自我克制，政治活動也才有
「凝聚與整合」的可能。可見，孔孟論政之以仁爲本，實爲解決「內
在自由」一問題提供最具體的答案。

由此亦可知，孔孟性善仁德思想，乃係對人的價值最眞切的說
明，是一種超越慾望的「道德自我」之呈現的說明。在此一認識下，
人類的政治活動、經濟活動、家庭組織、社會團體、國家……等之成
立均有道德性的基礎，不能僅從外在環境條件和人之慾望來解釋其意
義❸。因此，政治活動如果是性善仁德的流露，就能將自制、互助、
奉獻等道德理念「透入各團體與個人之行爲與其不同目的之內部，而
自內構造之，使之融合貫通爲統一的理性活動」❸。這時，政治活動
即使無可避免有衝突之事實，然性善仁德的存養推擴必力求將之減輕
或轉化，所謂「不忍人之心」絕不可能容忍以利互制的無奈與長久的
血腥衝突。此即孔孟之所以把道德仁心當成政治意識之根本的原因。
故孔孟論政治，必不使政治權力化，而要以「政者，正也」的大公之
心視「政治權力，原爲肯定一切權力，而綜攝之之權力」❸，目的在
「使其他各種權力不相衝突，而以權力調劑權力、平衡權力，使之融
合貫通之一種綜攝的理性力與道德力之運用。」❸。

總之，孔孟性善仁德思想若能得到眞正的重視，則在政治民主
化的過程中就能夠實現佛洛姆（Erich Fromm）所說「積極性的民主
自由」的眞民主自由。因爲性善仁德的發不容已，才能實現眞正的自
我，而佛洛姆之「積極性的自由在於整個而完整的人格的自發活動」
❸亦唯在此才能實現。故唐君毅才可說：「儒家精神之偉大，則在開
始點，即從人生人文之全體著眼，而予政治之地位一限制。……所以
依儒家精神，政治與民主政治，與任何政治上之主義，都是次級概
念。而人文世界、人格世界、人間世界、人性，才是高級概念。」❸
明乎此，則孔孟論政治的起點與目的亦就瞭然於心了。換句話說，由
以上的分析，我們可以看出，政治活動若眞能爲人類帶來幸福，則其
內容必須是對各種文化活動所創造的各種價值的肯定，而不忍其由相

衝突而被毀滅，因而力求其俱成之正義感❸，而此一正義感絕不能立足於占有私心或爭權利之慾望上，其真正穩固的本源基礎正是孔孟性善仁德的人文思想。

性善仁德與現代政治活動中的義利之辨

人類因受慾望牽引，又因現實世界滿足人類慾望的資源係有限者，所以政治活動常充滿衝突爭鬥。因此，民主政治雖以法律來管制人類外顯的政治行為，然而因政治平等與內在私心等關鍵問題無法解決，才使民主政治的實際表現上有種種缺失。針對這個問題，我們認為除了要以孔孟性善仁德思想來解決人類內心自由的問題，使政治活動有一道德理性來總攝之外；更主張由性善仁德的推擴，在政治活動中確守義利之辨的原則。

所謂義利之辨，事實上就是吾人在現實生活中所展現的一種價值判斷。蓋何謂義？何謂利？何者當先？何者當後？都是人類自己內心抉擇後的認定，故人類的行為當然受其影響。例如，曾有學者對當前台北和高雄地區作價值觀的調查之後，即發現當前「一般人以世俗性、功利性的價值，優先於超越性、純粹性的價值。除此之外，一般的觀察亦顯示道德價值式微、工作價值貶低的情形。」❸，在這種情形下，乃有「上下交爭利」的病態。

以「價值」的定義言，羅濟曲（M. Rokeach）認為「價值」是「一種持久的信念」，且「一個價值體系則是諸多有關可欲之行為模式或存在狀態，依照其相對的需要性之序列而有之持久性組織。」❸這表示所謂價值係人類對「可欲之行為模式」或「存在狀態」必須有其實證面的瞭解，可以逐步就「相對的需要性之序列」，建立價值的層級，成為「一種持久的信念」。

個人的價值觀對個人的言行抉擇有決定性的影響，整個國家國

民也會因某種共有的價值觀，而形成一種世界觀。摩頓（R. K. Merton）即說：「世界觀是一個民族或群體所定的文化公設（cultural axioms of groups）」❹，此即是說：「世界觀是我們對生命、社會及其制度之通盤性的看法。世界觀是一個價值體系，這個價值體系是以上述全體為對象」❹。因此，我們幾乎可說，有什麼樣的世界觀，就有什麼樣的政治活動。以西方民主政治的表現來看，近代多數西方人既將人性設定為慾望的滿足，那麼政治活動中最好的公共政策就該是找尋「最大多數人的最大利益」，這種西方式世界觀的推論叫做結果論。當然所謂之「結果」必須有某些良善或可欲的標準，常見的標準為：幸福、快樂、滿足、效用。以這些可欲標準所做的論證，一般稱為功利主義。典型的功利主義對民主政治的影響，係認為最佳的政策是把某些價值（如幸福、效用……）儘量增大（maximized）的政策。也就是說，在這種世界觀之下，「自始就認為功利的推論，其正當性是理所當然的」❹。但是由於所謂「為最大多數人謀最大幸福」這種話若只以功利為基礎，則「這是一句好聽的空話，它只合訴諸天真的人們」❹，正如赫頓（Graham Hutton）指出之，這個原則並不能解決實際的政治問題和社會正義❹。

更不幸的是，由於功利性價值幾乎只能計算數的多少，不能在質的方面建立價值的層級，不能有正確的義利之辨，所以政治活動不能建立真理想，西方文明乃陷入危機之中。此如佛洛姆（E. Fromm）所說：「現代人已經把他自己轉變成為貨物了。他將他自己的生命能力當作一項投資，他要藉這項投資獲得最高的利潤。……除了要動以外，生命沒有目的；除了公平交易以外，再沒有原則；除了消費以外，也沒有滿足。」❹。雅士培（Karl Jaspers）也說：「現在的人似乎把內心的一切都放棄了。人出現了，可是似乎任何事物對他都沒有價值。……他沉醉於物量，喜歡數量多。他似乎拿物量概念來麻醉自己。……到了最後，他受追求當前片刻歡樂的本能所驅使。」❹。這種看法對現今正努力於政治民主化的我們有深刻的提醒作用，當前台

灣地區出現種種「上下交征利」的亂象，豈不也是西式文明對我們的影響後果。對這一點，海耶克（F. A. Hayek）也指出：「世界上大部分的人民借用西方文明，並且採用西方的觀念。當他們這樣做的時候，正值西方人對自己失去把握而且對構成西方文明傳統的大部分失去信心的時侯。」❹這位卓越西方思想家的話，頗值得我們深思。

反觀以性善仁德為本的孔孟是極重視義利之辨的。在這一方面孔子雖常言：「君子喻於義，小人喻於利。」但主要的論析是以孟子為主的。《孟子》一書中對義利之辨有下述之看法：

> 孟子見梁惠王，王曰：「叟！不遠千里而來，亦將有以利吾國乎？」孟子對曰：「王何必曰利？亦有仁義而已矣！王曰何以利吾國，大夫曰何以利吾家」，士庶人曰何以利吾身，上下交征利，而國危矣！萬乘之國，弒其君者，必千乘之家。千乘之國，弒其君者，必百乘之家。萬取千焉，千取百焉，不為不多矣！苟為後義而先利，不奪不饜。未有仁而遺其親者也！未有義而後其君者也！王亦曰仁義而已矣，何必曰利！（〈梁惠王上〉）
> 宋牼將之楚，孟子遇於石丘，曰：「先生將何之？」曰：「吾聞秦楚構兵，我將見楚王，說而罷之。楚王不悅，我將見秦王，說而罷之。二王，我將有所遇焉。」曰：「軻也，請無問其詳，願聞其指。說之將何如？」曰：「我將言其不利也。」曰：「先生之志則大矣，先生之號則不可。先生以利說秦楚之王，秦楚之王悅於利，以罷三軍之師，是三軍之士樂罷而悅於利也。為人臣者，懷利以事其君；為人子者，懷利以事其父；為人弟者，懷利以事其兄，是君臣、父子、兄弟，終去仁義懷利以相接，然而不亡者，未之有也。先生以仁義說秦楚之王，秦楚之王，悅於仁義而罷三軍之師，是三軍之士樂罷而悅於仁義也。為人臣，懷仁義以事其君；為人子者，懷仁義以事其

父；為人弟者，懷仁義以事其兄，是君臣、父子、兄弟，去利
懷仁義以相接也，然而不王者，未之有也。何必曰利！」（〈告
子下〉）

由上所引，可見孟子對逐利之說是極排斥的。此不但因「上下
交征利，而國危矣」，更因為孟子認為功利主義乃一切霸政之根源，
天下霸者之所以窮兵黷武，以力服人，稱霸天下，主要目標都在對功
利主義之追求❹，故梁啓超亦云：「孟子之最大特色，在排斥功利主
義。」❹

但是，我們在這裏也要鄭重指出，無論孔孟，對義利之辨從未
化約成對立的二者。換言之，如果以為言義必全然不言利，就極可能
產生前述視孔孟言性善為「一廂情願」或為「知常而不知變、應常而
不應變」的誤解，而且也將視孔孟為虛偽道學，根本不可能在現代社
會起作用。因此，如果我們再仔細閱讀《孟子》一書中之：

周於利者，凶年不能殺。周於德者，邪世不能亂。（〈盡心下〉）
王者之民，皞皞如也。殺之而不怨，利之而不庸，民日遷善而
知為之者。（〈盡心上〉）
若民無恆產，因無恆心；苟無恆心，放辟邪侈，無不為已。及
陷於罪，然後從而刑之，是罔民也。焉有仁人在位，罔民而可
為也！是故，明君制民之產，必使仰足以事父母，俯足以畜妻
子；樂歲終身飽，凶年免於死亡；然後驅而之善。（〈梁惠王
上〉）

這些言論都足以證明孟子並不視經濟性養民利益與道德仁義為
相互排斥者，為國者謀利周到，百姓日用足，然後才能責之以禮義，
這其間又有何對立可言？真正說來，孟子義利之辨所擔心者，只為
「苟為後義而先利，不奪不饜」這句話。而這正表示性善仁德思想為
根源的義利之辨，其實是要建立一套價值層級。

以孟子不排斥財貨利益而言，此是孔孟人文化成理想的落實，也是法儒白樂日（'Etienne Balazs）說所有的中國哲學都是卓越的社會哲學❺⓪的原因。但是，孟子又非只注重財貨利益，他與梁惠王及宋牼的對話，都表示：在價值的層級中，治國者要有價值高低輕重間的抉擇。孟子這種看法，黑格爾（G. W. F. Hegel）《法哲學原理》一書中也曾論及，黑格爾說：市民社會（civil society）有兩項原則，一為以自我為中心，「需要之整體，以及個人嗜好和生理需求之混合」的個人性原則；另一為與他人彼此相關，須經由他人始可滿足自己需要，而顯示出普遍性的原則❺①。這是說，個別經濟性利益確實會推動個人和其他人進行各種活動，以滿足慾望。但是因為這種慾望的滿足與追求，必然充滿爭鬥，所以黑格爾在論完市民社會後，必以國家的設置為其政治思想的中心。孟子所論雖不與黑格爾盡同，然亦是以政府為超越個別利益的綜合仲裁者，他所以不贊成「上下交征利」，主要即是要執政者從一己仁心的流露，品德的陶冶中，注意政府的功能在求利益的協調與理想的提昇，不可也去追求一己私利，在決策時更要避免「後義而先利」。而一切決策的目的則係在養生送死無憾之後，使「民日遷善」。

沈清松也就此而說，孟子的義利之辨，並不是一種對立性、化約性的價值，而是一種層級的價值觀。這種價值層級不但涉及人格發展，而且涉及公共政策。蓋「在現代政治當中，政府不能與社會中任何個別利益的一方相結合。政府的功能是以行政的技術去滿足不同人和團體的利益需求；透過教育與決策來提昇個別利益至普遍價值；並透過司法的程序，來仲裁個別利益之間，或個別利益與普遍價值之間的衝突。政府不顧及個人與團體的利益，亦會陷於不義；但若只有個別利益，而缺乏將利益普遍化的歷程，則國家亦不成其為國家。此乃現代政治中的新義利之辨。」❺② 由此可知，孔孟性善仁德所開拓出的義利之辨，將使我國的政治民主化，既能避免西方重功利不講價值

層級的缺失，又能提昇人格發展與策定良好公共政策，這對我國未來
落實民主理想將有極大助益。

—註釋—

❶Carl Cohen, *Democracy*, op. cit., p. 263.

❷Ibid., p. 273.

❸Ibid., p. 274.

❹Austin Ranney, *Governing* (Holt, Rinehart & Winston, Inc., 1971), pp. 231-232.

❺Ibid., p. 232.

❻Ibid.

❼C. Cohen, *Democracy*, op. cit., p. 263.

❽吳瓊恩，《儒家政治思想與中國政治現代化》，前揭書，頁四七。

❾徐復觀，《中國人性論史先秦篇》，前揭書，頁一八六。

❿同上註，頁六四。

⓫唐君毅，〈理性心靈與個人、社曾組織及國家〉，《中國人文精神之發展》，前
揭書，頁二一〇。

⓬D. A. Zoll著，陳鴻瑜譯，《當代政治思想》，前揭書，頁一一三。

⓭朱堅章，〈人權思想的起源及其基本內涵〉，《人權呼聲──當代人權論叢》
（台北：中國人權協會，民國七十七年），頁四。

⓮鄒文海，《西洋政治思想史稿》，前揭書，頁三九六 。

⓯John R. Commons, *Legal Foundations of Capitalism* (Madison ,Wisconsin:
Univerity of Wisconsin Press, 1968), pp. 94-98.

⓰Christian Bay, *The Structure of Freedom* (Stanford University Press, 1958), p. 83.

⓱Felix E. Oppenheim, *Dimensions of Freedom* (London, 1961), p. 168.

⓲Isaiah Berlin, *Two Concepts of Liberty* (Oxford: Clarendon, 1958), p. 16.

⓳Carl Cohen, *Democracy*, op. cit., p. 273.

⓴張佛泉，《自由與人權》，前揭書，頁一一。

㉑同上註，頁一九。

㉒同上註，頁一六九。

㉓Austin Ranney, *Governing*, op. cit., p. 5.

㉔David Easton, *The Political System* (New York: Alfred A. Knopt, 1960), p. 129.

㉕A. Ranney, *Governing*, op. cit., p. 11.

㉖唐君毅，《文化意識與道德理性》，前揭書，頁一九九。

㉗同上註，頁二五七。

㉘A. Ranney, *Governing*, op. cit., p. 19.

㉙D. Mcgreger, *The Professional Manager* (Taiwan: Reprinted, 1973), p. 157.

㉚Talcott Parsons, *Societies* (New Jersey: Prentice-Hall, 1966), pp. 95-104.

㉛此種道理可詳閱唐君毅，《文化意識與道德理性》一書。

㉜同註㉖，頁一九八至一九九。

㉝同註㉖，頁二〇二。

㉞同上註，頁二〇三。

㉟參閱Erich Fromm, *Escape form Freedom*。

㊱唐君毅，《人文精神之重建》（台北：台灣學生書局，民國六十三年），頁二〇
一。

㊲同上註，頁三八五至三八六。

㊳沈清松，〈價值體系的現況與評估〉，《民國七十七年度中華民國文化發展之
評估與展望》（台北：行政院文建會，民國七十八年），頁五至三一。

㊴M. Rokeach, *The Nature of Human Values* (New York: The Free Press, 1973), p. 5.

㊵Robert K. Merton, *Social Theory and Social Structure* (Illinois, 1959), p. 470.

㊶Horace B. English and Ava C. English, *A Comprehensive Dictionary of
Psychological and Psychoanalytical Terms*, p. 589.

㊷R. A. Dahl著，任元杰譯，《當代政治分析》，前揭書，頁一七三。

㊸殷海光，〈民主與自由〉，《中國文化的展望》，前揭書，頁五〇四。

㊹參閱G. Hutton, ed. by A. Seldon, *The Individual and Society, in Agenda for a Free
Society* (London, 1961)。

㊺E. Fromm, *The Art of Loving*, op. cit., p. 3.

㊻K. Jaspers, ed. by A. Kock, "The philosophy of the Future," *Philosophy for a Time of
Crisis* (New York, 1960), p. 323.

㊼F. A. Hayek, *The Constitution of Liberty* (The University of Chicago Press, 1960), p.
2.

㊽萬世章、汪大華，《中國政治思想史》，再版（台北：政治作戰學校，民國六
十一年），頁一〇九至一一〇。

㊾梁啓超，《先秦政治思想史》，台七版（台北：中華書局，民國六十二年），頁

八五。

❺⓪'Etienne Balaes, "Political Philosophy and Social Crisis at the End of the Han Dynasty," in H. M. Wright Tr., *Chinese Civilization and Bureaucracy* (New Haven: Yale University Press, 1964), p. 195.

❺①G. W. F. Hegel, Tr. By T. M. Knox, *Hegel's Philosophy of Right* (New York: Oxford University Press, 1967), pp. 122-123.

❺②沈清松，〈義利再辨——價值層級的現代詮釋〉，中國人的價值觀國際研討會（台北：漢學研究中心舉辦，民國八十年五月二十三至二十六日），頁一九。

第七章
孔孟德治思想的當代意義

◎孔孟德治思想的傳承與發揚

◎德治思想的具體內容

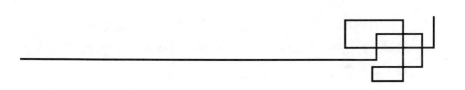

孔孟德治思想的傳承與發揚

若細觀孔孟德治思想的傳承發展，則可知與我國先民天治思想、君權思想均有關聯。

蓋以人類歷史而論，人類進化都曾經歷神權政治之階段，我國自亦不例外。從我國神話和早期文獻或考古資料中，可以發現我國先民也認為人與天並非隔絕不通，而可由「靈山」、「建木」等來交通，此如：

> 有靈山，巫咸，巫即……十巫從此升降，百藥爰在。（《大荒西經》）
> 華山青水之東，有山名曰肇山，有人名曰柏高，柏高上下於此，至於天。（《海內經》）

為什麼要上與天通呢？這是因為天所代表者，乃為一禍福賞罰所從出的最高權威。

在政治思想上，這可說是一種直接天治主義政治，以天為一有意識之人格神，無所不在、無所不能、無所不知，直接監管人間政治❶。故古書有云：

> 皇矣上帝，臨下有赫，監觀四方，求民之莫。（《詩經·皇矣》）
> 聞於上帝，帝休。天乃大命文王，殪戎殷。（《尚書·唐誥》）

所以楚昭王就曾好奇的問他的大夫觀射父，天為掌握人之禍福，人可否登天通之？觀射父回答說所謂天地通，並不是人能登天，「古者民神不雜」，只是透過「巫」、「覡」的祭拜，才可使各種活動符合天意。此即：

古者民神不雜，民之精爽不攜貳者；而又能齊肅衷正；其智能
上下比義；其聖能光遠宣朗，其明能光照之；其聰能聽徹之；
如是則明神降之。在男曰覡，在女曰巫。是使制神之處位次
主，而為之牲器時服。而後先聖之後之有光烈，而能知山川之
號、高祖之主、宗廟之事、照穆之世，……而敬恭明神者，以
為之祝。使名姓之後能知四時之生、犧牲之物……壇場之所、
上下之神氏姓之出，而心率舊典者為之宗。於是乎有天地神民
類物之官，謂之五官。各司其序，不相亂也，民是以能有忠
信，神是以能有明德。（《國語楚語》）

　　這以政治思想觀點論之，足證直接天治的思想實為巫覡政治時
期，一切政治教化都要聽從神明所降之巫覡的指示。所以，這時或而
認為天命很明確，或而又認為天命很難捉摸。此如所謂：「明明在
下，赫赫在上；天難忱斯，不易維王。」（《詩大雅‧大明》）及《書
經‧大誥》所言之：「寧王遺我大寶龜，紹天明。」但卻又感嘆「天
棐忱辭」。徐復觀認為由卜辭所描繪的殷人尚鬼的生活正是這種模
式，而迨及周人表現出憂患意識之後，天命觀才有確切的人文意涵。
這是因為以巫覡為尚的各種活動，人並沒有責任感，唯憂患意識才是
人類精神開始直接對事務產生責任感，在精神上開始有人的自覺的表
現❷。因此，周人在憂患意識的躍動下，人逐漸由全然寄託於天或神
的外力主宰，轉移到對自己行為的重視與努力，這在周初即表現在
「敬」、「敬德」、「明德」等觀念裏❸。
　　其實早在周之前，我國先民即認為天人之所以不通，係出於人
之不德。此如：「上帝監民，罔有馨香德，……遏絕苗民，無世在
下，乃命重、黎，絕地天通，罔有降格。」（《書經‧呂刑》）。而認為
人的明德可以使天命明示出來，則是周文化特別強調者，以文王為
例，則有所謂之：「維此王季，帝度其心，貊其德音，其德克明，克
明克類，克長克君，王此大邦，克順克比；比于文王，其德靡悔，既

受帝祉，施于孫子。」（《書經・康誥》）。這樣一來，原本充滿直接天
治主義色彩的：「天命玄鳥，降而生商，宅殷土茫茫。」（《詩經・商
頌玄鳥》），及「厥初生民，時維姜嫄，……履帝武敏歆，攸介攸止，
載震載夙，載生載育，時維后稷。」（《詩經・周頌生民》）這些思
想，乃轉化成間接天治主義，以天為宇宙萬有的大法則來替代所謂之
人格神。而這種法則意義的天命，才更凸顯了敬與德的重要性。這是
因為我國先民發現天命對政權轉移並無確實之保障，故經書中已有：
「惟上帝不常」（《書經・商書伊訓》），「天難諶，命靡常。」（《書
經・咸有一德》）的體認，這種體認與法則性的天命一結合，於是有
憂患意識下的敬德之說。在周之前類似富有政治意味的說法包括：

> 惟上帝不常，作善，降之百祥；作不善，降之百殃。（《書經・
> 商書伊訓》）
>
> 皇天無親，惟德是輔。（《書經・多方》）
>
> 德惟治，否德亂，與治同道，罔不興，與亂同事，罔不亡。
> （《書經・大甲下》）
>
> 惟德動天，無遠弗屆。（《書經・大禹謨》）
>
> 夏王滅德作威，以敷虐于爾萬方百姓，罹其凶害，弗忍荼毒，
> 並告無辜於上下神祇；天道福善禍淫，降災於夏，以彰厥罪。
> （《書經・湯誥》）

迨及於周，這種思想已更形具體與成熟，比如：

> ……文王，克明德慎罰，不敢侮鰥寡，庸庸，祇祇，威威，顯
> 民……惟時怙，冒聞于上帝，帝休，天乃大命文王，殪戎殷，
> 誕受厥命。（《書經・康誥》）
>
> 上天之載，無聲無臭，儀刑文王，萬邦作孚。（《詩經・大雅文
> 王》）
>
> 天亦哀于四方，其眷命用懋，王其疾敬德。……王敬所作，不

可不敬德。惟不敬厥德，乃早墜厥命。……肆惟王其疾敬德，
王其德之用，祈天永命。（《書經‧召誥》）

　　除上述所引，郭沫若也指出在卜辭與殷人的彝銘中沒有「德」
字，而周代的彝銘中，如成王時的班簋和康王時的大盂鼎已都明確有
了「德」字。因此，郭沫若也曾就《書經‧周書》的部分而說：「敬
德的思想在周初的幾篇中就像同一個母題的和奏曲一樣，翻來覆去重
複著。」❹。傅斯年對〈周書〉的歸納也是：「凡求固守天命者，在
敬，在明明德，在保人民，在慎刑，在勤治，在毋忘前人艱難，在有
賢輔，在遠憸人，在秉遺訓，在察有司；毋康逸，毋酗於酒，事事託
命於天，而無一事舍人事而言天，祈天永命，而以爲惟德之用。」❺
從這些觀點，我們可以清楚看出我國德治思想確實淵源久遠，而其落
實於政治活動中，使純粹天治思想轉換成以重德爲本的政治性要求，
更是我國政治文化上的一大特點。這一思想傳統也深深地影響了孔
子，因此學者們都承認孔子所提出的「道德政治」的理念在思想淵源
上，是繼承西周初年人文精神躍動之後所出現的畏天威重人事的敬德
觀念而來的。而周初的這種天命無常論，強調政治與道德的關聯，基
本上是整個古代中國從宗教到哲學的過渡歷程中的一個重要環節❻。

　　孔子本人對德治思想的重視有其現實背景與理論闡發兩方面的
因素可言。就現實背景言，因孔子生當春秋末季，現實政治上多是務
戰而好殘殺，子弒父、臣弒君，人倫大壞，社會痛苦不安，孔子既以
安天下爲志，遂提出道德政治的理念，以期天下人共化於仁德之中。
若以當時政情而論，政治領袖對政局或對政治活動的品質，負有最大
的責任，故孔子更把落實德治的希望，寄託於對君王的期許，期望君
王的以身作則能夠感化天下，消除當時社會上的凶殘暴戾之氣。而就
理論闡發言，孔子的德治思想並不只是因襲周初的敬德觀念，他雖不
反對先民天命等觀念，但卻直接把德與不德的分野置於「人」本身，
以「仁德」的開拓，淡化轉變了先民天命說中「天」的外在權威性和

主宰性。因此，《論語》中雖有：「獲罪於天，無所禱也。」（〈八佾〉），「吾誰欺，欺天乎？」（〈子罕〉），「天喪予！」（〈先進〉），「天將喪斯文也」（〈子罕〉），但這些「天」卻與個人直接面對，也不具實質的支配性。加以孔子之仁學特別著重：「人遠乎哉？我欲仁，斯仁至矣。」（〈述而〉），「爲仁由己，而由人乎哉？」（〈顏淵〉），可見仁德的當下自足，是孔子對德治思想最根源性的闡發，後世儒者論德治亦不莫立足於此。

孟子直接承繼孔子的仁，而大力發揚德治思想。且孟子對德治思想的發揚中，亦有其特殊的貢獻。孟子的貢獻可分兩方面，一是以性善說解釋人之所以爲一道德人的內在根據。蓋孟子之：「君子所性，仁義禮智，根於心。」（《孟子·盡心上》），「仁義理智，非由外鑠我也，我固有之也。」（《孟子·告子上》），正是孔子「爲仁由己」的基礎與進一步的闡揚。另外，就德治思想與政治活動的關係言，孟子亦以道德爲政治的根本，所以孟子對歷代政治的觀察是：「三代之得天下也以仁，其失天下也以不仁。國之所以廢興存亡者亦然。」（《孟子·離婁上》），故孟子以「不忍人之心，行不忍人之政」爲其德治思想最綱領性的說法，而使儒學傳統中道德與政治之密切相關性於孟學系統中最能得其消息❼。孟子這種由人性本質論及道德政治的思想，學者亦普遍認爲，孟子「仁政」（即德治思想）的理論之所以成爲先秦之後「道德政治」觀念發展上的一個新階段，不僅因爲孟學中蘊含著在孔學中以十分明確的「人爲構成說」（Anthpogenic Contrucuctionism），更因孟子賦予「道德政治」的哲學予形上學基礎，正視性命天道的問題並探索思辨，搏成體系❽。

由上可知，孔孟德治思想之根據乃是出於對人性的信賴，認爲仁德爲人所共有，所以君王之德對百姓可以發生啓發作用。「三代之所以直道而行也」，所謂直道乃順著人之所以爲人之道，與政治上刑罰詐僞之手段相對立。三代之民與今無異，君王自己實現其德，人民必可有所興發。上若老老，則人民受此啓發而興孝、興悌與不背。絜

矩之道，即是以己身之德爲矩，以通於天下之人❾。故孔子才說：

> 導之以政，齊之以刑，民免而無恥：導之以德，齊之以禮，有
> 恥且格。（〈爲政〉）
> 上好禮，則民莫敢不敬，上好義，則民莫敢不服，上好信，則
> 民莫敢不用情。夫如是，則四方之民襁負其子而至矣。（〈子
> 路〉）
> 君子篤於親，則民興於仁，故舊不遺，則民不偷。（〈太伯〉）

孟子亦云：

> 惟大人能格君心之非。君仁，莫不仁。君義，莫不義；君正，
> 莫不正。一定君而國定矣。（《孟子·離婁上》）

由此可知，德治之眞正用意是治者與被治者間，以德相與的關
係，而非以權力相迫的關係。而德治之基本用心，是要從每一人的內
在之德去融和彼此之關係，係以德相與來替代權力和律法。在孔孟看
來，性善仁德的內在相連才是自然合理的關係。而這種內在德性的展
顯並非空談可致，故孔孟對修身實踐極爲重視，孔孟分別有言：「其
身正，不令而行；其身不正，雖令不從。」（〈子路〉），「其身正而天
下歸之」（《孟子·離婁》），「天下之本在國，國之本在家，家之本在
身」（《孟子·離婁》）。自此以後，中國政治一論及治理天下之道，即
以「正人心」爲本。所謂人心亂或不正，即是無德，亦即內在合理關
係失調，孔孟視此爲政治問題之首要者，其解決之道，即是德治。而
這種以德行來提昇政治，以德行爲人間活動的第一義的看法，正是孔
子之時所豁然展現的，近人也曾就比較思想史的立場，指出由此而使
整個東亞地區的思想史共同呈現一個「道德宇宙」（moral universe）
的特質❿。可見德治思想實爲孔孟思想中極重要的一部分。

德治思想的具體內容

西周末年，犬戎攻入鎬京，周平王東遷洛陽，畿土大削，王室立刻衰微。自此以後，政局逐漸以諸侯爲重心，封建政治所賴以維持的宗法制度和等級制度都漸趨崩潰。於是諸侯兼併，夷狄交侵，戰爭連年，後來連氏族中的陪臣也起而篡奪權柄，政局更爲混亂，百姓生活更爲痛苦，孟子在〈滕文公下〉乃斥責這個混亂的時代是：「世衰道微邪說暴行有作。臣弒其君者有之，子弒其父者有之。」而孔孟欲解決生民這種苦難所提出的對策，就是德治思想。這個德治思想對孔孟之後中國的政治發展有很大的影響，所以我們特別就德治思想的具體內容來論述之。

當政者要力行養民仁政

孔子認爲政局安定的基礎不是權力，而在於人民的信任，所以說：「民無信不立。」但是，當政者更要知道，百姓之所以信任他，主要的仍是因爲他能保國衛民增加人民的幸福，這不是任何武力鎮壓能成其事的。所以孔子更說：「足食、足兵，民信之矣。」（〈顏淵〉），又說有君子之道四焉，而其中之一就是「養民也惠」（〈公冶長〉）。像這樣的言論在《論語》中隨處可見，此外，像裕民生、輕賦稅、惜力役、節財用等養民之道都是仁政德治的範疇。此如：

哀公問於有若曰：「年饑，用不足，如之何？」有若對曰：「盍徹乎！」曰：「二，吾猶不足，如之何其徹也？」對曰：「百姓足，君孰與不足？百姓不足，君孰與足？」（〈顏淵〉）

子適衛，冉有僕。子曰：「庶矣哉！」冉有曰：「既庶矣，又

何加焉？」曰：「富之。」曰：「既富矣，又何加焉？」曰：
「教之。」（〈子路〉）

子貢問政，子曰：「足食、足兵、民信之矣。」子貢曰：「必
不得已而去，於斯三者何先？」曰：「去兵。」子貢曰：「必
不得已而去，於斯二者何先？」曰：「去食。自古皆有死，民
無信不立。」（〈顏淵〉）

子曰：「道千乘之國，敬事而信，節用而愛人，使民以時。」
（〈學而〉）

子謂子產：「有君子之道四焉：其行己也恭，其事上也敬，其
養民也惠，其使民也義。」（〈公冶長〉）

丘也聞有國有家者，不患寡，而患不均，不患貧而患不安。蓋
均無貧，和無寡，安無傾。（〈季氏〉）

　　由上可知，德治最具體的內容就是教養兼施，不但要增加生
產、節省財用、分配合理、減輕稅課，使人民生活富足安定，更要有
一定的教化，使人民養成良好的品德與善行。這些綜合起來，即是要
執政者以「博施濟眾」為目標。而「博施濟眾」在孔子心目中就是聖
人之業，是仁德的展顯，故可說：「孔子以養民為要務，蓋亦仁愛思
想之一種表現。」⑪。

　　孟子雖未用德治之詞，然其所謂之仁政實即德治的別稱。孟子
之主張德治仁政，係以吾人前述之以性善為本，故曰：「人皆有不忍
人之心」，此不忍人之心即是仁心。「以不忍人之心，行不忍人之
政」，即是「推恩」之政，即是「仁政」。仁政實亦為孟子政治思想的
根本，孟子對之是極為重視的，此如：

離婁之明，公輸子之巧，不以規矩，不能成方圓，師曠之聰，
不以六律，不能正五音。堯舜之道，不以仁政，不能平治天
下。今有仁心仁聞，而民不被其澤，不可法於後世者，不行先
王之道也。（《孟子‧離婁上》）

仁者無敵。（《孟子‧梁惠王上》）

行仁政而王，莫之能禦也。（孟子公孫丑上）

王如發政施仁，使天下仕者皆欲立於王之朝，耕者皆欲耕於王之野，商賈皆欲藏於王之市，行旅皆欲出於王之塗，天下之欲疾其君者，皆欲赴朔於王，其若是，孰能禦之？（《孟子‧梁惠王上》）

為了達到施行仁政德治的目標，孟子特別提出「裕民生、薄賦稅、省刑罰、止爭戰、正經界」等原則❶。茲分述於下：

在裕民生方面，孟子說：

無恆產而有恆心者，唯士為能。若民，則無恆產，因無恆心，苟無恆心，放辟邪侈，無不為已，及陷於罪，從而刑之，是罔民也。焉有仁人在位，罔民而可為也。是故明君制民之產，必使仰足以事父母，俯足以畜妻子，樂歲終身飽，凶年免於死亡，然後驅而之善，故民之從之也輕。（《孟子‧梁惠王上》）

穀與魚鱉不可勝食，材木不可勝用，是使民養生送死無憾也。養生送死無憾，是王道之始也。五畝之宅，樹之以桑，五十者可以衣帛矣！雞豚狗彘之畜無失其時，七十者可以食肉矣！百畝之田，勿奪其時，數口之家可以無饑矣。……七十者衣帛食肉，黎民不饑不寒，然而不王者，未之有也。（《孟子‧梁惠王上》）

在薄賦稅方面，孟子說：

易其田疇，薄其稅斂，民可使富也。（《孟子‧盡心上》）

有布縷之征，粟米之征，力役之征，君子用其一，緩其二。用其二，而民有殍，用其三，而父子離。（《孟子‧盡心下》）

市，廛而不征，法而不廛，則天下之商皆悅而藏於其市矣。關，譏而不征，則天下之旅皆悅而願出其路矣。耕者助而不

稅，則天下之農皆悅而願耕於其野矣。廛無夫里之布，則天下
之民皆悅而願為之氓矣。信能行此五者，……則無敵於天下，
……然而不王者，未之有也。（《孟子·公孫丑上》）

在省刑罰方面，孟子說：

王如施仁政於民，省刑罰、薄稅斂，深耕易耨，……可使制梃
以撻秦楚之堅甲利兵矣。（《孟子·梁惠王上》）
昔者文王之治岐也，……罪人不孥。（《孟子·梁惠王下》）
明其刑政，雖大國必畏之矣。（《孟子·公孫丑上》）
民之憔悴於虐政，未有甚於此時者也。（《孟子·公孫丑上》）

在止爭戰方面，孟子說：

爭地以戰，殺人盈野，爭城以戰，殺人盈城。此所以率土地而
食人肉，罪不容於死。故善戰者服上刑，連諸侯者次之，辟草
萊任土地者次之。（《孟子·離婁上》）
孟子見梁襄王，……卒然問曰：「天下惡乎定？」孟子對曰：
「定於一。」曰：「孰能一之？」對曰：「不嗜殺人者能一之。」
「孰能與之？」對曰：「天下莫不與也。……今天下之人牧，未
有不嗜殺人者也。如有不嗜殺人者，天下之民，引領而望之
矣。」（《孟子·梁惠王上》）
今之事君者曰：「我能為君辟土地，充府庫。」今之所謂良
臣，古之所謂民賊也。……「我能為君約與國，戰必克。」今
之所謂良臣，古之所謂民賊也。（《孟子·告子下》）
孟子曰：「有人曰：『我善為陳，我善為戰。』大罪也。」
（《孟子·盡心下》）

而由止爭戰行仁政德治，孟子乃進而更有貴王賤霸之說，此
如：

齊宣王問曰：「齊桓晉文之事，可得聞乎？」孟子對曰：「仲
尼之徒，無道桓文之事者，是以後世無傳焉，臣未之聞也。無
已，則王乎？」（《孟子・梁惠王上》）

以力假仁者霸，霸必有大國。以德行仁者王，王不待大。湯以
七十里，文王以百里。以力服人者，非心服也，力不贍也。以
德服人者，中心悅而誠服也，如七十子之服孔子也。詩云：
「自西自東，自南自北，無思不服」，此之謂也。（《孟子・公孫
丑上》）

如果我們再觀諸孟子所言之：「保民而王，莫之能禦也。」
（《孟子・梁惠王上》）及「老吾老以及人之老，幼吾幼以及人之幼，
天下可運於掌。」（《孟子・梁惠王上》），則可見「王霸乃孟子政治理
想中二種不同的政治。中國後來之政治哲學，皆將政治分為此二
種。」❸，而孟子從仁政德治的標準，當然倡貴王政、賤霸政，此對
中國後來之政治文化有深刻的影響。

在正經界方面，孟子說：

夫仁政必自經界始。經界不正，井地不均，穀祿不平。是故暴
君汙吏，必慢其經界。經界既正，分田制祿，可坐而定也。請
野九一而助，國中什一使自賦。卿以下必有圭田，圭田五十
畝，餘夫二十五畝。死徙無出鄉，鄉田同井，出入相友，守望
相助，疾病相扶持，則百姓親睦。方里而井，井九百畝，其中
為公田，八家皆私百畝，同養公田，公事畢，然後敢治私事。
（《孟子・滕文公上》）

除上述所言孟子仁政四項原則之外，孟子對教化一事亦極為重
視，此與孔子先富後教之意相同，此如：

仁言不如仁聲之入人深也；善政不如善教之得民也。善政民畏
之，善教民愛之。善政得民財，善教得民心。（《孟子・盡心

上》）

謹庠序之教，申之以孝悌之義。（《孟子‧梁惠王上》）

后稷教民稼穡，樹藝五穀，五穀熟而民人育。人之有道也，飽食煖衣，逸居而無教，則近於禽獸。聖人有憂之，使契為司徒，教以人倫，父子有親，君臣有義，夫婦有別，長幼有序，朋友有信。（《孟子‧滕文公上》）

設庠序學校以教之，庠者，養也；校者，教也；序者，射也。夏曰校，殷曰序，周曰庠。學則三代共之，皆所以名人倫也。

（《孟子‧滕文公上》）

由上可知，孔孟之所以詳論德治仁政養民之道，正表示德治仁政不是空談的，是要落實在增進百姓生活幸福與提昇百姓生活品質上的。所以，孟子才會說：「徒善不足以為政」，及「堯舜之道，不以仁政，不能平治天下。今有仁心仁聞，而民不被其澤，不可法於後世者，不行先王之道也。」（《孟子‧離婁上》）因此，就孔孟思想而論，孔子心目中的聖人事業在於「博施濟眾」，並認為「古今從政者之優劣，亦視其能養民與否而定。」❶而孟子「其養民之論，尤深切詳明，為先秦所僅見。」❶。此蓋因：「政治目的，在提高國民人格，此儒家之最上信條也。孟子卻看定人格提高，不能離卻物質的條件，最少也要人人對於一身及家族之生活得確實保障，然後有道德可言。」❶可見，國民生計與國民教育實為德治思想所重視之根本問題也。

理想政治家的要求

政治活動中必有領導人物，這些領導人物對政治之治亂有密不可分的關係，而政治之治亂又直接影響到民眾現實生活及生命價值之完成，故理想政治領袖的要求一直是思想家所強調的。以當代大哲學

家海德格（M. Heidegger）而言，他就一再主張：「性命意義這問題
必須先解說『此在』的時間性與歷史性中被完成。」❿，此即是說海
德格的歷史哲學是從「此在」的憂患牽掛出發，而落在與他人休戚相
共的歷史洪流中，共同去承擔民族與文化的命運。因此，他將性命
（being）與入世（time）這兩個概念歸於命（destiny），而爲「秉受」
（appropriation）所決定❽。然有「秉受」則先需有所「授」者，故海
德格又開出「授予」（sending）之概念❾於是，海德格乃以「授（命）
──受（命）」這一套存有論的活動當形上學的終極原理，並企圖以
此原理來取代傳統形上學範疇意義的「存有」的思考。而這種存有論
所開出的歷史哲學旨在要政治領袖珍惜「受命」，以便未來能開創歷
史的命運。因此，在其社會與政治哲學中，「命」實爲關鍵性概念
❿。這表示一民族在歷史中前進，個人的性命意義之彰顯，首先在於
具特殊能力的政治領袖能受命，所以海德格才把政治家當成歷史創造
者❹。可惜的是，海德格並不能正確說明這種政治家如何在其個人意
識上感受到自己與整個民族命運的結合，結果竟誤把希特勒這種人當
成世界史的開拓者❷。

　　在孔孟德治思想上，同樣對理想政治家有深刻的期許，並以德
爲政治領袖是否理想的標準，由此而避免海德格以暴人或騙徒爲受命
者的缺失。其實，正如前述，中國文化史上人文精神之萌芽在周初，
孔孟也接受傳承了周人以「天命靡常」之觀念來解釋其克商之成功，
這才使政治活動奠下道德的基礎，使「受命者」須以本人之德行爲
重。此如在孔孟之前的周公，就曾訓誡成王說：

> 天亦哀於四方，其眷命用懋，王其疾敬德……王敬所作，不可
> 不敬德。維不敬厥德，乃早墜厥命……惟王其疾敬德。王其德
> 之用，祈天永命。（《書經・召誥》）

　　周公此處所謂明德、敬德實即是德治思想，蓋周公深知爲政必
須實行德治，切實做到仁民愛物，能使政局安定，才能永保天命。因

此，周公強調敬德重於天命，他說：

> 天不可信，我道惟寧王德延……其汝克敬德……往敬用治。
> （《書經·君奭》）

　　由此可見，以周公爲代表的傳統思想，一論及治道，莫不主張以德撫民，以德爲治。因爲以德撫民，以德爲治，必是勤政愛民以身作則的聖君，於是才能得萬民擁戴，措天下於磐石之安。孔孟完全繼承這種思想，孟子說得甚好，他說：「君行仁政，斯民親其上，死其長矣。」（《孟子·梁惠王下》），此所謂仁政，即德治之別稱，故可知，理想政治家的標準是以德治思想來衡量的。對此，孔子之論述甚多，例如：

> 上好禮，則民莫敢不敬。上好義，則民莫敢不服，上好信，則
> 民莫敢不用情。（〈子路〉）
> 季康子問政於孔子曰：「如殺無道，以就有道，何如？」孔子
> 對曰：「子為政，焉用殺！子欲善，而民善矣。君子之德風，
> 小人之德草，草上之風必偃。」（〈顏淵〉）
> 政者，正也。子帥以政，孰敢不正？（〈顏淵〉）

　　由此可知，孔孟之政治思想，一言以蔽之，即德治仁政而已，蓋德治仁政是愛民之政、利民之政，唯其在位者是以德服人，使人心悅誠服，故政刑只能是撫教化不足，不可以政刑爲施政之本，在此基礎上政局才得安定，百姓才得幸福。此再以孟子之言而論，即爲：

> 行仁政而王，莫之能禦也。（《孟子·公孫丑上》）
> 唯仁者宜在高位，不仁而在高位是播其惡於眾也。（《孟子·離
> 婁上》）
> 天子不仁，不保四海；諸侯不仁，不保社稷；卿大夫不仁，不
> 保宗廟。（《孟子·離婁上》）

這些言論證明孔孟之求貫徹德治思想的原因之一，是想要使德智兼備的君子居政治上之要位。而以其崇高之人格來感化百姓，以實現政治理想。蓋在孔孟心目中政治只是在行仁，故絕不可由不仁者居高位，不仁者居高位則政治失起點，一切所爲皆徒勞無益，而既是把政治視爲行仁，則行仁當以主政者個人之修身推仁爲起點，所以，「自孔子視之，修身以正人，實爲事至簡，收效至速，成功至偉之治術」。㉓如果這理想能實現，自然是社會安和，政平刑措，天下歸仁矣。故蕭公權亦說孔子教化之方法有二：「一曰以身作則，二曰以道誨人。」㉔。

由此可知，由於孔孟德治思想主要是透過人的道德自覺，以完滿其人格之發展。因此，對較常人負更重大政治責任的君王，則更應該先力求實現自己身爲一個人的本分。因此才有「修己以敬」，「修己以安百姓」的說法，這在孔孟思想的觀點上，是一件必然的要求，在這個要求之下，政治領袖的德，對被統治者才會有啓發的作用。所以《大學》上有這樣一段話：

> 所謂平天下在治其國者，上老老而民興孝，上長長而民興弟；
> 上恤孤而民不倍；是以君子有絜矩之道也。

此所謂上老老、長長、恤孤，即指政治領袖個人人格之實現。這些就是德，而此德又應爲天下人共有，故人民受此啓發乃興孝、興弟。而這又與政治領袖的德相感通，於是有「民之所好好之，民之所惡惡之」的結果。這樣一來，在實際政治活動中，不但君民之間沒有矛盾對立，大家更不會陷於權利爭鬥的惡性循環之中。

成就每個人的德性生命

孔孟認爲要使政局安定，單靠嚴密的法規制度是不足以濟事的，他們認爲法令規章只能約束人的外表行動，並不能點化一個人的

內心,提昇一個人真正的德性生命。所以,孔孟不主張用政治權力去壓制人民,而要直接從人之內在良知仁心入手,「通過各人固有之德,來建立人與人之內在關係」❷。所以,魯哀公爲政令不行而問於孔子:「何爲則民服?」孔子就回答說:「舉直錯諸枉,則民服;舉枉錯諸直,則民不服。」(〈爲政〉)。對此,程子的註解有這樣一句話:「舉錯得義則心服。」❷。可見,這是把道德當成人心服的最後根據,也就是說政治活動要奠基於德性生命,而由「有恥且格」這一句話更可以看出,「孔子治術傾向於擴大教化之效用,縮小政刑之範圍。其對道德之態度至爲積極。」❷。

孟子亦有:

> 老吾老以及人之老,幼吾幼以及人之幼,天下可運於掌。詩云:「刑於寡妻,至於兄弟,以御於家邦」,言舉斯心,加諸彼而已。故推恩足以保四海,不推恩無以保妻子。古之人所以大過人者無他焉,善推其所爲而已矣。(《孟子‧梁惠王上》)

其實孟子所說仍只是其「性善」說之發揮而已,蓋由於孟子肯定人性之善,尤其肯定人心之初動之端無不善,而歸結到良知皆須擴而充之。於是孟子之學乃分從向內與向外兩方面來擴充。其向內心方面之擴充,則爲個人之人格修養。其向外界事功方面之擴充,即孟子所謂王道是也。肯定這一點,孟子才能由推老吾老以及人之老的仁心良知,以保四海。我們可以說,經過孟子這種「仁政」的說明,孔子將心比心的仁心實踐,乃具體落實於現實政治活動中。政治活動是以德相感通,正是求每個人自身人格的建立與完成。這樣一來,不但每一個人都有一圓滿的人格;在政治上更能因德性之心的提振,自恥於爲非作惡,而日趨於善,使社會有一真正安和穩定的基礎。必如是,人類才有各得其所,各遂其生的可能。

同時,這種德治主張,表現出來的即是日常人文人倫之儀則,亦即天理之節文表現於外成爲禮治之精神,融全民於人倫之禮中,乃

才有自內而外的德性生命。故朱熹曾說：「德又禮之本也。此其相爲終始，不可以偏廢。德禮之效使民日遷善而不自知。」❷❽這正表明，德與法之不同，在於純以法治，則只自外限制人之外表行動，其結果不免使人日遠其德矣。從這個觀點來看，孔孟所主張的「政治社會之本身實不異一培養人格之偉大組織」❷❾。所以說，孔孟之德治思想正是要成就每一個人的德性生命，而且認爲當這個理想實現時，可以達到「無爲而治」的境界。此即：「無爲而治者，其舜也歟；夫何爲哉，恭己正南面而已矣。」（〈衛靈公〉）。這裏後人可以有千言萬語的發揮，但總而言之，這一切，對孔孟而言，只是「出於對人的信賴，對人性的信賴。」❸❶這樣一來，人人能各盡其德，即係人人相感通於人之所以爲人的內在共同根據之中，這才是政治活動的眞正目的與極致。所以說，德治思想最終目的乃在民德之提昇，是以政治、教育、倫理，一切程序，合而爲一。此一政治理想之自由與民主傾向，顯而易見❸❶。

一註釋一

❶這種天治神權政治思想實爲所有民族所共同經歷的階段，然以在中國的發展最
具特色。

❷徐復觀，《中國人性論史》，前揭書，頁二〇至二一。

❸同上註，頁二二。

❹郭沫若，《青銅時代》（重慶：文治出版社，一九四五年），頁一七。

❺傅斯年，《傅孟眞先生集》（台北：台灣大學，民國四十一年），卷八，頁九二
至九九。

❻饒宗頤，〈天神觀與道德思想〉，《中央研究院歷史語言研究所集刊》，第四十
九本第一份（民國六十七年六月），頁七七至一〇〇。

❼徐復觀，〈孟子政治思想的基本結構及人治法治問題〉，《儒家政治思想與民
主自由人權》（台北：八十年代出版社，民國六十八年），頁一一五至一二六。

❽成中英，〈戰國時代的儒家思想及其發展（一）〉，《中央研究院歷史語言研究
所集刊》，第四十本，下冊，（民國五十八年），頁八八一至九一二。

❾陳伯鏗，《先秦時代政治思想探賾》，初版（台北：黎明文化公司，民國七十
九年），頁一一三至一一四。

❿參閱：TU Wei-Ming, *The Moral Universe from the Perspective of East Asian
Thought, Philosophy East and West*, 31, 3(July, 1981), pp. 260-267。

⓫蕭公權，《中國政治思想史》，前揭書，頁六一。

⓬同上註，頁八七。

⓭馮友蘭，《中國哲學史》，坊間，頁一四五。

⓮同註⓫。

⓯同註⓫，頁八七。

⓰梁啓超，〈先秦政治思想史〉，《梁啓超學術論叢（一）》，初版（台北：南嶽
出版社，民國六十七年），頁九五。

⓱Martin Heidegger, Tr. by F. Macquarie & E. Robinson, *Being and Time* (New York:
Harper & Row, 1962), p. 42.

⓲Martin Heidegger, Tr. by J. Stambaugh, *On Time and Being* (New York: Harper &

Row, 1972), p. 19.

⑲Ibid., pp. 8-10.

⑳M. A. Gillespie, *Hegel, Heidegger, and the Ground of History* (New York: Harper & Row), p. 163.

㉑Kasten Harries, *Heidegger as a Political Thinker* (New Haven, Yale University, 1978), p. 317.

㉒參閱Jurgen Habermas, Tr. by F. Lawrence, *The philosophical Discourse of Modernity* (New Yok: Halliday Lithograph)。

㉓同註⑪，頁六二。

㉔同上註。

㉕徐復觀，〈儒家政治思想的構造及其轉進〉，《學術與政治之間》，前揭書，頁四一。

㉖朱熹，《四書集註》，初版（台北：世界書局，民國五十六年），頁二。

㉗同註⑪，頁六三。

㉘同註㉖，論語篇。

㉙同註㉓。

㉚徐復觀，〈孔子德治思想發微〉，《中國思想史論集》，前揭書，頁二一六。

㉛方東美等著，《中國人的心靈》，初版（台北：聯經出版公司，民國七十三年），頁一二五至一二六。

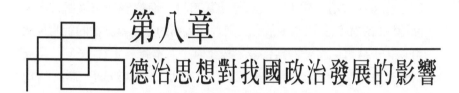

第八章
德治思想對我國政治發展的影響

◎ 君子人格與內聖外王的政治理想

◎ 民本思想的要義與其對我國政治
　的影響

◎ 德治民本思想的評論

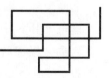

君子人格與內聖外王的政治理想

　　孔孟在政治思想上，皆以德治為目標，而德治又係以個人之人品德性為政治活動之本，故孔孟對理想人格的追求有詳盡的說明，此可以孔子喜言「君子」為代表。按「君子」本義為「君之子」，乃周封建社會貴族一部分之通稱，並非孔子所創之詞，唯君子一詞，《周書》中出現五、六次，《詩經》國風大雅小雅上則有一百五十餘次，可見君子一詞到周初已非常流行。孔子所言之君子，以《論語》一書而言，有專指地位言者，有專指人品言者，也有兼具地位與品德而言者，但綜觀全書仍偏重於品德修養方面。可見，孔子早期所言之君子，或而採當時社會上之習慣用語，或而因企圖恢復周禮，故多言以地位為重的君子，但其後，孔子已不再以恢復周禮為限，轉而以新的意涵，把傳統的階級上的君子小人之分，變化成品德上的君子小人，開創出重德性的文化發展大方向。此以德治思想來看，孔子主要是藉君子一詞，來描繪一種模範人格，「作為個人及社會的標準，使人擬之而後言，儀之而後動。」❶。故南宮适問於孔子曰：「羿善射，奡盪舟，俱不得死然，禹稷躬耕而有天下。」（〈憲問〉），即表示孔子深喜禹之以德取位，而以「君子」、「尚德」許之。因此，蕭公權亦說：「孔子屢言君子，其用意似有二端。一以救宗法世卿之衰，二以補周政尚文之弊，而兩者間實有連帶關係。」❷。此蓋孔子所言之君子，既重於德性生命的實際成就，當然就可補救周政尚文所可能引生的形式化或制度僵化的缺失，而對君子的推崇又表示政治的職位，應以才德為標準，不再以固定階級承繼權利；此所謂春秋譏世卿，實寓有修德取位的新意，也「加速了中國歷史中貴族階級的崩潰，漸漸開闢了平民參政之路。」❸，這些都是孔子言君子的深意。

　　然孔子所言之君子究竟應具何種模範人格？此在《論語》一書

中大致有：

> 君子博學於文，約之以禮，亦可以弗畔矣夫。（〈雍也〉）
>
> 子曰：君子道者三，我無能焉，仁者不憂，智者不惑，勇者不懼。（〈憲問〉）
>
> 司馬牛問君子。子曰：「君子不憂不懼。……內省不疚。夫何憂何懼？」（〈顏淵〉）
>
> 君子去仁，惡乎成名？君子無終食之間違仁，造次必於是，顛沛必於是。（〈里仁〉）
>
> 君子之於天下也，無適也，無莫也，義之與比。（〈里仁〉）
>
> 君子義以為質，禮以行之，孫以出之，信以成之，君子哉。（〈衛靈公〉）
>
> 君子不重則不威，學則不固，主忠信，無友不如己者，過則勿憚改。（〈學而〉）
>
> 君子食無求飽，居無求安，敏於事而慎於言，就有道而正焉，可謂好學也已。（〈學而〉）
>
> 子貢問君子，子曰：「先行其言，而後從之。」（〈為政〉）
>
> 君子恥其言而過其行。（〈憲問〉）
>
> 君子矜而不爭，群而不黨。（〈衛靈公〉）
>
> 君子不器。（〈為政〉）
>
> 君子篤恭而天下平。（〈中庸〉）
>
> 君子謀道不謀食，耕也餒在其中矣，學也祿在其中矣，君子憂道不憂貧。（〈衛靈公〉）

由上所引，可知孔子心目中的君子必須具有「仁以為己任」的精神，以求道為其職志，而所謂「謀道不謀食」、「憂道不憂貧」都是實踐仁德的君子所表現出來的美德。此外，君子還必須勤學向上，嚴以律己，所以不但要「博學於文」，更要「內省不疚」。最後，這種具備仁、義、忠、恕、信、禮、智、勇、直等美德之模範人格的君

子,還要有救國安民的抱負,要能由「修己以敬」進而「修己以安人」、「修己以安百姓」,達到「君子篤恭而天下平」的境界。因此,蕭公權才說:「吾人如謂『仁治』爲孔子改進周政之第一大端,則『人治』爲其第二要義,而其所屢言之『君子』即人治思想之結晶也。」❹。

孟子對君子人格亦多有描述,他說:

> 古之人,得志,澤加於民,不得志,修身見於世。窮則獨善其身,達則兼善天下。(《孟子·盡心上》)
>
> 居天下之廣居,立天下之正位,行天下之大道。得志與民由之,不得志獨行其道。富貴不能淫,貧賤不能移,威武不能屈,此之謂大丈夫。(《孟子·滕文公下》)
>
> 王子墊問曰:「士何事?」曰:「尚志」。曰:「何謂尚志?」曰:「仁義而已矣」,殺一無辜,非仁也;非其有而取之,非義也。居惡在?仁是也。路惡在?義是也。居仁由義,大人之事備矣。(《孟子·盡心上》)
>
> 伊尹耕於有莘之野,而樂堯舜之道焉。非其義也,非其道也,祿之以天下,弗顧也,繫馬千駟,弗視也。非其義也,非其道也,一介不以予人,一介不以取諸人。(《孟子·萬章上》)

由上可知,孟子雖未明言君子,然其所謂「士」或「大丈夫」及其應有之抱負與修持,實都與孔子心目中的君子人格相同。李澤厚亦讚嘆孟子所描述的賢士說:「這是兩千年來始終激勵人心、傳頌不絕的偉辭名句,它似乎是中華民族特別是知識分子的人格理想。」❺。而我們由這種理想的君子人格來看,孔孟確實透過仁心性善,堅持人的生命有內在之善,內在之善的擴充到達極點才算是人格發展的最高成就,實現此一最高成就者即謂之「君子」、「仁」或「聖」。以孟子來說,性善的推擴係「苟得其養,無物不長」,修養推擴到極點,個人不僅可以成爲「居仁由義」的大丈夫,也可在仁德善性的體

現上,使「萬物皆備於我矣」(〈盡心上〉),萬物皆備於我,即是《論語》上的「天下歸仁」,亦即在仁德的感通下,自己克服了私慾偏見,與天下萬有同憂同樂,這時就能說「所過者化,所存者神,上下與天地同流」(《孟子·盡心上》),亦可謂上達於「大而化之之謂聖,聖而不知之之謂神」(〈盡心下〉)的天人交泰境界。這正是後儒所言之「內聖」是也。這其間全是性善仁心的堅守與推擴,沒有絲毫勉強,若不瞭解這一根本要點,而說孟子「上下與天地同流」這句話,「有神秘主義的傾向。其本意如何,孟子所言簡略,不能詳也。」❻,則是對內聖說的最大誤解也。

然以孔孟德治思想而言,其所謂的君子人格,絕不能只停留在「內聖」階段,必須向外界事功求積極的表現。此無論孔子言「修己以安百姓」,或孟子之「以不忍人之心,行不忍人之政」,都表示孔孟絕不以「內聖」為滿足。再者,孔孟更認為理想社會之建立與政治領袖個人的特質有密切關係。因此「仁」,「聖」執政才能真正實現理想,有效解決政治、社會問題。這當然是一種人治思想,然更表示孔孟認為政治活動中,「內聖」與「外王」必須緊密結合。後人才以「內聖外王」為儒家政治思想最具體的理想表徵。

進而言之,「內聖外王」這一儒家政治思想的基本理想,必落實於孔孟所言的「君子」或「大丈夫」,否則即是空談。馬一浮即言,在「王」與「聖」之間存在一種「跡本關係」。聖和所以成聖的心性本體是「本」,理想的政治,社會秩序是「跡」,兩者之間存在著「由本顯跡」的直接關聯❼。熊十力也說:「聖人作易,創明內聖外王之道,而內聖實為外王之本。」❽中山先生亦才說:「中國有一段最有系統的政治哲學,在外國的大政治家還沒有看到,還沒有說到那樣清楚的,就是《大學》中所說的『格物,致知,誠意,正心,修身,齊家,治國,平天下』那一段話。把一個人從內發揚到外,由一個人的內部做起,推到平天下止。像這樣精微開展的理論,無論外國什麼政治哲學家都沒有見到,都沒有說出,這就是我們政治哲學的智

識中獨有的寶貝，是應該要保存的。」❾。這些都可說是對「內聖外王」政治理想的最好說明。

就當前我國政治民主化的目標來看，「內聖外王」政治理想誠然仍有值得吾人珍惜與保存者，但也要對其細加評估。如果我們從「內聖外王」政治理想未曾在傳統中國真正實現來分析，則可發現成就這一種「道德政治」所關係的基本問題，在於過於重視個人的成德及如何實現「權力的可能善果」❿。這是因為成德的君子居高位，只有「權力的可能善果」的問題。可是如果在位者不是君子，或是雖曾是君子卻逐漸腐化，則「內聖外王」說無法防制。換言之，有人就從儒家不能在政治制度上運作出一種功能來防治「權力的惡果」，而說孔孟政治思想具有相當濃厚的「超現實」成分⓫。對上述這一說法，我們當然承認，由此也可看出孔孟思想的不足。可是，若就孔孟德治思想本身而言，孔孟似乎並非完全不措意於防制「權力的惡果」。只是孔孟注重於以和融圓通的人文精神，來涵濡感化現實政治，更以君子人格和「內聖外王」理想所形成的規範與政治文化，來限制王權。雖然這一種方法效果有限，對以後「皇權的集中」毫無辦法，對「皇權集中」後君王可能的專制統治也無法抗衡。但從整個文化長期發展的觀點來看，孔孟實本於「學術文化的立場來論政」⓬，是以道德理性來點化人性中非理性和反理性的習氣，使人格健全而能有健全的政治活動，則為其真正優點所在，不宜任意以「超現實」而全盤否定。

因此，就孔孟儒家「內聖外王」的政治理想如何幫助我國政治民主化而言，則吾人當擷取其內聖學的精華，人人以成為「君子」或「大丈夫」為己任；然後再認識其外王學在今日的時代意義及其限制性，從而開出民主政治應有的各種政治架構，以解決並防治「權力的惡果」，發揮「權力的善果」，使傳統中的理性因素轉化促進現代化政治制度的建立⓭。

民本思想的要義與其對我國政治的影響

民本思想的要義

　　民本思想是孔孟思想中極其重要的一環，而民本思想實亦孔孟德治思想的必然發展。此可論述於下：

　　首先，就德治思想之重視每一個人都能自作主宰成就德性生命來看，孔孟之仁心性善原則，必能造成人與人之間的互尊互重，在政治思想上才可以建立民本的政治特色。徐復觀就曾以孟子的性善而說：「……實證了人格的尊嚴，同時即是建立了人與人的互相信賴的根據，亦即是提供了人類向前向上的發展以無窮希望的根據。所以表現在政治思想方面，他繼承了周初重視人民的傳統，而加以貫徹，並進一步確定人民是政治的主體，確定人民的好惡是指導政治的最高準繩。」❹可見，民本實即孔孟尊重人性的自然顯現。

　　其次，就德治思想對理想政治家的要求來看，也必落實在民本。其實，就民本思想與政治領袖的關係而言，在孔孟之前，我國的民本思想早已甚為發達，民本之說屢見於各經典之中，比如：

　　天聰明，自我民聰明；天明畏，自我民明威。（《書經・盤庚》）
　　前我古后，罔不惟民之承。（《書經・盤庚》）
　　天視自我民視，天聽自我民聽。（《書經・泰誓》）
　　民為邦本，本固邦寧。（《書經・五子之歌》）
　　民之所欲，天必從之。（《國語・周語》）
　　民所曹好，鮮其不濟也。民所曹惡，鮮其不廢也。」（《國語・周語》）

> 天生民而立之君，使司牧之，勿使失性。……天之愛民甚矣，
> 豈其使一人肆於民上，以從其淫而棄天地之性，必不然矣。
> （《左傳‧襄公十四年》）

上述所引，足以證明民本思想確實是我國政治思想的老源頭。至於為什麼民本思想在中國思想中占這麼重要的地位？那是因為，中國自古雖有君權神授的說法，把天命當成君權的保證。但是中國人卻認為天之所以授命於某人為君，主要是以君王本人的道德為依據，才有所謂「天命不常」的說法。而君王道德是否能夠承擔天命，最明顯的證明，則在其是否尊重百姓，得到百姓的支持。所以天命實即民本也，這樣也才有民本思想的確立。許倬雲亦指出，天命論對中國的歷史有著重大的影響，後來的朝代更易都必須徵引天命。而「天不可信，我道惟寧王之德延」（《書經‧君奭》）及「人無於水監，當於民監」（《書經‧酒誥》）將天命歸結為人主自己的道德以及人民所表現的支持程度，乃是中國歷史將天命與民意結合的開始❶❺。因此，《書經》上又有：

> 朕及篤敬，恭承民命。（《書經‧盤庚》）
> 天佑下民，作之師。（《書經‧泰誓》）
> 皇祖有訓，民可近，不可下，……予臨兆民，懍乎若朽索之馭
> 六馬，為人上者，奈何不敬。（《書經‧五子之歌》）
> 人視水見形，視民知治不。（《書經‧湯誥》）

由上所引，我們更可清楚看出天命與民本的結合處，正是君王的道德，亦即孔孟所倡的德治思想。於是從《尚書》「民為邦本」這句話，開展出民本思想。而漢儒將之解釋為：「『民』字意為『苗』為『瞑』，苗是草木初生甚微弱的意思，因其微弱，所以不能自立，因其盲目，所以不能自行。」❶❻，因此需要君王能以道德自持，進而嘉惠百姓，有作之君、作之師的成效。故孔子所謂：「民可使由之，

不可使知之」，並非愚民，而是要釋爲：「民可，使由之；不可，使
知之」，這至少表示如果民爲「苗」爲「瞑」，則君王須多加照顧啓發
之。此亦即民本之思想也。迨及孟子，因其時專制之勢已成，風氣已
趨向貴君賤民，孟子乃承繼先民與孔子之教，大倡「民貴君輕」之
論。此如：

> 民爲貴，社稷次之，君爲輕，是故得乎丘民而爲天子，得乎天
> 子爲諸侯，得乎諸侯爲大夫。諸侯危社稷則變置，犧牲既成，
> 粢盛既潔，祭祀以時，然而旱乾水溢，則變置社稷。（《孟子·
> 盡心下》）
> 人恆有言，皆曰天下國家，天下之本在國，國之本在家，家之
> 本在身。（《孟子·離婁上》）
> 諸侯之寶三：土地、人民、政事。寶珠玉者，殃必及身。（《孟
> 子·盡心下》）

所謂「民貴君輕」，就是把人民當成政治活動的主體，君王只是
爲人民服務者，故一國之諸侯、社稷皆可變置，人民則永存而不可動
搖。以所謂「諸侯之寶三」來看，孟子實是主張民爲主，君爲僕；民
爲本，君爲用。用現在的話講，就是主張政治必須遵照民意，凡人民
希望者，立刻去做，凡人民反對者，立刻廢止。這在君主政治時代可
稱爲「得民心」的方法，故孟子又說：

> 桀紂之失天下也，失其民也。失其民者，失其心也。得天下有
> 道，得其民斯得天下矣。得其民有道，得其心斯得民矣。得其
> 心有道，所欲與之聚之，所惡勿施爾也。（《孟子·離婁上》）
> 故曰：「域民不以封疆之界，固國不以山川之險，威天下不以
> 兵革之利，得道者多助，失道者寡助，寡助之至，親戚畔之，
> 多助之至，天下順之。」（《孟子·公孫丑下》）

因此，在確立人民爲政治之主體後，無論是「民爲邦本」或

「民為貴」，只是在表示「人君所憑藉的國，以及人君的本身，在中國思想正統的儒家看來，都是為民而存在，都是以對於民的價值的表現，為各自價值的表現。可以說，神、國、君，都是政治中的虛位，而民才是實體。」**⓱**。此一民本思想之澈上澈下，乃形成孔孟思想的一大特質。

可是，對孔孟這種以德治為中心的民本思想，歷來有若干誤解，這裏所謂的「誤解」，包括：像殷海光就認為：「中國文化裏含有泛道德主義的傾向」**⓲**，殷先生曾舉鄂圖·法蘭克（Otto Franke）之說為證，認為孔子作《春秋》，為了達到使「亂臣賊子懼」的道德譴責作用，不惜篡改歷史事實。於是，「自孔氏以降，中國文化是走的泛道德主義的路」**⓳**。而且：「我們無論看中國傳統的哲學、文學，還是看歷史，很少沒有經過道德意識染色的」**⓴**。再加上殷海光認為儒家以仁、孝為本的道德意識極易轉化為長老至上與崇古，而說：「父親意象輻射出一股權威主義的氣氛」**㉑**，所以他把中國傳統的家庭視為權威主義的養成所，德治君王也就是權威家長了。

另外，有一位美國人士費正清，他也屢次說：

> 中國是被孔子的一個偉大創作所控制，他就是德治的神話（The Myth of Rule by Virtue）。依照這個神話，一個超人的本於正當行為樹立一個楷模……如不能為皇帝的楷模所感召，則就以刑賞去對付。……無論如何，中國依然為偉大的儒家政治虛構，即德治之神話所統治。**㉒**

> 孔子道德生活之中心，仁，雖然是邏輯的教義，卻顯著的是非基督教的。此一教義，乃要求對人類在差等中相愛，由自己的父親，家族，朋友開始。實在的，中國的人文主義是一種上層階級的奢侈。……這一切，就是說，人的行為主要的依對於社會安寧的貢獻來判斷。個人本身沒有提高，他不是唯一的，不朽的，宇宙的中心。……這當然可稱人文主義……但卻助長政

府中的家長主義，容許高度的權威主義。❷

　　除了上述的誤解之外，還有一種將德治思想當成是「仁慈專制」的誤解。此如張佛泉之舉西方政治思想家J. S. Mili和Green, K. Popper等人之反對「仁慈的專制」（benevolent despotism），「聖王仁君」（a good despot）及父權政治（Paternal Government）以爲人君「替人民解決了一切問題而言，便已足夠使人頓化，而不復能自立。因人民在浩蕩的皇恩之下，飽食終日，無所用心，如此久之，道德知慧只有退化無遺。『仁慈專制』比單純的專制還可怕處，可謂在此。」❷所以張佛泉又說：「這就是政治與倫理必須劃開，政治手段與倫理思想不能羼雜在一起，『內聖外王』不能爲民主理想的緣故。」❷

　　上述所言之種種，係對孔孟德治民本思想體認不足之下的誤解。蓋以歷史背景來看，孔孟皆處於封建崩潰之際，孔子早期之圖恢復封建之禮，希望透過與封建制度相伴生的宗法制度，就政治組織與家庭組織密不可分的關係上，提倡父子之道的互敬互愛的擴大，來改革現實政治的缺失，此才有「愛民如子」、「視民如傷」的德治民本主張。這當然是孔子就當時社會結構而提出的政治主張，但通觀孔子全盤思想，若以此爲「泛道德」或長老至上的權威主義，實嫌過苛。何況。在孔孟當時那種政治結構下，既無制度法規來制約君權，轉而以人類孝慈之至情來要求君主行德治民本，今人雖可評其不足，但至少也該有同情性的諒解。此亦何以我國先民面對君權思想，素有「課君主以倫理責任」❷的說法，如：

　　天子作民父母，以為天下王。（《書經・洪範》）
　　天佑下民，作之君，作之師。（《書經・泰誓》）

　　這是因爲君主如能以父母慈愛子女之心，爲其施政之本，則民眾自有舒緩和樂之生活。故孟子也說：「爲民父母行政，不免於率獸而食人，惡在其爲民父母也」，朱熹就解釋說「君爲民之父母」。可見

這種「民之父母」的倫理責任要求，亦即如前說之把人民當作
「苗」、「瞑」而要善加照顧啓發之意。

究實而言，孔孟這種以德治爲本質的民本思想誠然太重視治者
之德，這是因爲孔孟認爲在政治活動中治者所負之責任較重。但是，
孔孟並無意叫大家只坐待聖王仁君之救拔而不自振作。探其眞義，一
是要治者在其性分上作內聖的工夫，要治者以能推擴其良知爲天職，
然後落實在施政上的以民爲本，這至少對治者是一「限制」，使治者
醒悟自己雖有治權，卻不可胡作非爲。其次，旨在強調治者不可妄圖
用權力去限制約束人民的行爲，而要化爲倫理之情去感通萬民。否
則，不但治者有濫用其權的可能，人民亦會因無內心道德的眞正自
覺，而把外在之法令規章視爲形式之物，於是有「民免而無恥」的危
機。這表示，民本的基本用心，是要使包括君王在內每一人發揮內在
之德，透過「尊重對方」的倫理原則去融和彼此間的關係，共享生活
幸福，而不要君主逞私慾獨斷專行。如果有人因此而攻擊孔孟德治民
本思想只是「上層階級」的花樣，那我們要問：即使「當今人類每遇
到重大的關頭，也常要在法的後面，還須呼籲人類的良心理性，有如
聯合國憲章及世界人權宣言之類。則在兩千年前，儒家不特別重視負
政治責任者的良心理性，還有何辦法？」❷⓻

因此，孔孟民本思想係在要求君主以民爲念之下，希望政治力
量收縮，而使人民生機盎然，使政不擾民而讓人民能自然成就其經濟
生活、禮樂文化生活，亦即所以保存社會文化之生機，人民有更多自
動自主的生活自由❷⓼。這種使全體人民皆生活在「德德相扶」的理想
目標，哪裏是要「人民在浩蕩皇恩之下飽食終日，無所用心」呢？如
果讓人民各得其所就是君王德性的呈露，是孔孟德治思想的踐致，則

正如徐復觀說之：「中國儒家之主張德治，是對政治上的一種窮源竟委的最落實的主張。並不玄虛，其不迂闊。」❷

民本思想對我國傳統政治的影響與評估

民本思想下的人民不能主動爭取權益，人民只處於被動地位，所以民本並不是民主

由前述可知，愛民如子的民本思想確實可以造成仁政，可是這種仁政並非民主的結果。蓋「仁政只有一種『發』與『施』的性質（文王發政施仁），是『施』與『濟』的性質（博施濟眾）。其德是一種被覆之德，是一種風行草上之德，而人民始終處於一種消極被動的地位。」❸這與民主政治中，人民有主動積極的要求（demand）權是不同的。其次，民主政治有一重要原則，即康德所謂之「阻礙之阻礙的原則」（principle of the hindrance of hindrance），意指政治權力只在「除去生活中嚴重的障礙」，而非「以強制力促進道德或幸福」❸。可是孔孟民本思想雖從未主張以政治權力干涉人民的道德生活，然對政治權力是否能用來除去人民生活的障礙，而不危害人民，則並無一定的把握。這是因為以民為本只有在仁君或聖君出現時，始有可能；若君不仁則君權的濫用，人民仍會有無所遁逃之痛。證諸歷史，皇權集中下的君王也多是凡人，權力隨個人情緒喜怒而用，雖不一定是不仁者，然民本理念下的人權卻因無明文的保證，時受侵犯。

若再以民本思想之重民意而論，孟子有云：

左右皆曰賢，未可也，諸大夫皆曰賢，未可也。國人皆曰賢，然後察之，見賢焉然後用之。左右皆曰不可，勿聽。諸大夫皆曰不可，勿聽。國人皆曰不可，然後察之，見不可焉，然後去之。左右皆曰可殺，勿聽。諸大夫皆曰可殺，勿聽。國人皆曰

可殺，然後察之，見可殺焉，然後殺之。故曰：「國人殺之
也。」如此，然後可以為民父母。(《孟子‧梁惠王》)

可見孟子主張君王用人行政，決獄行刑，皆須以民意為依歸。
此外，《左傳‧襄公三十一年》，子產不毀鄉校一文中亦有：「鄭人
游於鄉校，以論執政……然明曰：『蔑也，今而後知吾子之信可事
也，……若果此行，其鄭國實賴之，豈唯二三臣？』仲尼聞是語也，
曰：『以是觀之，人謂子產不仁，吾不信也。』。」從此所記，可知
孔子亦極重視民意。然孔孟這種民本取向的尊重民意與近代民主政治
下的民意並不完全相同。蓋孟子所言君王之重民意，其雖有依民意而
定奪之可能，然決定大權仍在君王一人之手。此與近代民主政治人民
意見可以透過各種途徑來主動影響權威性決策與執行是不同的。因
此，徐復觀亦曾就此而說：「儒家所祖述的思想，站在政治這一方面
來看，總是居於統治者的地位來為被統治者想辦法，總是居於統治者
的地位以求解決政治的問題，而很少以被統治者的地位，去規定統治
者的政治行動，很少站在被統治的地位來謀解決政治問題，這便與近
代民主政治由下向上爭的發生發展情形，成一極明顯的對照。」**❷**

由上可知，以德治為本質的民本思想，事實上將能否實現以民
為本的主要關鍵，全然寄託在君王一人身上。唯當這個君王本身確有
其德與能推廣其德之時，才有民本的可能。而人民在享受君王以德為
治的民本時，除自嘆幸運與歌頌仁政、德政之外，無其他可做之事。
換言之，在沒有具體律法制度的保障，人民又無法主動提出要求、爭
取權利之際，所謂「內聖外王」不能當為民主理想之說，亦有其一定
的根據，而中國古人所謂之民本不是現代人心目中的民主也就極為明
顯了。

民本政治思想使中國君主的君權軟化而有「開明專制」之說，但也使中國人民爭自由之積極心降低

　　近代西方人爭自由之行動，與民族王國成立後，君王之暴虐無道、迫害人民有密切之關係。但是，反觀中國，在以民爲本的政治思想下，雖然君王未必一定眞心以民爲本也沒有制度制約君王必須以民爲本，可是「民本」到底成爲具中國特色的政治文化，也在現實政治活動中展現出一定影響力的規範特性。中國的君王即使並不眞心以民爲本，然在言行之間及與臣民應對之際，仍多以堯舜等視民如子之聖君自我「期許」，臣民也趁機以民本二字所形成的一套政治規範，「期許」於君王。因此，在中國幾千年的君主政治中，除少數不顧及這套政治文化的暴君外，絕大多數君王多少都受民本政治思想的影響，使君權不致過分伸張到達極端的地步，人民也就多能生活在一比較寬鬆的政治環境中。

　　其次，中國自秦漢之後，正常狀態下任何君王所統治的領土都較西方民族王國者爲大，加以通訊交通不便，傳統中國政治除明朝之後，都只是君王政治而非君主專制，君王實際上並無直接控制人民日常生活的可能。因此，中國人在傳統政治態度上，素來喜歡以「天高皇帝遠」這句話來表達對政治威權的感受。而所謂：「鑿井而飮，耕田而食，帝力於我何有哉！」更充分表達中國人傳統的政治觀。另外一方面，廣大的帝國勢非君王一人能治，所以表面上政治是由家天下的皇帝所壟斷，但在庶務行政上卻有一批由宰相所領導的士人來運作，廣大的人民則爲鬆散結構下的被治者。這三者的關係不但非常鬆散，而且更是一種統治者與被治者之間的縱的權力關係（Vertical Power Relation），卻不是統治階級與被統治階級的關係❸❸。因此，中國的歷代君王雖然可以說是大權獨攬，但卻很難直接干涉管制人民的日常生活。就某一意義而言，中國的君王實乃一眞正的「孤家寡人」❸❹，人民只要納糧或當兵之外，幾乎可以不與政治威權接觸。易言

之，人民只要尊重君王表面上的政治威權，只要「不造反」，眞是可以與政府不相往來，連訴訟爭端之事有時都靠鄉里宗親來自行調解。在這種情形之下，中國雖有長期的君主政治，但人民事實上是在「日出而作，日入而息」的悠閒生活下，養成「天高皇帝遠」的政治觀。

對上述論點，孫中山先生在演講民權主義時，也有非常詳盡的說明。孫先生說近代西方人之所以力爭自由是因爲：「羅馬變成列國，成了封建制度，在那個時候，大者王，小者侯，最小者還有伯、子、男，都是很專制的。那種封建政體，比較中國周朝的列國封建制度，還要專制得多。歐洲人民在那種專制政體之下，所受的痛苦，我們今日還多想不到。比之中國歷朝人民所受專制的痛苦還要更厲害。這個緣故，由於中國自秦朝專制直接對於人民『誹謗者滅族，偶語者棄市』，遂至滅亡。以後歷朝政治，大都對於人民取寬大態度，人民納了糧之後，幾乎與官吏沒有關係。歐洲的專制，卻一一直接專制到人民，時間復長，方法日密，那專制的進步，實在要比中國厲害得多。人民受久了那樣殘酷的專制，深感不自由的痛苦，所以他們唯一的方法。就是要奮鬥去爭自由。」**㉟**。至於我們中國，則係「如果人民不侵犯皇位，無論他們做什麼事，皇帝便不理會。所以中國自秦漢以後，歷代的皇帝都只顧皇位，並不理民事，說及人民的幸福，更是理不到。」**㊱**孫先生更以滿清爲例，說：「在清朝時代，每一省之中，上有督、撫，中有府、道，下有州、縣、佐雜，所以人民和皇帝的關係很小，人民對皇帝只有一個關係，就是納糧，除了納糧之外，便和政府沒有別的關係。因爲這個緣故，中國人民的政治思想便很薄弱。人民不管誰來做皇帝，只要納糧，便算盡了人民的責任。政府只要人民納糧，便不去理會他們別的事，其餘都是聽人民自生自滅。由此可見中國人民直接並沒有受過很大的專制痛苦，只有受間接的痛苦。」**㊲**

孫先生的說法與我們的論點完全一致，也正可以解說爲什麼「外國人一面既批評中國人沒有自由的知識，一面又批評中國人是一

片散沙」❸。這表示,中國君主政治中。皇權雖是集中的,卻又與人民是脫節的,人民固然不關心政治,君主亦以消極無爲,政簡刑輕爲施政理想,並不積極爲民造福。這依奧門(G. A. Almond)的術語來說,就是一種臣屬的政治文化(Subject Political Culture)❸。在這種臣屬的政治文化下,君權當然受到某種限制而被頓化,人民有較大寬鬆自在的生活空間,使十八世紀的伏爾泰還稱讚中國的政治爲「開明專制」。但另一方面卻使中國人民政治態度日趨消極保守,不但不關心公眾事務;也缺乏爭自由的主動性。這使民主政治在中國遲遲未得立穩基礎,文化的創造力也逐漸衰退,國家建設日漸落後。

政權來源未定,「聖君賢相」政治格局下君臣關係緊張,政局不易穩定

民本政治思想既然主要是依賴君王有以民爲本的道德修養來實現,必然對如何產生這種君王要細加討論。但是我國政治自夏禹之後,政權已成世襲,繼承政權的人選是否賢德或以民爲本,則完全不是孔孟以降所有傳統中國政治思想家所可議論。可是這一關鍵處若不能把握,民本政治思想便易流於空談,此乃對傳統中國政治思想家形成一矛盾與痛苦。以孟子爲例,孟子也曾思及政權來源的問題,但卻仍不能解決而陷於矛盾,此如:

> 萬章曰:「堯以天下與舜,有諸?」,孟子曰:「否。天子不能以天下與人。」「然則舜有天下也,孰與之?」曰:「天與之。」「天與之者,諄諄然命之乎?」曰:「否。天不言,以行與事示之而已矣。」曰:「以行與事示之者如之何?」曰:「天子能薦人於天,不能使天與之天下。諸侯能薦人於天子,不能使天子與之諸侯。大夫能薦人於諸侯,不能使諸侯與之大夫。昔者堯薦舜於天,而天受之。暴之於民,而民受之。故曰:天不言,以行與事示之而已矣。」曰:「敢問薦之於天,而天受

之，暴之於民，而民受之如何？」曰：「使之主祭，而百神享
之，是天受之，使之主事而事治，百姓安之，是民受之也。天
與之，人與之，故曰：天子不能以天下與人。舜相堯，二十有
八載，非人之所能為也，天也。堯崩，三年之喪畢，舜避堯之
子於南河之南。天下諸侯朝覲者，不之堯之子而之舜。訟獄
者，不之堯之子而之舜，謳歌者，不謳歌堯之子而謳歌舜。故
曰：天也。夫然後至中國踐天子位焉。而居堯之宮，逼堯之
子，是篡也，非天與也。泰誓曰：天視自我民視，天聽自我民
聽，此之謂也。」（《孟子·萬章上》）

由上可看出，孟子一方面堅守民本的立場，主張「天子不能以
天下與人」。這句話至少證明孟子反對君主世襲制，也極可能轉出天
下者天下人之天下的民主思想來，只要這麼一轉，政權來源的問題就
解決了。但是孟子受他時代環境的限制，在說「天子不能以天下與人」
之後，只好用「天與之」來解答政權變易更替的問題。對「天與之」
這種說法，萬章是不滿意的，在萬章的追問下，孟子乃以「天不言，
以行與事示之而已矣」來說明踐天子位的條件是「荐之於天，而天受
之，暴之於民，而民受之」。事實上，孟子所說荐之於天的「使之主
祭，百神享之，是天受之」，並無確切的標準；而仍是以「使之主事
而事治，百姓安之，是民受之也」為主要條件，故孟子讚嘆天視自我
民視，天聽自我民聽，必以民受為天受的具體顯現，這與孟子重民本
的思想是相符合的。

可是，孟子對何人能得以荐於天、暴於民並無把握。對天不
受、民不受的人選如何廢除斥退也無法論究，故雖以堯舜禪讓為其理
想政治制度❹，但對「繼世而有天下者」亦束手無策。此如：

萬章問曰：「人有言，至於禹而德衰，不傳於賢而傳於子，有
諸？」孟子曰：「否，不然也，天與賢，則與賢，天與子，則
與子。……舜、禹、益相去久遠，其子之賢不肖，皆天也。非

人之所能為也。莫之為而為者，天也。莫之致而致者，命也。匹夫而有天下，德必若堯舜，而又有天子荐之者。故仲尼不有天下。繼世而有天下，天之所廢，必若桀紂者也。故益、伊尹、周公不有天下。」(《孟子‧萬章上》)

這表示「匹夫而有天下」，必須有「德必若堯舜」與「又有天子荐」兩項條件，故仲尼、伊尹、周公等人雖賢卻不能有天下。何以如此，孟子並無法解答，只好含糊的說：「莫之為而為者，天也。莫之致而致者，命也。」可見，政權來源這一民主化的根本問題，終究不能正面解決。此後，千餘年來，中國知識分子幾乎都不再討論此一問題，轉而將注意力集中於討論如何治理國家，亦即對君王如何任用賢能者以輔佐君王治理天下特別重視。此如孔子所言之：

仲弓為季氏宰，問政。子曰：「先有司，赦小過，舉賢才。」曰：「焉知賢才而舉之？」曰：「舉爾所知，爾所不知，人其舍諸？」(〈子路〉)

子夏曰：「富哉言乎！舜有天下，選於眾，舉皋陶，不仁者遠矣；湯有天下，選伊尹，不仁者遠矣。」(〈顏淵〉)

哀公問曰：「何為則民服？」孔子對曰：「舉直錯諸枉，則民服；舉枉錯諸直，則民不服。」(〈為政〉)

孟子同樣對賢人政治非常重視，他說：

尊賢使能，俊傑在位(《孟子‧公孫丑上》)

唯仁者宜在高位，不仁而在高位是播其惡於眾也。(《孟子‧離婁上》)

為巨室則必使工師求大木。工師得大木則王喜，為能勝其任矣。匠人斲而小之，則王怒，以為不勝其任矣。夫人幼而學之，壯而欲行之，王曰姑舍女所學而從我則何如？今有璞玉於此，雖萬鎰，必使玉人雕琢之，至於治國家，則曰姑舍女所學

而從我，則何異於教玉人雕琢玉哉。（《孟子‧梁惠王下》）

　　這種賢人政治的主張，使中國人對各級官員的品質有一定的要
求，所謂賢不賢除了道德意涵外，另外也有考試鑑訂的標準，於是傳
統中國的君主政治，成爲一種以皇帝君王爲中心的官僚治體，除君王
外，更有一群透過考試制度而分享行政權力的儒吏。於是，牟宗三所
說之：「中國在以往只有治道而無政道，亦如只有吏治而無政治。」
❹全然說明了傳統中國政權來源未定之下的特殊政治型態。

　　然而在「只有治道而無政道」的政治型態中，儒吏實承擔了聯
繫君王與人民的責任，他一方面經常在執行君王政令之餘，還要規諫
君王，另一方面則要透過教化，要民衆忠君敬長，所以就德治思想或
「唯仁者宜在高位」的思想來看，「聖君賢相」乃成爲必然的政治理
想。可是由於以宰相爲代表的賢臣所執行的行政權力，事實上是附屬
於皇帝的君權之下，尤其至明清絕對專制之局已成，「賢相」對君權
的濫用已無原先構想中的制約作用。再加上傳統中國政治受法家思想
的影響，「君尊臣卑」深受君王歡迎，也削弱了孔孟儒家德治民本思
想的感化力。於是，中國雖有「聖君賢相」之說，但君臣之間的關係
卻是很複雜與充滿緊張性的。

　　所謂君臣關係緊張，主要是因爲以孔孟爲代表的正統儒家，都
抱道守貞，堅持在現實政治中要致力於以道德來制衡權力的濫用。而
在君主政治時期，權力濫用的最大可能卻又是君王本人，因此君臣之
間無可避免有其衝突。這個衝突可從孔孟對君臣關係的說明中，明顯
體會出來。此如孔子所說之：

　　定公問君使臣，臣事君，如之何？孔子對曰：君使臣以禮，臣
　　事君以忠。（〈八佾〉）
　　子曰：所謂大臣者，以道事君，不可則止。（〈先進〉）
　　子路問事君，子曰：勿欺也，而犯之。（〈憲問〉）

　　孟子則較孔子更爲進了一步，在《孟子‧公孫丑下》中，他更揭示出「天下有達尊三：爵一、齒一、德一」的主張，以「我以吾義」和齊王的「彼以其爵」相抗衡，提出「將大有爲之君，必有所不召之臣」的結論。這當然代表了孟子的理想，但也相當程度反映了現實政治中道德與權力的對立。只是孟子堅持道德的至高性，企圖以道德的勇氣來提昇政治的品質，所以不但曾直斥梁襄王「望之不似人君」，更明白指出：

> 古之人未嘗不欲仕也，又惡其不由其道。不由其道而往者，與鑽穴隙之類也。（《孟子‧滕文公下》）

> 齊宣王問卿，孟子曰：「王何卿之問也？」王曰：「卿不同乎？」曰：「不同，有貴戚之卿，有異姓之卿。」王曰：「請問貴戚之卿？」曰：「君有大過則諫，反覆之而不聽，則易位。」王勃然變乎色。曰：「王勿異也，王問臣，臣不敢不以正對。」王色定，然後問異姓之卿。曰：「君有過則諫，反覆之而不聽則去。」（《孟子‧萬章下》）

> 君之視臣如手足，則臣視君如腹心。君之視臣如犬馬。則臣視君如國人。君之視臣如土芥，則臣視君如寇讎。（《孟子‧離婁下》）

　　上述這些言論，無論從哪種角度去解釋，都可證明孔孟認爲君臣關係是相對而非絕對的，因此後人所謂「君王聖明，臣昧當誅」、「君要臣死，臣不敢不死」這一套愚忠尊君思想，絕非孔孟的思想。

　　但是自秦始皇統一天下之後，中國逐漸走上一元化的政治權威，政治與道德的衝突中，政治權力逐漸凌駕道德之上。此如《中庸》第二十八章已有：「今天下，車同軌，書同文，行同倫。雖有其位，苟無其德，不敢作禮樂焉；雖有其德，苟無其位，亦不敢作禮樂焉。」後來朱子引鄭註而說：「言作禮樂者，必聖人在天子之位。」❷再以《論語‧雍也》之「子曰，雍也可使南面」這一段話來看，所

謂「南面」很清楚是爲人君之意，也充分體現孔子德性先於政治的信
念。西漢劉向亦說：「當孔子之時，上無明天子也。故言雍也，可使
南面。南面者，天子也。」❸可是其後，鄭玄即改口稱「南面」爲：
「言任諸侯之治」❹，晉代何晏、宋代邢昺亦皆釋「南面」爲諸侯。
近人錢賓四亦說：「南面，人君聽政之位。言冉雍之才德，可使任諸
侯也。」❺。可見，後來的學者竟然接受了現實政治中政治權力凌駕
道德力量的事實，君位與道德也不可能合一了。因此，儒家雖開出
「聖君賢相」的政治格局，但在道德與政治之間，儒家一面身負傳承
儒學命脈的使命，一面又無所逃於專制政權，不免徘徊於修己與治人
之間，在內聖與外王之間作痛苦的生命抉擇，在歷史上扮演偉大的悲
劇性角色❻。再加上，後學的不察，孔孟思想的眞義乃長久被扭曲。

　　正因爲這個緣故，當君王不德而濫權時，雖然孟子會說：「天
之所廢，必若桀紂者」，或：「賊仁者謂之賊，賊義者謂之殘，殘賊
之人謂之一夫，聞誅一夫紂矣，未聞弒君也。」（《孟子·萬章下》）。
但由於人民與儒吏都臣屬於君王，不可能對抗皇權的壓制，所謂「天
廢」與「誅一夫」都表示每當政治腐敗，民不聊生之際，除了以「替
天行道」爲號召鋌而「叛亂」之外，別無其他制衡以君主爲軸心的官
僚政治的濫權❼。孫中山先生說：「中國歷史常是一治一亂，當亂的
時候，總是爭皇帝。外國嘗有因爲宗教而戰、自由而戰的，但是中國
幾千年以來，所戰爭的都是爲皇帝一個問題。」❽，正表示中國雖有
民本政治文化，但是因政權來源問題未得解決，不僅君臣關係緊張，
傳統政治亦循環於一治一亂之間，造成政局的不穩定。

德治民本思想的評論

　　就理論上而言，民本政治思想確是我國優良政治傳統，是道德
政治的必然歸結，也在現實政治中對君權的軟化有過貢獻。但是由於

「中國文化精神在政治方面只有治道,而無政道,君主制,政權在皇帝,治權在士,然而對於君無政治法律的內在型態之回應,則皇帝既代表政權,亦是治權之核心」❹,政權運用的最後決定權操在皇帝一人手中,皇帝的權力沒有任何立法的根據及具體的制度可加以限制❺;所以,以德治爲本質的民本政治思想雖有貢獻,但根本上仍是如徐復觀所說之:「兩千年來的歷史,政治家、思想家只是在專制這副大機器之下,作補偏救弊之圖。補救到要突破此一專制機器時,便立刻被此一機器軋死,一切人民只能環繞著這副機器,作互相糾纏的活動;糾纏到與此一機器直接衝突時,便立刻被這副機器軋死。」❺ 。

其次,由於我國民本政治文化是「臣屬的政治文化」,人民沒有「自我取向」(Self Orientation)、「投入取向」(Input Orientation)及「參與取向」(Participant Orientation),而只有「產出取向」(Output Orientation),所以人民並不過問政治或參與政治以形成一政治主體之自覺,只對政府施政措施之賢否加以注意,又因爲在儒吏之外,沒有社會團體與外在力量互相呼應以牽制君王。因此,民本的理論是天下屬於人民,實際上君王才是天下的主人,二千年來,中國始終是一家天下的格局❺。於是「內聖外王」的理想,「聖君賢相」的格局及「民貴君輕」的規範,都無法眞正實現。

但是,現今吾人若回顧以往,必能明白古人受時代環境的限制,對權力與責任、權力與制衡等問題都無妥當的安排。在不得已之餘,乃使政治思想家用之著眼不在如何防範權力之腐化與集中,而在使權力受道德之制約,其中心旨趣則是期待或培育聖人、賢人等政治上之道德人。希望權力能掌握在政治上之道德人手中,庶幾不會被濫用或腐化❺。所以,諸如「內聖外王」、「聖君賢相」或「唯仁者宜在高位」之說,正表示「後來君主專制政體成立,對於皇帝無法律制度上之有效限制,更加重此觀念之提倡,期由此以昇華皇帝的無限權力之隨意揮灑,此又見講此觀念之不得已的苦衷」❺。吾人若不思於此,貿然認定德治民本只是虛幻,則顯屬失當。蕭公權對此的說明

極為允當，他說：

> 雖然，孟子民貴之說，與近代之民權有別，未可混同。簡言
> 之，民權思想必含有民享、民有、民治之三觀念。故人民不只
> 為政治之目的，國家之主體，必須具有自動參與國政之權利。
> 以此衡之，則孟子貴民，不過由民享以達於民有。民治之原則
> 與制度皆為其所未聞。故在孟子之思想中民意僅能作被動之表
> 現，治權專操於「勞心」之階級。暴君必待天吏而後可誅。則
> 人民除取不親上死長之消極抵抗以外，並無以革命傾暴政之權
> 利。凡此諸端，皆由時代環境所限制。吾人若一考歐洲至十六
> 七世紀猶大倡誅戮暴君之論，至十八世紀以後民治之理論與制
> 度始進展流行，則於西元紀元前四世紀貴民輕君之孟子，可無
> 間然矣。❺❺

於此，吾人可知，民本思想與民主思想並不矛盾。相反的，在
今日時代環境中，如果我們在民主政治的政治架構中，一方面以制度
來解決與防制權力可能的濫用；一方面以德治民本等思想來提昇政治
活動的品質，則不但我國政治民主化有極光明的坦途，孔孟德治民
本、「內聖外王」的政治理想也才真能落實於今天。數千年傳統中國
政治上的困局，至此才能澈底解決。

—註釋—

❶胡適，《中國古代哲學史》，台四版（台北：台灣商務印書館，民國六十二年），頁———。

❷蕭公權，《中國政治思想史》，前揭書，頁六五。

❸徐復觀，《中國人性論史》，前揭書，頁六五。

❹同註❷，頁六四。

❺李澤厚，《中國古代思想史論》，前揭書，頁三九。

❻馮友蘭，《中國哲學史》，前揭書，頁一六四。

❼馬一浮，《復性書院講錄》（台北：廣文書局，民國六十年），頁三八。

❽熊十力，《原儒》（台北：明倫出版社，民國六十年），頁一九〇。

❾孫中山，《國父全集》，台三版（台北：國防研究院，民國五十五年），頁二一一。

❿陳弱水，〈儒家政治思想的烏托邦性格〉，《中國文化新論思想篇——理想與現實》（台北：聯經出版公司，民國七十一年），頁二一五。

⓫同上註，頁二三五。

⓬余英時，〈反智論與中國政治傳統〉，《歷史與思想》，初版（台北：聯經出版公司，民國六十五年），頁四。

⓭吳瓊恩，《儒家政治思想與中國政治現代化》，前揭書，頁一二八。

⓮同註❸，頁一八六。

⓯許倬雲，《西周史》（台北：聯經出版公司，民國七十三年），頁一〇五。

⓰服部宇之吉著，鄭子稚譯，《儒教與現代思潮》，台一版（台北：台灣商務印書館，民國五十五年），頁八。

⓱徐復觀，《學術與政治之間》，前揭書，頁四三。

⓲殷海光，《中國文化的展望》，前揭書，頁二〇七。

⓳同上註，頁四八七。

⓴同上註。

㉑同上註，頁一一八。

㉒引自曹敏，〈陶百川先生費正清再檢討的檢討〉，《中華雜誌》，第四卷，第六

號。

㉓引自胡秋原，《中西歷史之理解》（國防部總政治作戰部，民國六十三年），頁
一三九。

㉔張佛泉，《自由與人權》，前揭書，頁一七二至一七三。

㉕同上註，頁一七三。

㉖同註❷，頁二六。

㉗徐復觀，〈孟子政治思想的基本結構及人治法治問題〉，《中國思想史論集》，
前揭書，頁一三八。

㉘此種義理可參見唐君毅，《人文精神重建》一書。

㉙同註⓱，頁四二。

㉚同上註，頁四八。

㉛同註㉔，頁一六九。

㉜同註⓱，頁四七到四八。

㉝梁漱溟，《中國文化要義》，台六版（台北：正中書局，民國六十二年），頁一
四九至一六一。

㉞同上註，頁一五七。

㉟同註❾，頁二二三。

㊱同上註。

㊲同上註。

㊳同上註，頁二二二。

㊴G. A. Almand and S. Verba, *The Civic* Culture (Little Brown & Co., 1965), pp. 11-
26.

㊵同註❻，頁一四九。

㊶牟宗三，《政道與治道》，修訂初版（台北：廣文書局，民國六十三年），頁
一。

㊷朱熹，《中庸集註》，四部備要本，頁二十，下半頁。

㊸劉向，《說苑》，四都叢刊初編縮本，卷十九，頁九二。

㊹程樹德，《論語集釋》，（台北：藝文印書館，民國五十四年），上冊，頁三二
六。見於〈檀弓〉正義引鄭註。

㊺錢穆，《論語新解》（台北：台灣商務印書館，民國五十四年），上冊，頁一八
一。

㊻徐復觀，《周秦漢政治社會結構之研究》（台北：台灣學生書局，民國六十四

年)，頁一一八至二九四。

❹金耀基，《從傳統到現代》，三版（台北：台灣商務印書館，民國五十八年），
頁二〇。

❹同註❾，頁二二一。

❹牟宗三，〈中國文化之特質〉，收入張其昀等編著《中國文化論集（一）》，中
華文化出版事業委員會，頁二一五至二一九。

❺同註❹，頁一二九。

❺同註❹，頁一五四。

❺同註❹，頁一八至一九。

❺金耀基，《中國民主之困局與發展》，初版（台北：時報文化出版公司，民國
七十四年)，頁三至頁四。

❺同註❹，頁一三八。

❺同註❷，頁九一。

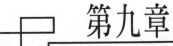

第九章
孔孟禮治思想的當代意義

◎禮治的根本精神

◎孔孟禮治思想的倫理原則

◎倫理孝道與正名思想的真義

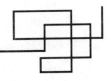

禮治的根本精神

　　學者們幾乎都承認，孔子人文思想的基本內涵是德治，在對外的表現落實上，則是禮治。這是因爲孔子透過仁來論述道德心靈的自覺，必然要在具體行爲中踐致道德心靈的要求。換言之，仁德不是道德的抽象性原理，這些原理，必須是人類能夠實踐者，否則就會流於空疏妄誕，不成其爲規範。而這種規範經由人類行爲的實踐，證明爲合乎人類相處之道，則這種行爲本身即反顯成一種德目而值得吾人共守，於是抽象性道德原理便轉化成具體道德規範。此亦即何以孔子在論仁與論德治之後，進而要講禮治。

　　對孔子重視禮治有兩種不同的評估，一是認爲孔子之「禮」乃道德心靈的具體化❶，另一種則爲視孔子之「禮」爲有階級意味的禮儀。後者可以李澤厚的論述爲代表，李澤厚雖承認「無論那派研究者，恐怕很難否認孔子竭力維護、保衛『周禮』這一事實」❷，但他卻認爲孔子維護的「周禮」是「周初確定的一整套典章、制度、規矩、儀節。……它的一個基本特徵，是原始巫術禮儀基礎上的晚期氏族統治體系的規範化和系統化。」❸。因此李澤厚特別強調「禮」爲「禮儀」，他說：「這套『禮儀』對每個氏族成員便具有極大的強制性和約束力，它相當於後世的法律，實際即是一種未成文的習慣法。到早期奴隸制，這套作爲習慣法的『禮儀』，就逐漸變爲替氏族貴族服務的專利品。孔子對『周禮』的態度，反映了對早期奴隸制的氏族統治體系和這種體系所保留的原始禮儀的維護。」❹，所以，「孔子維護周禮，是保守、落後以至反動的」❺。

　　但是，李澤厚這種觀點到底對不對呢？我們可先從「禮」字的涵義來看。「禮」字在我國起源甚早，《說文》所謂：「禮，履也，所以事神致福也。」可見禮之原始觀念，是指宗教性或祭祀祖先的儀

節。此如王國維在《觀堂集林》一書中釋禮說：「盛玉以奉神人之器謂之曲若豐，推之而奉神人之酒醴亦謂之醴，又推之而奉神人之事，通謂之禮。」而郭沫若亦說：「禮是後來的字。在金文裏面，我們偶看見用豐字的。從字的結構上來說，是在一個器皿裏面盛兩串玉具以奉事於神。〈盤庚〉裏面所說的，『具乃貝玉』，就是這個意思。大概禮之起，起於祀神，故其字後來又從示，其後擴展而爲對人，更其後擴展而爲吉、凶、軍、賓、嘉各種儀制。」❻可見，禮字已突破宗教儀節的限制，涵義逐漸擴大，包括了一切社會風俗習尚、道德和政治行爲規範，所以子產即曾說：「夫禮者，天之經也，地之義也，民之行也。」然由於宗教儀節與社會風俗習尚或道德、政治規範都是一種外顯的行爲，故「禮」與「禮儀」常被視爲一體。再加上制度化政治行爲的「禮儀」又常被誤爲具特定目的，因此就會產生類似李澤厚那種對孔子爲何倡禮的誤解。

首先，「禮」到底是否即是一套僵化的外在儀節形式呢？《左傳‧昭公二十五年》上即曾有過討論：

> 子大叔見趙簡子，簡子問揖讓周旋之禮焉。對曰，是儀也，非禮也。簡子曰，敢問何謂禮。對曰……夫禮，天之經也，地之義也，民之行也。……民失其性，是故爲禮以奉之。爲六畜、五牲、三犧，以奉五味，爲九文、六采、五章以奉五色，爲九歌、八風、七音、六律以奉五聲，爲君臣、上下，以則地義，爲夫婦、外內，以經二物，爲父子、兄弟、姑嫂、甥舅、婚媾、姻亞以象天明，爲政事、庸力、行務以從四時。

此處所謂「是儀也，非禮也」，即明確指出人類文明儀則包括：祭祀、音律、君臣、夫婦、父子、兄弟、政令等都只是「揖讓周旋」之儀，而這些儀有其內在於人心的根據，唯就此內在於人心中之根據而言，才有所謂之「禮」。故曰：「民失其性，是故爲禮以奉之。」孔子之重視與力倡禮的重要，其眞正的理由蓋亦在此。孔子在回答宰

我所問「三年之喪」時所說的一段話，特別可以用來說明孔子對禮的
根源性看法：

> 宰我問三年之喪，期已可矣。君子三年不為禮，禮必壞；三年
> 不為樂，樂必崩。舊穀既沒，新穀既升，鑽燧取火，期已可
> 矣。子曰食夫稻，衣夫錦，於女安乎？曰安。女安則為之。夫
> 君子之居喪，食旨不甘，聞樂不樂，居處不安，故不為也。今
> 女安則為之。（〈陽貨〉）

所謂「女安則爲之」，表示孔子把「三年之喪」的傳統禮制，直
接歸結爲孝子具體的孝親之愛，把一般以爲的外在儀則直接訴之於內
在生命情感，這也就把社會習尙中可能被誤會的僵硬性強制規定，提
昇爲日常生活中的生命自覺理念。因此，孔子所之「禮」與其言「君
子」雖原係在「禮壞樂崩」之際，欲藉「禮」回復到封建之禮，但孔
子禮治思想之根本精神，卻不可被誣爲是只爲某一階級服務，更不可
拿「保守、落後以至反動」來批評孔子。蓋在《論語》一書中，雖然
曾有：

> 季氏旅於泰山，子謂冉有曰：女弗能救與？對曰：不能。子
> 曰：嗚呼！曾謂泰山，不如林放乎？（〈八佾〉）
> ……然則管仲知禮乎？曰：邦君樹塞門，管氏亦樹塞門；邦君
> 為兩君之好有反坫，管氏亦有反坫。管氏而知禮，孰不知禮？
> （〈八佾〉）
> 三家者以雍徹，子曰：相維辟公，天子穆穆，奚取於三家之
> 堂？（〈八佾〉）
> 孔子謂季氏，八佾舞於庭；是可忍也，孰不可也！（〈八佾〉）

這些記載表示，孔子原初認爲禮壞樂崩的原因，在於當時卿大
夫已僭行諸侯甚或天子之禮。孔子對這種「僭禮」的行爲非常不滿，
故對季氏旅於泰山，管仲之樹塞門都加以諷責，意思當然是希望回復

到天子行天子之禮，諸侯行諸侯之禮，大夫行大夫之禮的穩定社會。
然我們要鄭重指出，如果孔子思想只此而已，則孔子絕不可能得「至
聖」之美名，也難免有被爲評「保守、落後以至反動」的可能。但
是，孔子卻終而跳出特定環境的時代拘束，直接就人心之仁指點出禮
的根源，此如：

> 人而不仁，如禮何？人而不仁，如樂何？（〈八佾〉）
>
> 林放問禮之本，子曰：大哉問，禮與其奢也，寧儉；喪，與其
> 易也，寧戚。（〈八佾〉）
>
> 今之孝者，是謂能養，至於犬馬，皆能有養，不敬，何以別
> 乎？（〈為政〉）
>
> 子夏問曰：巧笑倩兮，美目盼兮，素以為絢兮，何謂也？子
> 曰：繪事後素，曰：禮後乎？子曰：起予者，商也，始可與言
> 詩已矣。（〈八佾〉）

　　蓋「繪事後素」即以禮爲後起，可見禮之根源在人心之仁而不
在外飾節文之上。相反的，孔子更對徒具形式的虛僞之禮，是極其反
感的。所以孔子曾說：「禮云禮云，玉帛云乎哉？樂云樂云，鐘鼓云
乎哉？」（〈陽貨〉），可見仁是禮之根本，禮是仁之節文。有仁無禮，
則仁流於空泛，甚至混亂。有禮無仁，則禮流於虛僞，甚至僭竊❼。
所以我們可說孔孟儒家思想可歸結爲：「由仁生義，由義生禮」或
「攝禮歸義、攝義歸仁」。因爲，「仁」是指人與天地萬有的內在感
通，由於有這一感通，對萬物都有一眞誠尊重，而能自守應對上之分
寸，此即爲德行之義與宜。這種應對上的具體化就是行爲規範，而禮
正是透過禮儀或制度，使生命充滿道德美感。孔子之偉大，即在說明
闡發此一義理。故李澤厚雖批評孔子，卻也不得不承認：「孔子釋
『禮』爲『仁』，把這種外在的禮儀改造爲文化——心理結構，要使之
成爲人的族類自覺即自我意識，使人意識到他的個體的位置、價值和
意義，就存在他人的一般交往之中即現實世間生活中。」❽在這個基

礎上，孔子乃對禮之功用推崇備至。如：

> 顏淵問仁。子曰：「克己復禮為仁，一日克己復禮，天下歸仁
> 焉。為仁由己，而由人乎哉！」顏淵曰：「請問其目」。子曰：
> 「非禮勿視，非禮勿聽，非禮勿言，非禮勿動。……」（〈顏淵〉）
> 子曰：「興於詩，立於禮，成於樂。」（〈泰伯〉）
> 子曰：「不知禮，無以立也。」（〈堯曰〉）

孔子這種對禮的推崇，還是因為所謂之禮實以內在之仁心為
本，發自天理而泛應曲當形成種種人事之儀則，故而說：「一日克己
復禮，天下歸仁焉。」以及：「不知禮，無以立。」熊十力對此曾有
精當之說明，他說：「朱子曰：『禮者、天理之節文、人事之儀則
也。』天理謂本心，此心應物原有許多品節條文。如事父母便是孝。
執事便是敬。交友便是信。遇群眾便是汎愛之類。從其節文名以天
理。理只是節文的意義。而曰天者，此理是自然合該如此。不可更詰
所由。故云天理。人事之儀則一語，賅攝無邊。自一身及家國天下、
乃至天地萬物、互相涉入、莫不有至當之儀則顯於其間。然此儀則，
卻非純依外面建立，乃吾心之天理，於其所交涉處，自然泛應曲當，
猶云凡事各因其相關之分際而賦予一個當然之序也。即此曲當，在心
名天理節文。而發於外，名人事儀則。」❾既然禮是人事儀則的曲
當，能夠達到《禮記·曲禮》所言：「夫禮者，所以定親疏，決嫌
疑，別異同，明是非。」之功效，則政治活動中只要人人各因其相關
之分際，謹守至當之儀則，自可藉此培養出高尚的人品德行，而不必
以嚴酷的刑法來管制百姓。故孔子在《大戴禮記·禮察》上說：「凡
人之知，能見已然，不能見將然。禮者禁於將然之前，法者禁於已然
之後。……禮云，禮云，貴絕惡於未萌，而起敬於微眇，使民日遷善
遠罪而不自知也。」因此，孔子極力主張以禮治國，他說：

> 為政先禮，禮其政之本與。（《禮記·哀公問》）

子曰：「為國以禮。」（〈先進〉）

子曰：「能以禮讓為國乎，何有！不能以禮讓為國，如禮何！」（〈里仁〉）

子曰：「上好禮，則民莫敢不敬。」（〈子路〉）

子曰：「上好禮，則民易使。」（〈憲問〉）

子曰：「道之以政，齊之以刑，民免而無恥；道之以德，齊之以禮，有恥且格。」（〈為政〉）

子曰：「安上治民，莫善於禮。」（《孝經》）

同理，孟子亦說過：

辭讓之心，禮之端也。（《孟子·公孫丑上》）

上無禮，下無學，賊民興，喪無日矣。（《孟子·離婁上》）

非禮之禮，非義之義，大人弗為。（《孟子·離婁下》）

孟子曰，君子所以異於人者，以其存心也，君子以仁存心，以禮存心，仁者愛人，有禮者敬人。（《孟子·離婁下》）

非仁無為也，非禮無行也。（《孟子·離婁下》）

　　由此可知，孟子亦把禮的根源置於良知本心，在仁禮並稱之際，亦同孔子一樣主張禮治，認為「上無禮」是最危險的事。梁啟超對孔孟這種禮治的根本精神有過最好的說明，他說：「此言禮之大用，可謂博深明切。法禁已然，譬則事後治病之醫藥；禮防未然，譬則事前防病之衛生術。儒家之以禮導民，專使之在平日不知不覺間從細微地方養成良好習慣，自然成為一良好之人民。」❿，此亦何以我們要說孔孟的政治思想都是主張德治，但其運用卻是禮治。這一點才是孔孟禮治的根本精神。

孔孟禮治思想的倫理原則

　　前曾說明孔孟論人實以人的仁心良知爲本，因此孔孟若論人與
人之間的關係，必以仁心之推擴感通爲中心，由此而有孔孟心目中的
「禮」。這無不說明孔孟之「禮」或「仁」之表現，爲人之天性中的良
知本心落實於日常生活的敬愛之情。然吾人可以追問此敬愛之情當以
何處爲起點？此愛如何方能實現？

　　就這個問題言，孔子認爲：「君子務本，本立而道生，孝弟也
者，其爲仁之本歟。」(〈學而〉)，孟子亦說：「孩提之童，無不知愛
其親。」(《孟子·盡心上》)。可見，孔孟在堅持人有良知善性前提
下，認爲良知善性的發揮，或仁心德愛的實踐，必始於日常生活中最
親近的對象。而就人類言，絕大多數人其最親近的交往對象當然是父
母、兄弟、妻子兒女，於是我們方知孔孟儒家何以在論仁說禮之時，
特別重視人倫關係。因爲，如果說仁心之踐致是一種德性心靈的覺
醒，是一種同情愛心的發揮，那麼仁心踐致所形成的理想行爲模式的
「禮」，必也是從同情心最近者體驗推擴起。因此，梁啓超就說儒家是
把這個社會當成「由人類同情心所結合。而同情心以各人本身最近之
環圈爲出發點，順等差以漸推及遠」⓫，而這種「人格先從直接交涉
者體驗起，同情心先從最近者發動起，是之謂倫理」⓬。所以，我們
認爲倫理原則就是禮治思想的根據。

　　由於倫理關係是人與生俱來的一種人際交往關係，亦是人與人
之間的一種互動關係。由家庭裏的親人開始，推而廣之，及於他人，
都有一種相處應對之道。所以儒家在論政治活動時，喜言「親親而仁
民，仁民而愛物」，以此而申民胞物與、天下一家的政治抱負。因此
所謂倫理「乃是人與人相處時最恰當的道理，這個道理，當然還是從
人的覺性理性來的」⓭，是由自己仁心的自覺開始，再一層一層、一

步一步向外推，所謂推自愛之心以愛人正是此意，於是有「推己及人」、「己立立人」與「老吾老以及人之老，幼吾幼以及人之幼」，即都是以自我道德生命覺醒爲中心向外推擴，「從己到家，由家到國，由國到天下，是一條通路」❹。而由於交往關係上對象不同，所以又有五倫之說，也就是說人類的人倫關系大體上有五種對等的相互關係，所以梁啓超又說：「五倫完全成立於相互對等關係之上，實即『相人偶』的五種方式。」❺其中父子之間，父慈子孝謂之「有親」；兄弟之間，兄友弟恭謂之「有序」。以這種相互對等關系，來界定彼此行爲應守的本分，以期人與人相處和諧，則就是「禮」之功效了。

梁漱溟曾說：「中國是一倫理本位的社會」❻。這還是因爲，中國人相信，每一個人一生下來，便有各個與他有關係的人（如父母、兄弟、朋友等），所以人的一生實即生活在各種相互對等關係之上，此種種關係即是種種倫理。因爲是相互對等關係，所以「每一個人對於其四面八方的倫理關係，各負有其相當義務；同時，其四面八方與他有倫理關係之人，亦各對他負有義務」❼。進而，梁漱溟特別就倫理係出於人的自然倫理之情而指出：「人在情感中，恆只見對方而忘了自己；反之，人在慾望中，卻只知爲我而不顧到對方。前者如：慈母每爲兒女而忘身；孝子亦每爲其親而忘身。夫婦間、兄弟間、朋友間，凡感情厚的必處處爲對方設想，念念以對方爲重而把自己放得很輕」❽，可見倫理關係中所謂負義務，實即情感的自然流露。而「古人看到此點，知道孝弟等肫厚的情感要提倡。更要者，就是把社會中的人各就其關係，排定其彼此之名分地位，而指明相互間應有之情與義，要他們時時顧名思義。主持風教者，則提絜其情，即所以督其義」❾。於是，我們更可以清楚看到，禮治思想固然是源於對人性的尊重，可是其落實處卻在於倫理。

蓋倫理之所貴即在於尊重對方。因此，常以兒女爲重的，多是好父母；常以父母爲重的，多是好兒女；常以學生爲重的，多是好老

師；常以部屬爲重的，多是好長官。這表示，人的價值要在其行爲的
對象身上去反顯，亦即要以服務盡性、滿足對方之心去圓成自己的價
值，而不要在自己本身上去追求價值。因爲只在自己本身上去追求價
值，勢將淪於用爭權奪利來增加自己物質性的價值。所以，梁漱溟才
說：「如子女對父母說，『這是我的權利』，『你應該養活我；你要
給我相當教育費』，——便大大不合中國味道。假如父母對子女說，
『我應當養活你們到長大』；『我應給你們相當教育』；——這便合
味道了。」❷❶這種盡義務不爭權利的倫理親情與西方個人幸福至上的
看法，自然有很大的差別。而且，這種盡義務不爭權利的倫理親情若
得到發揮，人人都有一完美人格，怎麼還會有人作亂？又何必有刑法
之外在制裁？屆時，必然「齊之以禮」而「有恥且格」，「恭己正南
面」的理想亦在此中矣。

正因爲「儒家的倫理思想、政治思想，是從規定自己對於對方
所應盡的義務著眼，而非如西方是從規定自己所應得的權利著眼」
❷❷，所以孔孟儒家相信政治關係，也應該是以德相與的關係，「此中
人我之結合，亦可全無互爲工具、手段的意義，而唯在成就人心中之
有我，我心中之有人，而互得其客觀化」❷❷，而這也就把政治倫理化
了。這種政治倫理化的現象，乃是要化政治權力的運用於無形，而代
之以情感爲重的倫理關係，簡言之即是以禮治代法治，以教化代武
力。對這一點，孟子就曾說：

> ……不得乎親，不可以為人，不順乎親，不可以為子。舜盡事
> 親之道，而瞽瞍底豫，瞽瞍底豫，而天下化。瞽瞍底豫，而天
> 下之為父子者定。（《孟子·離婁上》）
> 舜明於庶物，察於人倫，由仁義行，非行仁義也。（《孟子·離
> 婁下》）
> 人之有道也，飽食煖衣，逸居而無教，則近於禽獸。聖人有憂
> 之，使契為司徒，教以人倫，父子有親，君臣有義，夫婦有

別，長幼有序，朋友有信。（《孟子·滕文公上》）

人倫明於上，小民親於下。（《孟子·滕文公下》）

　　因此，以孔孟爲代表的儒家，認爲以禮治國的優點，在於使每一個人明白居何角色所盡的義務，這無形中對權力的爭取是淡化與排斥的。此即張佛泉所說之：「我們的倫常觀念完全從道德出發，故永以仁義爲先，而僅以爲權利當爲一種默契。禮運篇中只言『仁義』，所舉『父慈、子孝、兄良、弟弟、夫義、婦聽、長惠、幼順、君仁、臣忠』的十義，即爲極良好例證。」❷這與現代工商社會多以共同利益，做爲人與人之間結合的基礎是不相同的。現代工商社會人與人之間只有一種互爲外在化、工具化的關係，缺乏情感道義的融合，不但組織與組織間流於衝突，同一組織內的人也易於起爭鬥。此若以孔孟禮治倫理原則來對照，則倫理精神貫注下的人際關係或社會組合，「只是互相表現其情感、思想、或活動而爲對方所同情、瞭解、欣賞，因而互得客觀化普遍化其所懷於他人，再反照於其自己；以補益其所不足，而增強或豐富各人原來之所懷。」❷

　　但是，就當代來看孔孟禮治的倫理原則，也不是沒有缺點的。他的缺點在於人倫關係因以情感爲主，所以父慈子孝與兄友弟恭的行爲標準，只在行爲者的一心，其該守之「禮」的程度爲何無法衡量，只能依當事人的情感而定。且人倫關係的特定一方，如不守倫常本分，社會也許還有批評督促的力量，但若論及群己關係中的陌生之「群」，在對「己」沒有特定關係時，個人對陌生公眾，如果不關懷和合作，社會根本很難有所反應與批評。再加上，傳統上習以盡義務爲前提，可是現實世界上道德感不足的人居多，長久以來，便造成該盡的義務不能盡，應有的權利不知爭的消極情況。

　　由上可知，禮治的倫理原則對當前功利社會的爭鬥性有其絕對的緩和功效，可以使人與人重享內在感情的結合。至於倫理禮治不足之處，若以現代社會公德、法治加以對治，則更可表現出其一定的時

代意義與價值。唯其如此，孔孟禮治思想才眞有助於我國政治之民主化。

倫理孝道與正名思想的眞義

　　由於各種因素的影響，對孔孟爲代表的儒家所主張之倫理孝道與正名思想，後人亦似頗有微詞，這些批評意見可以下述種種爲代表：

　　有學者認爲中國是父系的社會，親屬關係只從父親方面來衡量，因此倫理關係也是以父子關係爲中心而推出去的❷，像《禮記・祭統》的十倫與孟子所言的五倫等社會關係，都可以說是從父子這一倫理演變出來的❷，所以儒家特別重視孝道。可是孝道卻因被評爲：「孝是家族中心主義的靈魂和基本命題。孝是非對稱性的（asymmetrical）。這也就是說，盡孝永遠是下一輩向上一輩仰視的事。下一輩的子孫一代接著一代向上追著盡孝，這就構成祖宗崇拜。」❷，於是「中國傳統的家庭是雛型的權威主義之自然的養成所」❷，而「中國文化價值的取向是『崇古』，這一『崇古』，就給『敬老』奠定了『道德形上學的基礎』。」❷。這樣一來，傳統中國的社會關係只是一種縱的權力關係，在家族內「父祖是統治的首腦，一切的權力都集中在他的手中」❸，更有人說：「中國家庭中父母的權威是無限的，子女或家庭中其他分子的權益，如與父母的權益衝突時，則必須犧牲，不僅個人的舒適、健康、成就、婚姻，連生命也如此。任何兩代之間的鬥爭，結果必是老一代的得勝，即使後者被指爲殘暴不仁時，亦不例外。任何行爲，在孝的大前提下，都被容忍、接受，甚至被表揚，這種在家庭中對父母的絕對服從，延伸到社會關係，變成對權威的盲目遵從」❸。

　　在這種情形之下，五倫關係在傳統社會結構中，即由父子關係

爲軸心所構成的角色系統（role system），而有一定的身分取向原
則。亦即個人的行爲是以身分來決定，特定的身分就有特定的行爲
❸❷。這種倫理關係下的社會結構就是費孝通所謂「差序格局」的社會
❸❸。而又因爲倫理孝道被視爲「非對稱性」的關係，不但後來漢儒誤
把五倫轉化成君爲臣綱、父爲子綱、夫爲婦綱的片面上下從屬關係的
三綱說；更使人以爲中國傳統文化以儒家倫理爲基礎，是因爲孔子學
說起於春秋戰國動亂背景之下，是以學者所稱的「秩序情結」爲心，
由這種「秩序情結」出發的儒家倫理，強調差序格局、上下排比關係
及權威主義，一直是很好的社會控制力量，也是維持統治權威的利器
❸❹。換言之，這些人認爲倫理關係的不當，使政治權力變成差序格局
中立基於血緣之宗法制的權威體，「既不是發生於社會衝突，又不是
發生於社會合作；他是發生於社會繼替的過程，是教化性的權力，或
是爸爸式的。」❸❺至於由倫理關係而演變出的三綱、五常等名教說，
譚嗣同在其《仁學》一書上的批評，更爲典型代表，譚嗣同說：

> 君臣之禍亟，而父子夫婦之倫，遂各以名勢相制為當然矣。此
> 皆三綱之名之為害也。名之所在，不惟關其口，使不敢昌言，
> 乃並錮其心，使不敢涉想。愚黔首之術，故莫以繁其名為尚
> 焉。君臣之名，或尚以人合而破之。至於父子之名，則真以為
> 天之所命，卷舌而不敢議。
> ……又況名者，由人創造。上以制其下，而不能不奉之。則數
> 千年來，三綱五倫之慘禍烈毒，由是酷焉。君以名桎臣，官以
> 名軛民，父以名壓子，夫以名困妻。兄弟朋友，各挾一名以相
> 抗拒，而仁尚有少存焉者，得乎？

　　最後，儒家倫理思想乃被「變形」爲「君要臣死，臣不敢不
死；父要子亡；子不敢不亡」的權威迫害思想，以此而被視爲我國政
治民主化的主要障礙矣！

　　平心而論，前述對儒家倫理思想之批評並非全無所見，中國傳

統家庭比較容易以父母的意見爲中心，但是若說父母「殘暴不仁」，子女都要「絕對服從」而爲「非對稱性」關係下的「崇古」犧牲者；或只以倫理爲「秩序情結」的產物，由此而說「對權威的盲目遵從」，則似乎仍嫌過於偏激，未能通觀孔孟全盤思想義理的眞義，而有以偏概全之失。

蓋孔孟對倫理關係的重視，並非只是「秩序情結」的產物，亦即不是爲求秩序而強加一種秩序於人類社會。而是求人心中自然情感的充實發揮，因爲人倫關係對象之相互關係不同，情感輕重厚薄不同，故有不同的對待關係。如果說因此而有道德義務上的「差序格局」則通，若只就外在行爲不同，而說儒家故意造就僵化隔絕的「差序格局」則不通。何況，五倫關係因出於情感上具有身分契約取向（statuscontract）的色彩，特別強調角色關係的對稱性（symmetrical）而非片面的絕對的效忠一方的非對稱性關係❸，這當然與「崇古」、「權威主義」與「三綱」名教說都是相反的。

再者，孔孟儒家之重視孝道，實因爲人倫關係中父母子女關係爲所有關係中最直接交涉者，故倫理關係中的孝道不僅出乎人的天性，亦爲一切德性之本，《論語》所謂「孝弟也者，其爲仁之本與」正是此理。人未有不愛其父母而愛他人者，即或有之，其愛必非眞愛。《孝經》稱：「不愛其親而愛人者，謂之悖德；不敬其親而敬他人者，謂之悖禮。」而這其間亦只是情感眞誠與否的問題而已。這時的倫理又哪有崇古、服從與祖宗崇拜的可能？此外，孔子論孝亦有：

> 孟武伯問孝。子曰：父母唯其疾之憂。（〈爲政〉）
>
> 子游問孝。子曰：今之孝者，是謂能養；至於犬馬，皆能有養，不敬，何以別乎？（〈爲政〉）
>
> 孟懿子問孝。子曰：無違。樊遲曰：何謂也？子曰：生，事之以禮；死，葬之以禮，祭之以禮。（〈爲政〉）
>
> 子夏問孝。子曰：色難。有事，弟子服其勞，有酒食，先生

饌，曾是以為孝乎？(〈為政〉)

由「色難」一句，我們即可知孝親絕非只是經濟性行為，也不是「養兒防老」所能解釋。相反的，孔子所謂「無違」、「唯其疾之憂」、「不敬何以別乎」都是人類天性情感的自然流露，此與孔子論「三年之喪」時說之「女心安則為之」合併來看，更可知其眞意。對孝道，孟子亦云：

> 孝子之至，莫大乎尊親。(《孟子・萬章上》)
> 孟子曰：事孰為大，事親為大。守孰為大，守身為大。不失其身，而能事其親者，吾聞之矣。失其身，而能事其親者，吾未之聞也。孰不為事，事親，事之本也。孰不為守，守身，守之本也。曾子養曾晳，必有酒肉，將徹，必請所與。問有餘，必曰有。曾晳死，曾元養曾子，必有酒肉，將徹，不請所與。問有餘，曰亡矣，將以復進也。此所謂養口體者。若曾子，則可謂養志也，事親若曾子者，可也。(《孟子・離婁上》)
> 曾晳嗜羊棗，而曾子不忍食羊棗。公孫丑問曰，膾炙與羊棗孰美，孟子曰，膾炙哉。公孫丑曰，然則曾子何為食膾炙而不食羊棗。曰，膾炙所同也，羊棗所獨也。(《孟子・盡心下》)

由此可見，孟子論孝亦不以「養口體」為標準，所謂「不忍食羊棗」，實乃一片純然孝情之流露，非是外力矯飾之虛僞文節，與權威、崇古並無關聯。

唐君毅曾謂孝的形上學意義之一乃在「超越單純之自愛而愛他人」[37]。這是因為父母對子女之慈愛，因可視子女為己身之延長，而為生物本能之愛，可是子女的孝卻因帶有利他之愛，而遠勝於生物本能的自愛。《禮記・祭義》言「立愛自親始」，即透過孝，超越小我，體察父母的心境及需要，並感同其喜樂，而由「非自我」的感情投入(nonself emotional engagement)，幫助孩童同理心(empathy)

的培養。Whiting and Whiting 經典之作*Children of Six Cultures*，就說明農村孩童因為自小即需幫助父母、分擔家務，他們的「利他」性格特別明顯。「自我主義」（egoism）較弱，「關愛」（nurturant）與「責任感」（responsible）較強，都是具體的行為指標❸。這是因為經常性的服務能使幼童自小習慣於助人等「親社會行為」（Prosocial Behavior），進而成為日後行為的標準模式❹。這正表示，在「孝」文化成長下的孩童不但遠比「權利」導向下成長的孩童樂於承擔家庭事務，也比較能夠不辭勞苦地為所愛之人犧牲奉獻，凡此均有助於耐心、毅力及責任感的培養❹。

我們願再一次說明，孝道是情感的自然流露，故孟子除謂「曾子不忍食羊棗」，更說：「人悅之、好色、富貴，無足以解憂者，惟順於父母，可以解憂。」（《孟子‧萬章上》）同理，（《禮記‧玉藻》）上也說：「父歿而不能讀父母之書，手澤存焉爾；母歿而杯圈不能飲焉，口澤之氣存焉爾。」都表達了孝子的深厚情感。而這種情感雖以父母為出發點，但卻並不停留於父母，孟子之「仁者以其所愛，及其所不愛」（《孟子‧盡心下》），即表示愛敬父母之情是可以推擴的，「睦於父母之黨，可謂孝矣。故君子因睦以合族」（《禮記‧坊記》），正是儒家「親親而仁民，仁民而愛物」的道理。所謂「仁之實，事親是也」（《孟子‧離婁上》），「未有仁而遺其親者也」（〈梁惠王上〉），均說明仁孝之間的內在聯繫。故謝幼偉乃說孝道是實踐仁愛「最容易之途徑」❹。因此，儒家的倫理孝道，對孝子人格發展上的意義遠大於父母講權威的意義。孝子的愛敬孺慕亦非起源於對權威的服從與崇拜，故以「權威」的概念來理解親子間「尊敬的感情投入」（respectful engagement）未免扞格難入❹。黃堅厚亦表示，「勸促子女行孝，並非一定會讓父母獲得了什麼；而實在是促使子女在其整個行為有健全與良好的發展。」❹由此可見，包括倫理孝道在內的「五常」與僵化的「三綱」名教說絕不相同，因為一者是被歷史上政治意識與統治階級扭曲的觀念，另一則為合理的人際上的情感流露，不可

混同在一起。

　　所以，以倫理關係來看傳統中國社會，則「倫理關係即表示一種義務關係；一個人似不爲其自己而存在，乃彷彿互爲他人而存在著」❹，既然如此，人與人之間那有壓迫，那有「殘暴不仁」的父母要子女「絕對服從」？在中國的家庭內，表面上觀之父母權威很大，但深入來看，其義務也是無限的。楊春懋即說：「傳統的倫理要家庭中各分子彼此負無限責任，也享無限權益。不只在件數上無限。在領域上也是無限。父母對子女的責任不能一件一件明確的指數出來，而是普遍蔓延到子女身心各部分，一切部分。子女對父母的責任也是如此。夫婦間、兄弟間，尚未分家的叔姪間，其互相對待的責任亦莫不如此。」❺正因爲傳統中國這種倫理關係的特色，它的權力結構就不能以西方特定標準來衡量，此連費孝通也說：「用民主和不民主的尺度來衡量中國的社會，都是也都不是，都有些像，但都不確當。」❻

　　接下來，我們願指出，孔孟雖由重視倫理而提倡孝道也說過「君君臣臣父父子子」的話，但這也不表示孔孟之倫理禮治思想會造成「權威主義」，更不能因此說中國的傳統是什麼專制集權的。

　　首先，我們願說，如果我們承認禮治思想是以倫理關係的發揚爲原則，那麼我們必然該承認孝道是實踐禮治所首要提倡的。因爲，一個正常人不可能對生身父母一點敬愛之情都沒有的。這種對父母之愛就是仁德的根苗。所以有子才說這是「爲仁之本」；徐復觀也說：「孝的實踐，即是對仁德初步的自覺，初步的實踐；也即是對於仁德根苗的培養。」❼這一點如果不能瞭解，或誤以爲人不必重視對父母之愛仍能成就文化活動者，必然心中缺乏眞摯之愛心，也易於把社會當成一衝突矛盾與權力鬥爭的場所，也就會視強凌弱、大欺小是自然之法則。對此，孟子乃嘆曰：「於不可已而已者，無所不已；於所厚者薄；無所不薄也。」(《孟子·盡心上》)

　　這表示在孔孟儒家觀念中「孝」是人的天性，是一個不待學即能，不待教即知，與生俱來的自然情感。只要是一個正常的人，他就

有報德返本的孝心，這不是什麼「權威主義」或「吃人之道」所能逼出來的。對這一點，《孝經》上就有：「父子之道，天性也。」後來明儒王陽明也說：「……蓋良知只是一個天理自然明覺發見處。只是一個眞誠惻怛。便是他本體。故致此良知之眞誠惻怛以事親，便是孝，致此良知之眞誠惻怛以從兄，便是弟……只是一個良知，一個眞誠惻怛。」❹這也不出孟子之「孩提之童無不知愛其親」的涵義。所以，孝不是空洞之理論，而是人要不要而已，要盡孝則「當下呈現」，全不待外求。但是，孔孟儒家所說之孝並不限於血緣之親，而是把孝提昇爲繼善述志之事。因此，實能盡孝之人，不但重視自己的生命，更要重視生命的來源與生命的開展，於是這種人便能兼天地備萬物，也成爲宇宙創化的泉源之一。同時，在人與人的交往關係中，孝更落實爲一種感通之至愛。亦即是說，中國人由孝道之推廣，在宇宙中應該能視天下爲一家，萬民爲一人，也就能以天地萬物爲一體，凡有血氣之類皆是昆弟赤子之親，莫不欲安全而教養之。這正是何以我們要說倫理原則是禮治思想的原因，也是何以我們認爲孔孟提倡之人倫或孝道在今日仍是極有價值的。對此，《孝經》上有：「君子之教以孝也，非家室而日見之也。教以孝，所以敬天下之爲人父者也。」王陽明亦嘗說：「……是故親吾之父，以及人之父，以及天下人之父，而後吾心之仁與吾之父、人之父、與天下之父而爲一體矣；實與之爲一體，而後孝之明德始明矣。」❹這也仍是孔孟「老吾老，以及人之老……」的基本道理。所以，從上述這兩方面看起來，每一個人都可以是宇宙創化的中心，那麼這種「個人」又怎會被「埋沒在家庭倫理裏面」？子女怎會只是「奴婢」？怎會只是「服從者」？換個角度看，一個能自覺自己之良知本心，一個能推廣良知本心的人，一個使自己成爲宇宙創化中心的人又怎會去「壓迫」他人？我們又怎能將孔孟倫理孝道思想誤爲「權威迫害」？

　　最後，我們要對孔子正名思想及所謂「君君臣臣父父子子」這句話再作一說明。

正如同孔子之論君子與論禮，其提出正名主張之原始動機，極可能旨在恢復周初封建體制，此如他對當時政治情況的評語是：

> 天下有道，則禮樂征伐自天子出。天下無道，則禮樂征伐自諸
> 侯出。自諸侯出，蓋十世希不失矣。自大夫出，五世希不失
> 矣。陪臣執國命，三世希不失矣。天下有道，則政不在大夫，
> 天下有道，則庶人不議。（〈季氏〉）

這表示孔子認為自春秋霸政之後，諸侯僭越天子，大夫僭越諸侯，以至陪臣執國，庶人議政使天下大亂。此亦即孟子所言之：「聖王不作，諸侯放恣，處士橫議。」孔子為了使「禮樂征伐自天子出」，故而主張大名分之防，嚴君臣上下之別，乃揭櫫正名思想。《論語》有載：

> 子路曰：衛君待子而為政，子將奚先。子曰：必也正名乎。子
> 路曰：有是哉？子之迂也，奚其正？子曰：野哉由也；君子於
> 其所不知，蓋闕如也。名不正則言不順；言不順則事不成，事
> 不成則禮樂不興，禮樂不興則刑罰不中，刑罰不中則民無措手
> 足。故君子名之必可言也，言之必可行也。（〈子路〉）

「必也正名」是孔子心目中「為政」之頭等大事。而「正名」為何如此重要，自字面上看是因為「正名」可以循名責實，名實相符。可是為什麼循名責實與「言不順」、「事不成」、「禮樂不興」、「刑罰不中」、「民無措手足」有這麼密切的關係呢？這表示孔子已從恢復周初封建制度的動機中提昇出來，重新思考理想政治的可能，轉而使「正名」與其倫理禮治思想結合，使「正名」思想的重要性得到新的確立。此如《論語》載：

> 齊景公問政於孔子。孔子對曰：「君君，臣臣，父父，子子。」
> 公曰：「善哉，信如君不君，臣不臣，父不父，子不子，雖有

粟，吾豈得而食諸？」(〈顏淵〉)

在此，孔子的「正名」思想已不再以恢復封建之禮爲企圖，而轉成倫理責任關係的闡明，故「君君、臣臣、父父、子子」這句話，可以算是說明孔子正名觀念的最好說明，它是說君唯有在完成君所應負之責任時，始能承擔君之「名」，其餘所謂「臣」、「父」、「子」皆同。梁啓超乃說：「君如何始得爲君，以其履行對臣的道德責任故謂之君。反之，則君不君。臣如何始得爲臣，以其履行對君的道德責任故謂之臣。反是，則臣不臣。父子兄弟夫婦朋友莫不皆然，若是者，謂之五倫。」❺於此，又可看出，所謂之責任，至少有政治活動中之責任與道德意義上的責任。以孔孟之重視倫理原則來看，「正名」當又以道德意義爲重，然此道德責任並不與政治責任衝突。所以勞思光亦說：「孔子及日後儒者所提倡之人生態度是，關心一切人之幸福，而在實踐中依理分而盡其力；對於本國政府，對於父母，對於兄弟，對於師友，各有其理分，故『忠』、『孝』等觀念即由此建立；但人對其他人亦有責任，此即引生儒者平治天下之懷抱。學者倘明白此種基本態度及理論，則即不致誤以爲儒者言人倫是對某一社會制度之擁護，此中理論層次，稍有思考能力者皆不難辨明。世俗道聽塗說，實是個人情緒表現，不足以評論文化思想也。」❺

這是因爲，就孔孟整個的思想言，原以「人」爲中心，以「仁」爲基礎，其落腳處必爲倫理。故其實現平治天下懷抱首要之務，乃在切實調整人與人之間的各種關係，希望人人都能以「尊重對方」之心，盡善其一己之責，其中尤以君臣父子之間的關係爲基本核心。換言之，在政治活動上，如果君臣父子能各守其分，各盡其責，能「顧名思義」，則一個良好的政治秩序可以建立，一切政治理想也可得到實現。所以，蕭公權才會說：「推孔子之意，殆以君臣父子苟能顧名思義，各依其社會中之名位而盡其所應盡之事，用其所當用之物，則秩序井然，而後百廢可舉，萬民相安。若觚不觚，則國將不國。然則

正名者，誠一切政治之必須條件也。」❷就此看來，所謂君臣父子之名分，仍不出倫理義務，主要強調自己的本分和義務，而不主張去爭奪權力。這不但不是什麼權威主義或崇古的家長主義所能解釋的；相反的，這種精神反而是今日實現民主理想所必須的。

甚至我們可以說，以孔孟爲代表的儒家的思想主要只是願以倫理關係代替外在強制性的政治權威，務期政治活動不擾民而讓人民之經濟、禮樂文化等生活，自然生長與自在活潑。而所謂以倫理關係代替外在強制性政治權威，並非空洞無據之詞。依孔子意，政治活動雖有階層之分，如能仿照倫理關係，居不同位之人，各盡其責、各守其分，則政治權威才可得以減緩。但是以君臣父子爲例，若欲各守名分，各盡職責，就要以「禮」爲度，所謂「名位不同，禮亦異數」（《左傳・莊公十八年》），即是要爲君者，在實際上應有合於君身分的行爲舉止，才算眞是君。由此說來，正名的循名責實不是學理上的界定名詞，而是人倫關係實際行爲中的「正身」。故正身與正名，只是互爲表裏，並不是截然兩事。這樣一來，身正則名亦正，名正則身也正。由正身以正名，復由正名以正身，此乃孔子所謂德治與禮治的互相關聯處❸。因此，孔孟思想，以「正名」思想來論述，仍是一種「反求諸己」的思想，是以自己道德實踐爲主的思想。而這種道德意識下的責任要求並無對象的限制，是人倫關係中任一「角色」都要踐致的，所以「正名」不可能是政治階層中在下者對上位者的「愚忠」，也不可說儒家只會「搬道具，正名位，奉正朔，行人臣禮。幾千年來，這樣的政治戲劇不止重複上演多少次，儒門的政治哲學竟完全是政治的現狀主義」❹。換句話說，「正名」乃以一理想之政治標準，透過倫理責任的自許，建立君臣上下之權利義務關係。唯其如此，孔孟所謂德治仁政、倫理禮治才有落實處。這樣一來，政治權利與「德德相扶」、「將心比心」比較起來，只是不得已時才使用者，此外之一切應該是恭己正南面的無爲而治。這是最自由的倫理政治，在父慈子孝中既不會有權威壓迫的可能，也不會有「仁慈專制」的可

能。對此，梁啓超有極其精要的論評，他說：

> 孟子言仁政、言保民，今世學者汲歐美政論之流，或疑其獎勵
> 國民依賴根性，非知治本。吾以為此苛論也。孟子應時主之
> 問，自當因其地位而責之以善，所謂「與父言慈與子言孝」不
> 主張仁政，將主張虐政耶？不主張保民，將主張殘民耶？且無
> 政府則已，有政府，則其政府無論以何種分子何種形式組織，
> 未有不宜以仁政保民為職志者也。然則孟子之言，何流弊之
> 言，何流弊之有？孟子言政，其所予政府權限並不大，消極的
> 保護人民生計之安全，積極的導引人民道德之向上，曷嘗於民
> 政有所障耶？❺❺

胡秋原在論及孔子時，也不認為孔子之「君君臣臣」有權威主
義的意涵，他說：

> 時至今日，有以他所謂「君君臣臣」為言者。其實他不過看到
> 當時暴君，為生民請命，希望有一種較好秩序，有生人之氣。
> 他所希望的王政，也是一種無為而治的王政：「無為而治者其
> 舜也歟？」想想同時稍後的柏拉圖、亞里斯多德擁護奴隸制
> 度，而主張性相近，習相遠的孔子，不是當世對偉大的胸襟
> 嗎？❺❻

看過這些評語之後，我們更可舉牟宗三的一段話作結論。牟宗
三說：

> 儒家德化之治道，其最高最後之境界即是「各正性命」。故程子
> 說孔子之志是「天地氣象」。在天地氣象，各正性命的境界中，
> 視每一個人為一圓滿具足之個體人格，此即人間天國境界。其
> 所以能有此境界，原是根於其德治之開始，即視人人自身皆為
> 一目的，由其德性的覺醒即可向上奮發，完成其自己。故其極

致，即是各正性命。故此德化的治道，自始而終，即是落足於
具體的個人人格上。此甚顯然，人皆能識。而惟今日一部無聊
之知識分子動輒謂儒家教化是布爾什維克氣質，有助於極權，
妨礙自由。愚妄已極，不知從何說起。❺❼

　　因此，孔孟倫理孝道與五倫觀念雖然因漢以後的權威化制度造
成若干僵化性、束縛性的負面影響，但是就今後我國政治民主化的前
途而言，我們絕不能以偏概全，只消極的破壞攻擊所謂的舊禮教，而
要積極把握住他的真義，加以新的正確的解釋與發揮，藉此以幫助建
立民主政治中應有的良好行為規範。

—註釋—

❶所謂禮是道德心靈的具體化，即是指禮的外在行爲規範係源出於人內心中的「仁」，這種看法是絕大多數學者所共同主張的。

❷李澤厚，〈孔子再評價〉，《中國古代思想史論叢》，前揭書，頁二。

❸同上註。

❹同註❷，頁三。

❺同註❷，頁七。

❻郭沫若，〈孔墨的批判〉，《十批判書》（北京：人民出版社，一九五四年），頁八二至八三。

❼陳啓夫，《中國政治哲學概論》（台北：華國出版社，民國四十年），頁五七至六〇。

❽同註❷，頁三〇。

❾熊十力，《讀經示要》，初版（台北，樂天出版社，民國六十二年），頁六二至六三。

❿梁啓超，〈先秦政治思想史〉，《梁啓超學術論叢（一）》，初版（台北：南嶽出版社，民國六十七年），頁八六。

⓫同上註，頁七〇。

⓬同註❿，頁八一。

⓭金耀基，《從傳統到現代》，前揭書，頁七九。

⓮費孝通，《鄉土中國》（台北：台灣文俠出版社，民國六十二年），頁二七。

⓯同註❿，頁八一。

⓰梁漱溟，《中國文化要義》，台六版（台北：正中書局，民國六十二年），頁八〇。

⓱同上註，頁八一。

⓲同註⓰，頁八九。

⓳同註⓰，頁八九至九〇。

⓴同註⓰，頁九二。

㉑徐復觀，〈儒家政治思想的構造及其轉進〉，《學術與政治之間》，前揭書，頁

四八。

㉒唐君毅，〈理性心靈與個人、社會組織及國家〉，《中國人文精神之發展》，前揭書，頁二一五。

㉓張佛泉，《自由與人權》，前揭書，頁二二。

㉔同註㉒，頁二一三至二一七。

㉕瞿同祖，《中國法律與中國社會》，台一版（台北：崇文書局，民國六十三年），頁一。

㉖李亦園，《文化與行為》，再版（台北：台灣商務印書館，民國五十六年），頁七〇。

㉗殷海光，〈近代中國文化的基線〉，《中國文化的展望》，前揭書，頁一一四。

㉘同上註，頁一一八。

㉙殷海光，〈中國社會文化的激變〉，《中國文化的展望》，前揭書，頁二一五。

㉚同註㉕，頁四。

㉛徐靜，〈從兒童故事看中國人的親子關係〉，收入李亦園編，《中國人的性格》（台北：中央研究院民族學研究所，民國六十一年），頁二〇一至二一五。

㉜同註⑬，頁二四。

㉝同註⑭，頁二二。

㉞參閱張德勝，《儒家倫理與秩序情結》（台北：巨流出版社，民國七十八年）。

㉟同註⑭，頁七〇。

㊱吳瓊恩，〈文化認同與中國政治的現代化〉，《儒家政治思想與中國政治現代化》，前揭書，頁九〇。

㊲唐君毅，《文化意識與道德理性》（台北：台灣學生書局，民國七十五年），頁七五。

㊳Beatrice B. Whiting and John W. M. Whiting, *Children of Six Cultures* (Cambidge: Harvard University Press, 1975), pp. 175-176.

㊴William Damon, *The Moral Child* (New York: The Free Press, 1988), p. 130.

㊵李戈北，《試從教育心理學看孝的觀念》（台北：中國人的價值觀國際研討會，漢學研究中心主辦，民國八十年五月），頁四。

㊶謝幼偉，黎登鑫譯，〈孝道與中國社會〉，《中國人的心靈》（台北：聯經出版社，民國七十三年），頁一四六。

㊷同註㊵，頁九。

㊸黃堅厚，〈從心理學的觀點談孝並分析青年對孝行的看法〉，《國立台灣師範

大學教育心理學報》，第十期，民國六十六年，頁一四。

㊹梁漱溟，《中國民族自救運動之最後覺悟》，前揭書，頁七五至七六。

㊺楊懋春，《鄉村社會學》，台初版（台北：正中書局，民國六十一年），頁五八一。

㊻同註⑭，頁二七。

㊼徐復觀，〈中國孝道思想的形成演變及其歷史中的諸問題〉，《中國思想史論集》，前揭書，頁一五九。

㊽王陽明，〈王陽明傳習錄〉，《王陽明全集》，前揭書，頁六五。

㊾同上註。

㊿同註⑩，頁八一。

(51)勞思光，《中國哲學史》，前揭書，頁七七。

(52)蕭公權，《中國政治思想史》，前揭書，頁五八。

(53)同註⑦，頁七九。

(54)同註㉗，頁一二七。

(55)同註⑩，頁九七至九八。

(56)胡秋原，《古代中國文化與中國知識分子》，前揭書，頁一一七。

(57)牟宗三，《政道與治道》，前揭書，頁二九。

第十章

禮治思想與民主

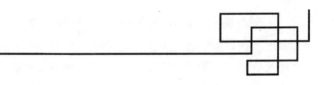

◎由倫理論個人與團體的關係

◎倫理禮治與民主政治的落實

◎倫理禮治與現代民主法治的關係

由倫理論個人與團體的關係

在民主政治中，個人與團體的關係是一個很重要的問題。而近年以來，大多研究中國人的社會或心理的論著。更屢屢以「集體主義——個人主義」的架構，爲分辨中西文化或價值觀的指標。在討論我國政治民主化時，亦有若干人認爲中國之不能快速民主化，是因爲中國的社會不如西方的社會，亦即西方社會因個人意識得到重視與發揮，所以西方乃有民主政治，而中國社會之缺點卻在於缺乏個人意識，也就很難民主化。類似的論點，包括：

余英時雖並不贊成中國是集體主義的社會，但也曾說：「當然，中國社會在另一方面也有天高皇帝遠的自由，但是個人意識不若西方強烈。」❶

殷海光說：「在中國社會文化裏，個人觀念很不發達。我們傳統地沒有近代西方自由制度興起以後的個體主義（individualism）。」❷

胡適說：「細看祭義和孝經的學說，簡直可算得不承認個人的存在，我並不是我，不過是我的父母的兒子⋯⋯總而言之，你無論在什麼地位，無論做什麼事，你須要記得這並不是『你』做了天子諸侯等等，乃是『你父母的兒子』做了天子諸侯等等。」❸

楊國樞亦曾說：「中共那套東西在大陸上之所以被接受，基本上是與中國傳統的思考方式、社會結構及人際關係有很大的淵源。現在研究這方面的人已相當同意中國文化原是一種集體主義的文化，無論是政治上下的關係或是社會結構上垂直的關係，都是一種集體主義的表現。共產集團在性質上也是如此的。」❹

相對於上者，則是西方人之重視個人的強調。此如張佛泉所說之西方社會「諸個人乃一切組合中唯一的最終單位及一切價值的泉源」

❺，這是因爲唯有個人才能造就人之主體性，而「人與人之間的天然的分離，更使人之主體性成爲不可穿越。人之主體感覺與意識是各自關閉的。彼此之苦樂，無法直接傳達，而唯有恃推測（例如，莊子與惠子梁上觀魚所引起的魚樂與否的辯論）或『意會』始能略知一二。人之苦悶在此，人之至樂亦在此。苦是自覺的苦，樂是自覺的樂。這正是自決自主之不可或缺的條件。」❻所以「與個人在『對比』（in contrariety）中的『社會』，實不存在。人所交往的對手，不外都是一個一個的人或聯合起來的人而已」❼。既然人之主體性是自覺的苦與樂，那人當然該當自由地爭取趨樂避苦的權力。因此張佛泉也承認：「我們更可以看到英美人所講的自由，並非紛蕪雜亂，而無任何固定確鑿的意義。最少自十三世紀起，英人就已經有一種傳統的講法，即以『權利』當作『自由』。十七八世紀以後，洛克等從人性論重新出發，乃更得到了近代以人權當爲自由的觀念。」❽

在這麼一種情形下，林毓生才說：「從比較嚴格和狹義的角度來看民主，我覺得在中國的傳統中根本就沒有民主。」❾

上述這些論點牽涉甚廣，我們在此僅就孔孟倫理禮治思想來說明孔孟心目中個人與團體的關係。

首先，我們要指出上述學者們以「集體主義──個人主義」的概念來解析中國文化時，在概念上（邏輯上）、方法上（實驗程序上）及對結果的說明上都犯下多層錯誤。此正如楊中芳所說：「有的研究者好像以爲只要將中國文化劃爲是『集體主義』，就像是在每一個中國人身上貼了一個符咒。在作實驗時，任何操作及任何程序，受試者皆像在頭上戴了一個孫悟空戴的箍子一樣地，事事都按著自己是『集體主義社會屬下一員』那般地去感覺，去反應。」❿另外，余英時、陳榮捷等學者更曾在他們的論文中，反對簡單地用「集體主義」這個名詞套在中國文化上。

爲了深入說明這個問題，我們可以先從說明何謂「個人主義」與「集體主義」入手。在理想意義上，瓦特門（A. S. Waterman）歸

結個人主義的意志爲：一、個人必須一直努力認清自我，並以此自我而生活；二、要有選擇的自由；三、個人責任；四、尊重一切他人的尊嚴⑪。在這一意義下，個人是經由自由的選擇來追求個人利益，因此雖然講求尊重他人的利益，但「長遠來看，個人造福他人的最佳方法是發現並發揮自己的長處」⑫，亦即與他人的交往和互賴是必要的，但是其動機主要是要使自己獲利，進而造福社會。所以互特門又指出個人與他人合作互賴的基礎，在於個人對自己的自信。可是，在邏輯推理上，個人的自信從何而來？是什麼性質的自信？人在有自信後是否一定會與他人合作，都是未曾析清楚的疑問。因此，理想意義中的個人主義在現實生活中，會使個人變得相當自私、具高度競爭性及有疏離感。

至於在集體主義方面，何友暉曾以當前大陸共產主義思想中的「集體主義」爲例，認爲集體主義的特點爲：一、個人認爲自己的幸福及安全是更大的社會單位所給予；二、一個大的社會單位的利益應該是在包括其內的小單位的利益之上。這裏並不否認個人追求自己的幸福及利益。但是認爲維繫整體的利益是個人利益獲得的保障；三、個人與團體的關係是互報及互賴的。也就是說，只有個人將社會利益放在個人利益之上，社會利益才能成爲個人利益的保障。但是如果社會不能給予其中個人幸福與利益，個人也不會將社會利益放於個人利益之上⑬。這表示以何氏爲代表的學者認爲集體主義的價值體系，是基於一種對社會和個人關係的看法，即個人靠社會才能得到充分的發揮，個人利益必經由社會利益的獲得才能有保障，因而在個人利益與社會利益發生衝突時，個人會選擇犧牲自己的利益。所以在這種社會生活的人被評爲沒有自我、順從權威、依賴愚忠、沒有選擇的自由權利。

由上可知，這裏所謂「個人主義」與「集體主義」確實是兩種不同個人與團體關係的構想，但卻被不少人在運用時，簡化成「只爲社會壓抑個人」或「只爲個人反抗社會」的兩個簡單化的對立概念，

而將這種對立概念套在中國文化或中國社會，則更易流於偏見。就此而言，我們可以看出，稱中國文化的價值體系爲集體主義，會使許多人誤會它是輕視個人的。其實，在中國社會中，非常重視個人的努力，只不過是個人努力的方向不單是爲個人，同時也是爲了社會。同樣的，它也重視個人利益，只不過是不以個人成就爲達到實現個人價值的途徑。至於中國社會如何避免個人的私心，而在尊重個人發展上實現造福團體與成就個人的目的，則正是靠落實孔孟儒家的「仁德」、「禮治」與正常合理的倫理關係。

也許有人要問：爲什麼談論政治活動中個人與團體的關係要從仁的道德理念及由此推出的倫理禮治論起？這是因爲唯有透過仁的道德理念，人類政治活動的基本價值才得確立，而從倫理禮治的出發，政治活動的目的及個人與團體的關係才得明顯。在這個基礎上，對個人與團體之關係這一問題，徐復觀說的很好，他說：「《論語》上所說的仁，是中國文化由外向內的反省、自覺，及由此反省、自覺而發生的對『人』，對『己』的要求與努力的大標誌。」❹，又說：「《論語》的仁的第一義是一個人面對自己而要求自己能眞正成爲一個人的自覺自反。眞能自覺自反的人便會有眞正的責任感。有眞正的責任感，便會產生無限向上之心。」❺。因爲，唯有當人類自覺明白自己生命的要求與努力的大標誌，樹立起責任感，自然會由內及外的感通不已而展現出合理正常的倫理關係。胡秋原也曾讚美孔子之仁，他說：「……一切學問道德，歸根結底是一個『仁』字。仁即人道之總稱，即是『愛人』。由愛父母兄弟以推至社會國家天下，是很自然的。」❻。所以，在政治活動中，一夫之飢或溺皆只是自己仁德推擴之不足。明白這一點，我們才能論究個人與團體的關係。

事實上，中國當代許多學者，對這個問題都有極深入的看法。例如：

蕭公權說：「孔子言仁，實已冶道德、人倫、政治於一爐；致人、己、家、國於一貫，物我有遠近先後之分，無內外輕重之別。若

持孔子之仁學與歐洲學說相較，則其旨既異於集合主義之重團體而輕
小我，亦非個人主義之伸小我以抑國家。二者皆認小我與大我對立。
孔子則泯除畛域，貫通人己。」❼

　　錢穆說：「……因此中國傳統文化理想必以每一個人之內心情
感作核心。有此核心，始有人文化成與情深文明之可能。然而這亦並
非如西方人所謂的個人主義。在個人與個人間，相平等，各有各的自
由與權利，此乃西方人想法。中國社會裏的個人，乃與其家庭社會國
家天下重重結合相配而始成爲人者。人必在群中始有道，必與人相配
成倫始見理。離開對方與大群，亦就不見有個人，因此個人必配合進
對方與大群，而一切道與理，則表顯在個人各自的身分上。因此中國
傳統文化理想中之每一人，可不問其外在環境，與其一切所遭遇之社
會條件，而可以無往不自得。」❽

　　由此可見，孔孟之論政治活動中個人與團體的關係，絕不可用
西方習用的個人主義或集團主義的名詞來討論。因爲，「孔孟雖尊個
人，然其尊個人即個人之能及於一切人，而通於一切人之仁性仁心」
❾。所以說尊個人與尊團體乃一時併現，不可妄分爲二，「於斯際
也，方有所崇高隆重而彷彿沒有自己；轉視自己本位的西洋人何其狹
小」❿。此正是因爲中國人相信：「個人與團體之間的關係是互相依
存而同等重要的」㉑。所以，儒家人文思想的根本精神，在於肯定全
幅人生，在人生的一切活動中都可體現出價值。而這種價值的體現又
有待於每一個體，「而一切人又因爲一有實的具體的特殊性，或個性
時，人即知『視人人各爲一目的』爲吾人對人之根本道德」㉒，於是
才有大我小我的融合。對此，錢穆又說：「中國社會自始便懂得顧全
大體，最注意大群生活，但顧全大體、側重大體生活，並不一定要犧
牲個人的。而所謂個人幸福，在中國人心中，主要是在各個人個性的
發展上。上面說過，中國文化，自始就在一個大範圍之下平舖，待這
一個大範圍安排妥貼了，便想進一步，在此大範圍之內來要求各個人
的個性之如何而可以儘量發展。」㉓

　　余英時也曾駁斥把中國文化當成「集體主義」文化的理論，他認為研究文化必須注意文化的整體性、歷史性及獨特個性。而從這三方面來分析，則會發現中國社會是很重視個人的。因為中國文化的價值系統是「以個人的自然關係為起點」，通過「禮」，而達到「自我求取在人倫秩序與宇宙秩序中的和諧」❷。因此，中國人的「個人主義」是針對不同的具體個人來尋找最好的行為模式，而不是將每一個個人抽象化為一相同的單位，而對之施以相同的普遍的行為準則，故而「這一型態的個人主義使中國人不能適應嚴格紀律的控制，也不習慣於集體生活」❷。

　　楊國樞曾用社會取向來描述中國人的性格特徵為：「一種具有以下典型的行為傾向：社會服從，用非侵犯性的策略，向社會期望低頭，擔心別人的意見。採取這種策略的目的是為了要達到以下一個或幾個目標：求取報償、維繫協合、印象整飾、保護面子、為社會所接受、或避免在社會情境中被懲罰、被窘逼、衝突、被拒絕、被嘲笑，及被報復。」❷從楊氏這裏分析中國人行為的原因中，我們很難看出中國人何以傾向「集體主義」，因為雖然中國人行為不一定是以自己個人感受出發，但卻也不是為滿足某一個更高層級的集體利益，而只是力求不被排斥，不受責難，這仍是不同於集體主義之定義的。其實中國人之所以不願被排斥、被懲罰，主要是不願脫離社會責任，就「克己復禮」的自我要求言，所謂克己就是自我約束不與社會責任相違背，這種「個人」，才能實踐「我為人人」的一種社會與個人相融合的理想目標。這樣一來，西方人心目中的個人主義是要認識自己、發揮自己能力，而中國則強調個人要不斷提昇自己成為一個融合個人與社會的人。

　　換言之，孔孟儒家因重視人的地位和價值，必然重視個人。但這種重個人的理由絕不是因為個人可以為其一己爭取權利，而是在於個人可以由仁心的推擴同時成就自己與社會及他人的價值。這才使個人與團體有一種相即相融的關係，而不是像某些人所誤會的，以為中

國社會缺乏個人意識。事實上,這種誤會之出現,不但對中國人如何講個人意識或對中國人如何看個人與團體相處有所誤會,更將誤以爲只有西方那種能自覺自己苦樂,進而爲個人一己爭取幸福的個人意識爲唯一正確者。但經過我們分析孔孟之論倫理禮治的價值及仁的道德理念之後,我們有理由相信孔孟之論個人與團體的關係並不比西方的個人主義或集團主義遜色。例如,就尊重個人而言,則誠如唐君毅所說:「儒家未嘗不以個人人格爲至尊無上,未嘗不重個人之自由。但儒家論個人之人格之至尊無上,必自個人之仁心之無所不涵蓋,能成就潤澤他人或群體上說。他講個人自由,必自個人由盡倫常之道,以盡性成己,而真有所自得上說。」❷而就重視社會團體之價值而言,則是:「我們說每一人之自身爲目的,不是說每一人可以自外於社會,個人亦不須視社會國家爲達其個人目的之工具。我們說每一人之自身爲一目的,是說每一人都應以自盡其性,完成其自己之人格爲目的。而人的心性即是仁,即是愛。人的性,根本即是要爲社會的。人真求自盡其性的心,絕不會自外於社會。因爲他的心量即已涵蓋社會於其內,而以成就社會爲己任」❷這兩段話把孔孟之論個人與團體的關係說得很清楚,我們也發現這裏根本沒有什麼抹殺個人意識的可能。於是徐復觀也才會說:「儒家的倫理思想、政治思想,是從規定自己對於對方所應盡的義務著眼,而非如西方是從規定自己所應得的權利著眼;這自然比西方的文化精神要高出一等。……所以中國是超出自己個體之上,超出個體權利觀念之上,將個體沒入於對方之中,爲其對方盡義務的人生與政治。中國文化之所以濟西方文化之窮,爲人類開闢文化之新生命者,其原因正在於此。」❷於此看來,孔孟之思想非但不反民主,對民主理想之實現更有其正面積極性之價值。

　　對上述之問題,梁漱溟在《中國文化要義》一書中也有精闢的見解。他說:「德謨克拉西,雖遠自希臘已徵見於政體,但畢竟爲近代乃有之特色。西洋社會人生,從中世到近代爲一大轉變。其間經過所謂『宗教改革』、『文藝復興』、『人文主義』、『啓蒙運動』、『人

權宣言』，外觀上形形色色，骨子裏一貫下來，原都相通。⋯⋯要知道近代這一轉變，實在是對於其中世社會人生之反動。所謂從『宗教改革』以至『人權宣言』一貫相通底，無非『我』之覺醒，直接間接要皆個人主義自由主義之抬頭。」❸可見「個人之覺醒」是西方近代思潮的主流，梁氏認爲促使這種「個人之覺醒」的原因有二：「第一，是西洋中古基督教禁慾主義逼著它起反動，就爆發出近代之慾望本位的人生：肯定了慾望，就肯定個人。第二，是西洋中古過強的集團生活逼著它起反動，反動起來的當然就是個人了。一面有個人之抬頭，一面個人又受不了那過分干涉；兩面合起來，不是就產生人權自由之說了嗎？⋯⋯於是在中國瀰天漫地是義務觀念者，在西洋世界上卻活躍著權利觀念了。」❸這說明西方重個人意識之理論基礎與中國孔孟之觀念是大不相同的。而由西方重個人意識之觀點來看，表面上「深得個人營利自由競爭好處」，最終會造成「後來社會卻大受其弊」。這是因爲自由權利之爭奪，結果「在內則階級鬥爭，在外則民族鬥爭，整個世界苦痛不安，人類文明有自毀之虞」❸

　　至於對中國社會的看法，梁漱溟所說正好與主張中國是重集體的說法相反。他認爲：「中國人是缺乏集團生活的」❸。這是因爲：「團體與個人，在西洋儼然兩個實體，而家庭幾若爲虛位；中國人卻從中間就家庭關係推廣發揮，以倫理社會組織，消融了個人與團體這兩端」❸。所以，在梁氏心目中，「孔子最初著眼的，與其說在社會秩序或社會組織。毋寧說是在個人。一個人如何完成他自己；中國老話，『如何作人』。不過，人實是許多關係交織著之一個點，作人問題正發生在此，則社會組織社會秩序自亦同在著眼之中。」❸這表示，「要確定『個人本位』，或要確定『團體本位』，都是錯的」❸。也正足以說明孔孟之論個人與團體的關係必須是相即相融的關係才是正途，亦即在仁心的推擴中，個人融入團體之中，團體成爲個人人格發展的場合，才能使個人與團體的關係維持平衡健全。此理一明，又何能再說中國傳統中沒有民主的要素？

中國近代之所以不能快速的民主化原因很多，但絕不是所謂之缺乏個人意識，反而是因為正確的個人意識不得伸張，流於爭權奪利的個人意識去了，所以政治活動上才有百般挫折，不知如何是好。針對這個困惑，我們認為有必要吸取孔孟之教，重新建立正確的個人與團體的關係。必如是，民主理想才有實現的基礎。就這一點而言，孔孟思想在當代是仍有其價值的！

倫理禮治與民主政治的落實

有人因為孔孟重視倫理禮治，以為這會造成重權威的弊害，而有孔孟思想與民主政治不能結合的評論。可是，我們卻認為孔孟倫理禮治思想與落實民主政治有密切的關係。尤其就禮治思想的倫理原則與落實民主政治而言，我們不但絲毫看不出這二者有絲毫衝突矛盾處，反而可以說孔孟倫理禮治思想對落實民主政治之理想大有助益。蓋無論中西，只要討論民主政治之理念，必然同意其是「我與人分別所具之統一的理性心靈之相互內在，相互保證而統一之客觀化之所成者」[37]。這是因為，就個人而言，民主理念存在於其個人之理性心靈內，然亦由其政治活動而體現出民主理念。但這個民主理念不能只內在於我一人之理性心靈中，而要廣存於一國之內其餘所有人之理性心靈中，於是其他人同樣也該有同樣相應於這個民主理念的政治活動，才能使民主理念全面實現。所以，當我們個人在從事相應於民主理念的政治活動時，必須肯定與尊重其他人之同類的政治活動。這樣一來，不但我們個人的民主理念可以普遍化於他人之心靈，亦可見我之政治活動本身，為可普遍化於他人者。這時，任何個人從政的方式才是平等的，以及要講究民主風度和受法律保障，然後才有討論如何組織政府，如何保障人民權利，是否要有政黨等現實之民主制度。

因此西方人雖以重一己之權力以爭民主，然其中仍內含有人人

互相承認彼此爭權力以享幸福是天經地義之事，民主政治只是這個觀念的客觀化。在西方這「仍是自求權利之私慾，以肯定一政治制度」。人在「覺此制度下之法律，對其私慾有所不便時，如彼復念及法律規定有未及處，曲解法律，製造法律，以暢逐其私慾。則民主政制仍不能使其下之社會政治即成爲合道德理性要求之最善良之社會政治」❸。但是，中國人並不從這個思路出發，也避免了隨之而引生的缺失，因爲中國人相信，「在幾乎人人皆有的，人與我之父子、兄弟、夫婦、朋友、道義相與的君臣關係中，人在對他人孝、弟、慈、忠、信，而替對方設想，將心比心之際，人人皆當下可超越其個人之自私心，而在對方中發現自己之客觀化、普遍化」❸。這裏面又有三層意思可講：

第一，近代西方之民主政治特以法律能保障人之權利爲號召。然我們要說，法律之保障人之權利，必非只指我一人之權利，而是指一切人的權利。而人之所以肯定一切人之權利，正是在於人能超出保障一己權利之私心，能節制一己的權利慾。所以，如果世人真想實現民主理想，首先即要不從法律只保障我之權利的動機出發，以肯定法律的全面正義性。由此，「更知政治之中心問題，非權力之分配問題。政權之所以須公平分配，並不根據在人之皆要求權力，而在吾人之必須肯定一切人之政治活動，普遍的成就一切人之政治責任感」❹。孔孟之以倫理爲原則的禮治思想，由「替對方設想」，「尊重對方」，「盡義務不爭權利」，正好能達到這個目的。

第二，由倫理關係之「親其親、長其長」的眞義來看，孔孟儒家並未把人的活動限制於家庭之內。所以，如果說儒家思想只以家庭爲中心，是不對的。因爲儒家只說孝弟是仁之本，是行仁的起點，從未說孝弟是仁之全。因此，無論是個人主義或國家主義，或者說是資本主義與共產主義，在儒家看來都是一偏之見。而唯有在超出個人私心，表現出各種正常的倫理關係時，個人人格與社會文化活動之價值才能同時並現。在孔孟心目中，「個人人格之尊嚴與崇高，在他能視

其個人之一切當作的事，在原則上，都是平等的重要，其對家庭，與
對國家，對天下之感情，是平等的重要。至於人在實際上或道德實踐
上，應負何種責任，則視人當下所居之位分而定」**④**。這種一方面在
天下中肯定國家，在國家中肯定每一家庭與個人，另一方面又在每一
個人倫理關係之發揮中，肯定家國天下，正是倫理之能兼成天下、國
家、家庭與個人理想之緣故。所以，純就個人立場來看，對他人盡了
一份倫理責任，是「義務性」的。但就整個社會關係來看，這種倫理
責任卻與自己的利益直接相關聯，這又是「權利性」的。因此，「親
其親、長其長」的倫理原則，「乃是在公與私、權利與義務之間的行
為。正因為如此，一方面滿足了群體生活上的起碼要求；另一方面，
又合乎個體的利益。而作二者紐帶的是孝弟，便無所謂個性、自由的
壓抑」**②**。這不但使公與私、權利與義務、個體與全體，得到自然的
諧和融洽。同時，民主政治所倚為基礎的多元社會團體，更在這種倫
理關係的發揮之下，有一正常發展之可能。因為各種文化、經濟、政
治等團體，如果其成員能以彼此互敬互愛之心，處理各項問題，共為
理想之達成而相忍相讓；如果在許多利害相衝突的團體之間，能以尊
重互助的敬愛之情來緩和矛盾。或者說，如果倫理親情能得展現，讓
人與人或團體與團體之間的競爭，不僅是靠法的限制，也可以得到感
情的調和，使爭與讓、權利與義務得其正道，這對我們人類的生活，
或對民主政治之發展，豈不是更為健全完美？這才有徐復觀所說之：
「……亦即可以形成較之現在純以個人主義為中心的民主政治更進一
層的個體與群體得到諧和的民主政治。」**③**

　　第三，在今日來看，倫理精神之推擴，不必拘泥於五倫之字面
上的解釋，而是要每一個人基於自然天性之敬愛之情，感通世上同道
同志，組成各種社團，使自我之文化理想得到普遍化，而有一更高層
面之開拓與伸展。在社團中，吾人對社團之事負責，即是對一普遍之
理想負責，而吾人對社團之愛，即為倫理道德精神之表現。這時，每
一個人可依其不同的文化理想，自由參加不同社團，不同社團也能互

相尊重，向人文世界之多方分途發展。於是，倫理精神不僅可幫助民主社會之完備，更能以文化理想與價值嚮往，使人與人之自由，成為相勉於向上提昇的真自由，而不是漫無目的，向下物化或墮落的假自由。這也正是唐君毅所說之：「……吾人已將個人對社團國家之忠誠（民主精神。亦即所以使人能盡此忠誠者）之縱的道德；與個人依恕道以敬他人之自由，自己限制規定，其自由範圍，其與社團國家之關係，並通過文化活動以與人淬厲德行之橫的道德，加以綜合」**44**。這時，才可落實民主之理想，這時的民主制度也才真有理想可言。

倫理禮治與現代民主法治的關係

法治是民主政治的基本特質之一，我國欲政治民主化，法治的健全實為不可或缺的條件。因此，我們特就孔孟倫理禮治思想論述其與建立現代民主法治間之關係。

在西方法律思想中，自然法思想可說是主要具代表性者，這派學者認為在某一國某一時期制訂的法條規範之外，更有適用於一切人的普遍行為規範。這種規範，並不是任何人所創制，而係由個人憑其理性所認知的適於具有理性的人的一種基本需要。這種早已存在的規範是所有個別行為規範的來源，並構成評斷一切人為規範之內涵是否良好與公平的標準**45**。

到了十七、十八世紀，個人「自然權利」的觀念。取代了自然法思想，無論霍布斯、洛克到盧梭都是從「自然狀態」推論出「社會契約」型態下的國家，這時的政府乃全為保護個人及其權利而存在。因此，以客觀人性為基石的自然法，就變為個人主觀上的自然權利。當然我們都知道，這三人所說的社會契約與自然權利觀念中的個人，只是一抽象的個人，但他們的論述至少表明一切型態的社會生活均為個人之產物，僅屬個人意志與權利的結合，而為達成個人目的之工具

❹。於是這種雖屬虛擬的說法不僅促進現代西方民主憲政的發展，更爲現代法律制度提供了基本依據，例如，個人權利自由之保障，個人尊嚴與價值之提昇，均爲西方各國現代立法之根本精神。

反觀中國，我國自漢起每一朝代均有律文，然最能代表我國法律傳統特色者，則爲唐律。這是因爲，法家所主張的法或刑的觀念事實上最受君王歡迎，因此漢初被尊爲正統的儒家也逐漸被迫以禮制法，即企圖在順應法家之若干觀念之時，能達到以儒家思想來支配法或刑的目的❹。此種發展的結果，表現於唐律中爲最明顯。如儒家所重視之個人與個人間的關係，特別是與家庭有關者，原爲個人進德修業者，皆成爲法律規範之對象。尤其在漢儒經營之後，所謂君尊臣卑、父尊子卑、夫尊妻卑、長尊幼卑，以及子順父、妻順夫、弟順兄等理論，此時一一受到刑罰之強制執行❹。我們由唐律的內容亦可看出，在我國傳統法律上，既無法家所主張之罪刑平等，更無西方所強調的個人平等。迨及一九二九至三〇年間所公布之中國民法各編，及一九三五年公布的中國刑法，才一改我國原有傳統，在援引西方法治原則之下，不但民刑法開始分立，個人地位與男女平等亦得確立。

不過，民國之後我們雖具備西方式的現代法典，卻與西方標準的「法治」仍有一段距離。這其間的問題，才是我們要深加分析者。

蓋以孔孟倫理禮治思想來看，其對個人的觀念是從個人倫理道德的培養著眼，並不著重個人在社會中實際地位。即使論及個人之地位，亦以個人的人品德性爲據，此外之一切外在因素並非重點，這與西方法律思想之重個人觀念是不同的。換言之，孔孟倫理禮治思想雖由個人之修身而闡明人倫關係。但因人倫關係中，任一個人皆以必須各盡自己的責任與義務方能實現「父子有親、夫婦有別、長幼有序」的理想，所以在倫理關係中自然就有見父母應孝、遇兄弟應友愛等儀則，這些儀則就形成維繫群體社會秩序的「禮」，而這些「禮」所顯現的責任、義務，又有個人內在「仁」爲本源，這樣就調和了「個體之自由」與「群體之秩序」之問題❹。這與西方從個人出發的法律思

想是不相同的，也導致從孔孟倫理禮治思想進入現代民主法治思想，
需要歷經一個轉折。

為什麼孔孟倫理禮治欲開出民主法治需要經過一個轉折？其理
由可分下述兩點來說明：

第一，孔孟倫理禮治因缺乏客觀禮制，反而使仁與禮之間的衝
突不易解決。

孔孟倫理禮治雖立基於「仁」的道德理念，而強調盡個人的責
任、義務，但卻始終只能說明普遍性應有的當然之理，沒有一套客觀
有效的禮制，人的行為如何合乎「禮」，要靠人內在良知本心作抉
擇。可是如果人的良知本心不能全然推擴，則「禮」立刻有可能墮落
為偽飾惡行的工具。徐復觀即曾說：「作為中國文化基石的心，沒有
方法作客觀的規定；而只靠自驗於心之安不安。……這種只能信自己
而無法求信於他人，只好看自己而不能看他人的格局，若不向上升起
而係向下墜落，便可一轉而成為只知有己，不知有人的格局。」❺⓿這
是因為，仁的道德理念一旦成為人人共守的理想時，人與人之間的互
動行為都將是合理的人倫關係，這時也許不需要有法制架構來保障隱
藏於人倫關係中的自由與權利。但是如果社會混亂、人心不仁之時，
人倫關係很可能不合「禮」的標準，而使德與禮的距離日遠，人與人
之間亦只有「虛偽的互動」。可見倫理禮治並不真能保障人外在的自
由與權利，這是孔孟倫理禮治思想的內在弱點，使個人道德實踐與群
體秩序之間衝突難解，法治精神也就難以建立。馬漢寶對此亦說：
「傳統的中國社會，原是建立於人與人之關係上，故要求個人與個人
間的對待行為，而概以義務為重。個人盡其義務，非但是合乎道德，
同時亦是遵守法律。因此，中國歷史上，乃無從發生西方所謂『權利』
之觀念。個人的權利與自由，本是西方法律之基礎。中國人則遲至十
九世紀中葉，西方思想輸入中國時，始得而聞之。傳統的義務價值
觀，繼續主導社會生活，中國人的權利觀念即不易建立。個人對於法
律准許行使或主張的權利，乃常不加行使或主張，個人對他人的權

利,亦常常不知尊重。」❺這樣當然使民主法治難以在中國生根。

第二,由於對倫理關係體認不確,流於只講「關係」,公德私德不分,法治難以建立。

孔孟重視倫理關係,由倫理關係而使個人與團體互相融合,所有在倫理關係中之人的各種行為,皆透過一種情誼和義務為特色,互相結合。此為梁漱溟說之:「倫理關係即是情誼關係,亦即是相互間的一種義務關係,倫理之『理』,蓋即於此情與義上見之。更為表示彼此親切,加重其情與義,則於師恒曰『師父』,而有徒子徒孫之說;作官恒曰『父母官』,而有『子民』之說;於鄉黨朋友,則互以伯叔兄弟相呼。舉整個社會各種關係而一概家庭化之,務使其情益親,其義益重。由是乃使居此社會中者,每一個人對於其四面八方的倫理關係,各負有其相當義務;同時,其四面八方與他有倫理關係之人,亦各對他負有義務。全社會之人,不期而輾轉互相聯鎖起來,無形中成為一種組織。」❺。在這種由倫理關係所形成的組織中,最重要者厥為家庭。波地(Derk Bodde)即說:「在整個世界上,家庭經常是社會的基礎,但在中國,家庭成了整個社會,因此我們可以說中國的社會即是中國的家庭制度。」❺所以也有人稱傳統中國的社會是以家族為本的社會❺。

正因為中國人的社會以重情誼的家庭為中心,所以費孝通說:「……這個『家』字可以說最能伸縮自如了。『家裏的』可以指自己的太太一個人,『家門』可以指伯叔姪子一大批,『自家人』可以包羅任何要拉入自己的圈子,表示親熱的人物。自家人的範圍是因時因地可伸縮的,大到數不清,真是天下可成一家。」❺,這表示天下一家的傳統中國倫理關係的社會結構中,雖可「伸縮自如」,但主要卻是「私人聯繫所構成的網路」❺,會流於以血緣為基底的「身分取向」(status-oriented)與「特殊取向」(particularistic oriented)的團體,故家過分發達,乃妨礙了社會意識的發達❺,造成只有私德,沒有公德的流弊❺。林語堂對此現象也說:「一個家族在其內部構成銅牆鐵

壁的堡壘，彼此互助，對於外界採取冷淡的消極抵抗態度……在它的外面，一切的一切，都是合法的可掠奪物」❺❾。因此，合理的人倫關係，在得不到正常發揮下，反使社會關係只特別著重個人與個人，尤其個人與其親人或「自家人」間的關係，不但忽視個人與國家的關係，更往往爲「自家人」而破壞與其他人或團體的正常關係。此誠如許多學人都曾指出之：「中國社會以原級團體爲基底而產生之人情味，在某一程度上，成爲一種壓力，迫使脆弱的次級團體角色行爲，受到歪曲，此所以中國的官員常枉『法』而徇『情』也。」❻⓿這也就離法治精神益遠矣。

由前所分析，我們可以看出，由孔孟倫理禮治思想很難直接導出現代民主法治思想，這並不是說孔孟倫理禮治說已不合時宜，而是因其受時代條件限制之故。這一問題，在現今來看，因民主法治客觀化的要求，使我們都接受必須開出一法制架構，以解決人之外在行爲之合理化問題，使自由與人權彰明，權利與義務確定，公德與私德並重，則孔孟倫理禮治思想的內在弱點已可解決。進而若以倫理禮治精神，來解決西方過於重個人權利的法律思想，才可使「個體自由」、「群體秩序」相衝突的矛盾得到眞正消除，這不可說不是孔孟倫理禮治思想與現代民主法治的的結合處。馬漢寶即曾大力主張若能建立「以個人主義爲基礎之中國家庭制度」❻❶，使人人平等而又各有其價值尊嚴，在尊重個人基本人權之條件下，致力維護倫常制度，這種確認個人價值進而發展個人與個人間、個人與社會間的正常關係之觀念，才可以兼顧中國與西方文化之精華，使民主法治在倫理禮治的基礎上，落實於中國。

―註釋―

❶余英時，《中國時報》，民國七十二年五月二十六日，「民主理論與民主實際
　　——兼談中國的民主」座談會發言紀錄。

❷殷海光，《中國文化的展望》，前揭書，頁一一三。

❸胡適，《中國古代哲學史》，前揭書，頁一二五。

❹楊國樞，〈從中國的歷史文化看台灣的現在與未來 (7)〉，《聯合報》，民國六
　　十九年十月十八日，中國民主憲政發展的前途座談會發言紀錄。

❺張佛泉，《自由與人權》，前揭書，頁一三四。

❻同上註，頁一三五。

❼同上註，頁一三一。

❽同上註，頁五三。

❾林毓生，《中國時報》，民國七十二年五月二十六日，「民主理論與民主實際
　　——兼談中國的民主」座談會發言紀錄。

❿楊中芳，〈試談中國實驗社會心理學的本土化：對以集體主義爲前提的實驗研
　　究的反省〉，《廣州師範學報》，第二期，一九八九年，頁一八至三一。

⓫A. S. Waterman, Individual and Interdepedence, *American Psychologist*, 1981, pp.
　　764-766.

⓬R. May, *Man's Search for Himself* (New York: Dell, 1953), p. 29.

⓭D. Y. F. HO, "Psychological implication of collectivism: With special reference to
　　the Chinese case and Maoist dialectics," in. Eckensberger, W. Lonner & Y. Poortinga
　　eds., *Crosscultural Contributions to Psychology* (Amsterdam: Swets & Zeitlinger,
　　1979), pp. 143-150.

⓮徐復觀，〈釋論語的「仁」——孔學新論〉，《學術與政治之間》，前揭書，
　　頁二五三。

⓯同上註，頁二五五。

⓰胡秋原，《古代中國文化與中國知識分子》，前揭書，頁一一三。

⓱蕭公權，《中國政治思想史》，前揭書，頁五九。

⓲錢穆，〈中國文化與中國人〉，《中國文化論叢》，四版（台北：三民書局，民

國六十二年)，頁一二三。

⑲唐君毅，〈中國哲學之原始精神〉，《中國文化之精神價值》，前揭書，頁四三。

⑳梁漱溟，《中國民族自救運動之最後覺悟》，前揭書，頁一三二。

㉑Hsieh Yu-wei, "The Status of the Indiviual in Chinese Ethics," in C. A. Moore ed., *The Chinese Mind*, op. cit., p. 320.

㉒同註⑲，頁二二八。

㉓錢穆，《國史新論》(台北：正文出版社，民國五十八年)，頁三〇。

㉔余英時，《從價值系統看中國文化的現代意義》(台北：時報文化出版社，民國七十三年)，頁八八。

㉕同上註，頁七四至七五。

㉖楊國樞，〈中國人性格與行為：形成及蛻變〉，《中華心理學刊》，民國七十年，頁一五九。

㉗唐君毅，〈儒家之社會文化思想在人類思想中之地位〉，《人文精神之重建》，前揭書，頁一九〇。

㉘同上註，頁五六。

㉙同註⑭，頁四八。

㉚梁漱溟，《中國文化要義》，前揭書，頁四六。

㉛同上註，頁九一至九二。

㉜同上註，頁四八。

㉝同上註，頁七〇。

㉞同上註，頁三二八。

㉟同上註，頁一二〇。

㊱同上註，頁九四。

㊲唐君毅，《中國人文精神之發展》，前揭書，頁二二八。

㊳唐君毅，《文化意識與道德理性》，前揭書，頁二五三至二五四。

㊴同註㊲，頁二二八至二二九。

㊵同註㊳，頁二五八。

㊶唐君毅，〈中國先哲之人生思想之寬平面〉，《人文精神之重建》，前揭書，頁二四七至二四八。

㊷徐復觀，《中國思想史論集》，前揭書，頁一七三至一七四。

㊸同上註，頁一七四。

㊹同註⑲，頁四〇二。

㊺Mortimer Adler, *The Doctrine of Natural Law, Natural Law Institute Proceedings*, Vol. 1, College of Low, University of Notre Dame, Indiana, USA, 1949, pp. 67-68.

㊻Steven Lukes, *Individualism* (Oxford: Basil Blakwell Publishers Limited, 1973), pp. 73-75.

㊼參閱馬漢寶，〈法律、道德與中國社會的變遷〉，《台灣大學法學論叢》，民國六十年十月，第一卷第一期，頁一至一一。

㊽馬漢寶，《個人在中國傳統與現代法律上之地位》(台北：中國人的價值觀國際研討會，漢學研究中心舉辦，民國八十年五月)，頁五。

㊾參閱蔡英文，〈自由與和諧——個體自由與社會秩序〉，《中國文化新論思想篇（一)》，前揭書。

㊿徐復觀，〈中國知識分子的歷史性格及其歷史的命運〉，《知識分子與中國》(台北：時報出版公司，民國六十九年)，頁二〇四。

(51)同註㊽，頁七。

(52)同註㉚，頁一四九至一六一。

(53)Derk Bode, *China's Cultural Tradition* (New York: Rinchart and Company Inc., 1957), p. 43.

(54)陳顧遠，《中國法制史》(台北：三民書局，民國六十二年)，頁六三。

(55)費孝通，《鄉土中國》，前揭書，頁二四。

(56)同上註，頁三一。

(57)甘家馨，《社會制度》，初版（香港：圖南出版社，民國五十五年)，頁一四二。

(58)梁漱溟，《東西文化及其哲學》，前揭書，頁四一。

(59)林語堂，《吾國與吾民》，初版（台北：曾文出版社，民國六十四年)，頁二五〇。

(60)金耀基，《從傳統到現代》，前揭書，頁三九。

(61)馬漢寶，〈儒家思想法律化與中國家庭關係的發展〉，國際漢學會論文集（台北：中央研究院，民國七十年)，頁一八〇至一八二。

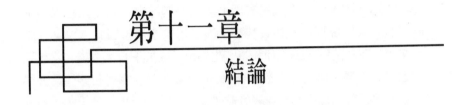

第十一章
結論

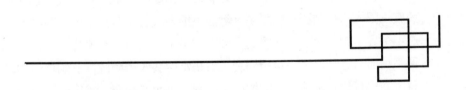

◎孔孟人文思想與民主理想的結合

◎互敬互助價值與民主理想的實現

◎孔孟思想對我國政治民主化的啟示

孔孟人文思想與民主理想的結合

　　總括來說，西方近代民主理論最主要的缺點，在於只把人的生命價值局限於現實世界物質利益上的追求與享用。因此，卓勒（D. A. Zoll）在討論當代民主理論時，也指出「古典」自由主義和當代民主主義的主要概念是「嗜欲」（appetite），即強調需要和慾望之獲得滿足。他說關於民主的定義雖各有不同，但不論採取何種定義，最基本的考慮仍著重在人類嗜欲的平等❶。這表示西方近代的民主政治是以個人應有爭取現實物質幸福之權開端。

　　從西方歷史發展來看，當十六世紀時，因這種追求滿足慾望的心理才鼓勵了西方人對世俗權益的追求；後更因地理上的新發現，而激發冒險家對財富的追逐。此時新興市民的主要企圖，是要從僧侶和貴族的特權中爭得追逐獲取財富的自由。這些人在心理上一反中世紀時宗教家同情窮困者的道德信念，而代之以「財富本身即是道德」的觀念。爲了追求財富，他們更協助國王去鎮壓打擊僧侶和貴族，建立民族王國。但專制國王的集權高壓並不能給人民以政治平等，而政治之不平等，使人民也無法得到經濟上的自由。所以，新興的市民乃不得不轉而向專制君王爭自由權利。可是當這些人得到政治上的自由權時，並沒有建立經濟平等的觀念，導致與市民階級聯合爭取政治自由權利的農民及勞動者經歷了悲慘生活，終而激發出共產主義的革命。在民主政治上，也要到十九世紀的最後三十年，歐洲民主國家內的勞動者才得到選舉權。正因爲西方人在現實世界經歷過這麼多的爭鬥，所以對近代西方人而言，民主政治的第一個要義，就是要限制統治者的權力，要有一個公平開放的社會爭取個人權利。而劃定社會上彼此的權利關係，依這些關係而相處，則是民主政治的第二要義，這也就是何以西方人認爲民主政治與法治係不可分者。

　　然據柯漢（Carl Cohen）說，民主政治值得讚揚者，純因其本身的特有價值，而非其所造成的各種後果（consequences）。所謂民主政治本身的特有價值，柯漢認爲在於人可以不受外力自由決定自己的行爲，這種行爲的可貴並不以其結果爲斷，而是因爲這種行爲的出發點是源自道德理想❷。若依這個觀點來看，則近代西方民主理論並不合乎民主政治的價值理想。可是孔孟思想反而有與民主政治理想結合的相通處。這是因爲，近代西方人以爭一己幸福所引生的權力之爭，只能達到一種外表的公平，而這種公平因是由互相限制之勢所逼成的，所以並沒有安穩的基礎。但是由於孔孟的思想是以主張人文精神爲本，可以把因外力互相限制逼成的公平，轉換成道德的自覺，使人超出一己私利之上，而安立民主自由眞正合理的基礎，這一點才是孔孟思想與民主理想結合相通之處。

　　其實，本書雖分就孔孟論人的價值在於人的性善仁心，或就仁政德治與倫理禮治來闡述孔孟之思想，然一再反覆申言者實皆以孔孟所標舉之人文思想，是民主政治眞正合理的依據。蓋近世人類文明，乃至民主政治，首先就是靠人文主義之發展，靠確認人與理性之重要❸。而孔孟思想無論從哪一方面來看，都符合這個要求。故世上各家各派的思想，無論是單純爲人類慾望之滿足，乃至是爲增加社會幸福或國家強盛，甚或追求建立未來樂土，只要不能由尊重人的德性，不能由人之盡心盡性，由完成個人一己與他人之人格價值，而表現出普遍價值者，我們都將發現這些思想終有所偏而不能解決人類問題。相反的，若就民主政治理想言，孔孟因認定政治的價值必須以人文的觀點去衡量它對人類文化價值的創造，所以孔孟政治思想的偉大，「在開始點，即從人生人文之全體著眼，而予政治之地位以一限制。……所以依儒家精神，政治與民主政治，與任何政治上之主義，都是次級概念。而人文世界，人格世界，人間世界，人性，才是高級概念。」❹這表示，孔孟著重將政治視爲增進全部人文社會品質的方法，這一出發點是完全合乎民主政治理想的。

　　所以，徐復觀說：「民主自由是一種態度；而儒家精神，人文精神，從某角度說，主要便是成就人生從性情中流露出一幅良好態度；這是對整個人生負責的，因之，也是民主自由的根源；而民主自由，也正是儒家精神，人文精神在政治方面的客觀化，必如此而始成其全體大用。」❺徐復觀所謂儒家能成就人在現實生命中有一幅良好態度，當然是相對於西方民主政治以「惟我及爲我主義爲出發點。假定『自我利益』是人類行爲惟一的動機」❻爲其文化心理背景，而說以孔孟那種「把人當人看」的人文思想，若順其義理自身的發展，人尊重自己，也尊重別人，在人格平等的互尊互重中，政治活動自然會合乎民主政治理想。這裏才有所謂民主自由是儒家人文精神在政治方面的客觀化，故徐復觀又說：「由孔子思想在政治方面的正常發展，必然要走上民主政治的道路，而這種民主政治，是超過（不是反對）歐洲使民主政治所憑藉以成立的功利主義，以奠基於人的最高理念的『仁』的基礎之上，使近代的民主政治因而更能得到純化，以解決僅從制度上所不能澈底解決的問題。站在中國人的立場，眞正尊重孔子的人，即應當爲民主政治而努力，使孔子的精神在政治方面能有一切實的著落。眞正嚮往民主政治的人，即應當發掘孔子的基本精神，使民主政治，能生根於自己偉大的傳統之中，和社會各種生活得到調和。」❼

　　由此可知，中國學人普遍相信政治乃文化體系中一要目，必以人文思想爲重者才有品質良好之政治活動，這是盲目於以爲全盤效法西方民主政治制度即可使我國政治民主化者所未認清的。對此，錢穆亦說：「辛亥前後，人人言變法，人人言革命，太重視了制度，好像只要建立制度，一切人事自會隨制度而轉變。因此只想把外國現成制度，模倣抄襲。甚至不惜摧殘人事來遷就制度。在新文化運動時期，一面高唱民主，一面痛斥舊傳統、舊文化。我們試問是否民主政治可以全不與此一民族之文化傳統有關聯，而只經幾個人的提倡，便可安裝得上呢？」❽可見，我國政治民主化不可脫離我國之文化傳統徒恃

空言，何況以孔孟爲主流的我國文化傳統在重人文思想的特色下，反而與西方民主理想有相濟相通之效，就此而言，孔孟思想對我國政治民主化實有關乎成敗之影響。所以，無論眞正重視孔孟思想者或眞正嚮往民主政治者，都應體現孔孟重人文之精神。必其如此，孔孟在政治方面所要完成而尙未完成的理想使命才得圓成，這當然是當代中國人最了不起的成就。而就另一方面來看，我們也認爲西方民主政治，只有和孔孟的人文理想相通，才可眞正得到精神上的保障，才算眞正安立自身的基礎。這時，民主政治才能眞合乎全人類的希望。這一點能確立，則前述索羅金（P. A. Sorokin）、史賓格勒（O. Spengler）、麥克佛遜（C. B. Macpherson）等西方人士力求解決西方文化危機的努力，才眞能成功。

互敬互助價值與民主理想的實現

關心當代思想的人大多知道，兩次大戰以來，有許多西方人士討論西方文化危機及極權主義或共產主義之由來，例如，A. Weder, L. Paul, Jaspers, Talmon, H. Arendt, J. Maritain, Ortega, Fromm, F. Neuman, Berdjaev等人。他們的研究可以歸併得出若干共同結論，胡秋原在《中西歷史之理解》一書中，指出他們的結論中有若干是值得世人深思重視的。例如，他們大都認爲西方文化的危機及共產或極權主義是：

一、起於西方文明特有的衝突性、極端性，起於文藝復興時代之權力觀念及其權力衝動。也與現代（民族）國家、現代資本主義及現代科學三大權力系統及其所造成之虛無主義有關。

二、起於西方資本主義而失去道德或基督教的信仰，流於邊沁

式唯利哲學和權力崇拜。

三、起於現代工業主義及其「大眾文化」，所造成之人類的孤立
孤獨與淺薄。

這表示，西方文化及極權或共產主義實來自虛無主義的心理狀
態，而中國孔孟儒家傳統的最大特點，就是在於其能超越那種虛無狀
態❾。為什麼中國孔孟之道有此優點？為什麼西方文化因有缺點以致
連民主政治之發展都面臨難題？熊十力有一段話也許可以說明，他
說：

> 夫西人言治者，大抵因人之欲，而為之法紀度制以調節之，將
> 人得各遂所欲而已。然欲，則向外追逐無饜。非可自外調節者
> 也。故其馳逐，遂成滔天之勢。資本家之專利，帝國主義之橫
> 暴，皆慾壑難填，而罔恤其他。……吾六經之言治，未嘗主絕
> 欲也。然要在反識性真。性真者謂吾人與萬物所同具之本體
> 也。親其一本，則群生並育而不害，遊於無待，則聰明睿慮，
> 雖行於色聲香味等等物塵之中，要自隨緣作主，無所迷亂。而
> 性分之樂，恆超然自得矣。夫人受於道而成性，以有生。既
> 生，則不能無欲。欲與生俱，而生原於性。則欲不可絕，甚
> 明。惟見性，則有主於中，斯欲無氾濫之患。❿

由此數語，可見西人今日民主政治之特點，只是「外表行動之
合理化」。但是因其出發點為利利互制，故其結果遂不免於窮心力以
逐物，物力盡則必致於侵人。所以，法制架構下所保障的自由與人
權，逐易被無盡之慾望所破壞，而有無盡之災亂與不幸矣。而西方文
化或西方近代民主政治的危機，是因為他們只把人類當成現實物質世
界的追求與享用者，而不把人當成人文價值世界的開創者。於是人生
的目的就被局限在盡力去占用外物以享一己之幸福。所以「人為萬物
之靈」這句話，只在於人有能力去宰制外物，甚至去支配他人。這當

然就需要法律。但是又因為人的慾念永無止境，所以在律法掩飾之下的競爭心態很難擁有祥和自在的恬然心境，於是生命的活動都只是永不歇止，永難平衡的競爭和奪取。而人的幸福與否也就只好用財富的多寡、服飾的好壞、權力的大小……等物質條件為標準來衡量了。這樣一來，生命不再有「質」的高低，只有「量」的多少。因此，民主政治也只好全然量化，不敢也不能面對「質」的探討。但是生命的意義到底不能全然壓抑在量化的物質界，人若不知此層意理，則不但對人生會感到空洞和茫然，現實世界也將永遠陷於動盪爭鬥之中。所以，像索羅金（P. A. Sorkin）、史賓格勒（O. Spengler）等人都呼籲要改革，尤其像麥克佛遜（C. Macpherson）更大聲疾呼說，西方民主理論要向道德轉向。

　　但是，所謂「向道德轉向」必須有一基礎，它的基礎又在那裏呢？我們認為，孔孟思想足以提供這項改革的基礎。這是因為，孔孟雖不主張絕慾，但是卻要人節慾淨心，使人心正意誠而能克己循禮，然後人群相安相養各遂其生。這種各遂其生並不是單由克己循禮所能達成的，孔孟之思想更包含一種價值感通之思想特色。

　　其實所謂價值感通的特色亦只是孔孟提倡人文情神的發揮而已，它是直指人的良知本心，而主張基於一種同情心之發揚，以求得人群社會之真正平等。蓋「己欲立而立人，己欲達而達人」，則人己便能打成一片、合為一體。於是人之痛苦，即是我之痛苦，我自然願與之分擔。我之幸福、我之成就，亦能與他人分享，使他人同享其樂，不以樂為一己所獨占者。而這與西方之民主理論只把人視為私利的享用者，正是一種相反的論點。換言之，孔孟思想之所以令人折服，亦在乎此也。吾人甚至可說：「數千年來，我國社會之所以為充實而有光輝，其精義即在於此。」 ⑪就此來說，孔孟思想豈不正是我們應遵循的方向嗎？因此，方東美才把孔孟政治思想的優點歸納為：

　　「一、孔子及儒家為中國人之純正的代表，中國人之觀察宇宙人生，認為是渾然一體的普遍生命，天與人，人與天，人與物都相待而

有，相待而生，相待而成，故不得不體驗生命，探求本原，以寄其廣
大無窮的同情。一切欣然愛人的動機，理應在政治上儘量表現，始能
與天心之仁，天與之善，繼承不隔。二、國家為一種悠久的道德場
合，人類具體生命價值，託之於天，或覺虛靈不實，寄之於人，又嫌
狹小錮蔽，於是增植發揮，施之於人人，藏之於國家，始能誠內以形
外，歷久而長新。三、中國人又把宇宙與社會看作中和的意境，太和
的美景。我們觀察宇宙，要達其美，體驗生命，要正其性，所以對於
人類政治的結合，必須取象詩之中心，樂之和律，互相感應，以完成
仁親之美德。」❷

　　由此可見，孔孟之論政治活動是要講理想的。亦即，在基本
上，中國人受孔孟之影響，而認定天地是充滿生生不息的仁德，人類
的生命也就是要在知是知非的道德實踐中，去體現天地的仁德。所
以，中國人的生命理想，也可以用「內聖外王」四個字總括之。所謂
內聖外王，即是說，不但個人生命的道德價值要挺立起來，更要把價
值感通出去，要想盡一切辦法，使外在的人與物都能生活在舒適安樂
的環境之中。這是說，不但自己活得要好，活得要有意義，更要使自
己的父母兄弟、妻子兒女、親戚朋友……到全天下之人都能如此。這
樣一來，不分天地與個人，全是一片光明仁德，故天下之一切只是惻
惻之仁的流行發育。天與人就化成一體，洋溢一片生機，舉世之中，
更無矛盾，更無對立。明儒王陽明就曾說過：「夫聖人之心以天地萬
物為一體，其視天下之人，無外內遠近，凡有血氣皆其昆弟赤子之
親，莫不欲安全而教養之，以遂其萬物一體之念。」❸而由這種人文
精神出發，唐君毅也才能說：「……人無直立的思想精神，是必不能
真建立他自己，亦不能真建立他所在的國家社會之組織的。這個地
方，唯一的突破兩難之出路，是真瞭解到個人之有超個人之理性心
靈、道德心靈，能涵攝、成就、尊重他個人自己以外的世界；知此諸
個人合力成就之社會國家組織，皆為個人之心靈精神之客觀表現。因
而個人與社會組織及國家之間，誰亦非誰的工具手段，乃是同時一齊

建立而俱尊，內在的互相涵攝而俱成。人如此，斯能使三者皆不受委
屈，而人之思想與精神，亦皆爲能直立，而足以建立民主的國家社會
者矣。」⑭

由此看來，中國人應認爲民主政治所主張之人之平等或自由，
不可在占用外物、享用外物的競爭奪取上去講求，而是在生命價值的
感通或是人與人之精神人格的關愛與平等禮敬上，去完成每一個人至
高無上的價值。而人類一切文化活動或政治活動都於此才眞有根據。
蓋就自由而言，人不可因爭自由，變成相對抗的敵恨仇視社會，而是
要由仁德價值之感通，以體現一自然、和諧、互尊的社會。就爭平等
言，人亦不能只就人之生存慾望而立論，要知人之所以要求每一個人
在政治與經濟上都能平等，只有依於人道立場或仁心感通，才能有群
居和睦之可能。

而此所言之價值感通若仔細分析，其對民主政治理想之貢獻又
可分兩方面來說明。

第一，就價值之互敬來說。所謂價值之互敬，一則是肯定世上
人文價值之多元化，人在各行各業之成就亦都各有可觀之處，而各行
各業之成就又足以增益每一個人之價值，所以人人不可自大，人人亦
不必自卑，要以相敬之心，共同體現理想價值。此亦即爲民主精神之
來源。其次，就每一個人體現價值程度之差異而言，體現較差者對體
現較高者，要有一份尊敬之心，才能有效法學習，以增進其價值之可
能。而體現價值較高者對較差者也要心存愛護，要幫助其提昇價值。
此不但在學生老師、師傅學徒等關係中可見其重要性，更可在「士希
賢、賢希聖」的道德實踐中見其要義。甚至我們可以說，如果我們不
承認有這種價值差等，則民主政治的理想根本無法落實。因爲，民主
政治之實踐，選舉是其重要方法之一。而選舉活動之本身，就是肯定
每一個人有價值比較之能力，也是候選人政治道德、政治才幹之價值
差等的比較。所以，民主不是把價值量化或平面化就可完事的，而是
要肯定有價值的差等，但是更要用孔孟愛敬、互助的人文精神點化此

種差等爲共同向上提昇的眞平等。於是，政治活動才不只是命令與服
從或是支配與被支配的關係。我們要知道，權力競爭勝負分曉後的關
係，只是「一抽象的平等的對立關係。此中，以有抽象一般的尊敬，
故有平等。以有競爭，故有差等與對立。此差等與對立，即使此人與
人之平等中，同時有互外而相敵之勢」**⑮**。這也就會使政治活動惡
化。所以，如果我們眞想使民主之理想實現，就必須以孔孟思想爲基
礎，發揮人與人的愛敬之心，使人與人之間有內在人格的聯繫，於是
雖然有價值之差等，可是這種差等卻可以成爲理想價值實現之契機。

第二，就價值之感通互助來說。在孔孟人文精神的引導之下，
我們中國人對人性的看法與西方近代民主理論家是不同的，在中國人
心目中，人絕不能以其所占有或享受的多寡來訂其價值之高下，而是
以享受愈少，創造愈多者，有更高的價值。這當然不是說中國人要過
著苦行僧式的生活，而是說中國人恆由感於物力之維艱與衆生不得安
樂的痛苦，願將心比心地去創造安和樂利的生活環境，願由民胞物與
的胸懷發揮一己之能，使世人同享幸福。此之所以孔子一言「君
子」，便說君子要「修己以安百姓」，一言其「志」，便說要能使「老
者安之、朋友信之、少者懷之」。孟子也說：「思天下之民，匹夫匹
婦不被堯舜之澤者，若己推而內之溝中，其自任以天下之重如此。」
（〈萬章上〉）

若說此處所言對當前民主政治之建設有何關聯？我們可舉孫中
山先生的話來說明。

中山先生在論及民權主義時就曾說過：「人類之智識日開，覺
悟漸發，而乃知人者，皆同類也。既爲同類，則人人皆當得自由平等
也。其特出之聰明才智者，不得以詐以力，以奪他人應有之自由權
利，而獨享之也。」**⑯**這是說，吾人在追求自由或平等時，必須尊重
自己也尊重他人，將大家都視爲「同類」。進而發揮同情諒解的服務
互助心，以調和人事之不平，於是人類才不會假藉自己有爭幸福之自
由權，而壓榨迫害他人。所以，中山先生更說：「……實行革命，主

張民權，以平人事之不平了。從此之後……人人應該以服務爲目的，不當以奪取爲目的，聰明才力愈大的人，當盡其能力以服千萬人之務，造千萬人之福。聰明才力略小的人，當盡其能力以服十百人之務，造十百人之福。所謂巧者拙之奴，就是這個道理。至於全無聰明才力的人，也應該盡一己之能力，以服一人之務，造一人之福。照這樣做去，雖天生人之聰明才力，有三種不平等，而人類由於服務的道德心發達，必可使之成爲平等了，這就是平等的精義。」❼

　　由此一來我們可看出，在孔孟人文精神指引下的民主，乃是先依於人性價值之互尊互重，而使人人有平等合理的政治地位，然後各依天賦的聰明才力去自由的發展。這時，人人發展的成就雖有高低之不同，但發展的機會卻是平等的，個人發展的成就也是彼此互相肯定的。而且，當人人發揮同情關愛之心，以服務互助爲目的，不以奪取爲目的時，發展的成就必能與世人共享，人類豈不眞正達到既自由又平等的民主理想了。

　　再進一步說，上述之一切之所以能合乎自由平等的民主精神，亦不外一個「恕」字。

　　因爲，孔孟所倡導的忠恕之道，一方面是「己所不欲，勿施於人」，另一方面則是「己立立人，己達達人」。因此， 中山先生主張能力大者便應該爲千百人甚至爲千萬人服務，這種推己及人的精神，是表示把別人與自己一樣看待，這最合乎平等的原則。而恕道之中更包含了崇尚自由的意義，因爲恕就是寬容，寬容就是尊重他人的意見與生活方式，不存我是人非，我尊人卑的偏見，便不難與他人和諧相處。這就是民主精神、民主風度。人人能如此，便會形成一個民主的社會，有了民主的社會，當然就能奠定民主政治的基礎❽。

　　最後，總結來說，我們當然不能說孔孟的思想是盡善盡美，十全十美的，因爲孔孟所生之時代與今天所處之時代到底已不一樣，而問題也不一樣。但是，就孔孟思想的原則來說，孔孟至少不贊成「競爭榨取」的自私心態；孔孟論政治時，總不願人只停留在追求權力以

支配他人。相反的，孔孟由尊重人性之正常發展，由講道德倫理，故
對包括政治活動在內的種種文化活動，自始就有一同情的瞭解。這樣
一來，人所要實現的價值，乃通過彼此共同所有的客觀價值意識，在
倫理仁心的流露中，直接互相攝持，而有精神上的互相內在的關聯，
使人與人之間有一內在生命的感通，也就挺立起人道的無上尊嚴。於
是西方抽象平等、矛盾對立的民主理論，及其連帶著的法律契約式的
束縛，乃可被點化爲人與人之精神人格上的平等禮敬和彼此關愛。再
加上有己立立人、己達達人及盡己性、盡人性、盡物性的互助服務人
生理想，豈不正足以提供我們一個落實民主政治理想的良好基礎，中
國人若能在這個基礎上努力，豈不也正是孔孟思想在當代的意義與價
值的顯現。

孔孟思想對我國政治民主化的啓示

　　政治民主化可說是我國現代化裏的重要一環，而就整個現代化
運動來看，政治民主化亦可說是一種新的文化認同，企圖把中國的與
西方的兩個價值系統中最好的成分，融化成一種「運作的，功能的綜
合」❶。所以，本書所闡明之孔孟思想對我國政治民主化的可能啓
示，亦在此理念中有其意義。

　　當然，我們說此話並不表示孔孟思想與西方民主政治的融合已
經成功，我們甚至願意承認這種融合離成功還有段距離。至於爲什麼
還不成功，主要還是因爲認識上的共識沒有建立。換言之，迄今爲
止，中國知識分子在失去對自己文化的信心後，對何爲中國與西方價
值系統中值得融合者，有不同的爭議，始終未能形成一個新的文化理
想。於是在國事日非之際，政治社會的變動雖然鉅大，可是因爲「近
代中國政治社會種種變動，仍操縱在社會中層一輩知識分子的手裏，
但此輩知識分子，已然失去了中國舊傳統裏面的士的精神，沒有了共

同的崇高理想，只雜取了幾許西方的新理論、新知識，但又拼湊不成
一整體。在其後面，既無文化傳統的深厚背景，因亦不能得社會大眾
的親切支持，亦無新興的資產勢力作其後盾，所以此一種政治力量只
是懸空的，無法安穩固。」❷這表示，中國知識分子雖企圖以民主來
改革固有政治，但因為許多人成為一種「過渡人」，一方面既不生活
在傳統世界裏，也不生活在現代世界裏，另一方面又既生活在傳統世
界裏，也生活在現代的世界裏❷，而陷於矛盾衝突。「這種情形，使
得中國的過渡人陷於一種『交集的壓力』下，而扮演『衝突的角
色』。有的成為深思苦慮『完善的自我』的追求者，有的則成為『唯
利是圖』而不受中西兩種價值約束的妄人」❷，所以梁漱溟說：「在
此刻的中國社會，就是東不成西不就，一面往那裏變，一面又往這裏
變，老沒個一定方向。社會如此，個人也是如此；每一個人都在來回
矛盾中，有時講這個理，有時講那個理。在這樣的一個社會中，大家
彼此之間，頂容易互相怪責。」❷。而本書旨在澄清孔孟思想與西方
民主理論的優劣得失，使雙方能各以優點相融合，目的還是在希望能
化解這種過渡人的認同危機。

　　又或有人以為中國現在國勢衰弱了，研究孔孟思想已毫無用處
了。但我們卻要指出說此話者實在不瞭解「此等人類文化將來之大趨
向，絕非單憑當前現實一短暫時期之貧富強弱之皮相所能衡量與推
斷」❷。而且只以現實處境來論斷孔孟思想一無是處，也是不公平
的，因為當國勢衰弱時，會使人感覺自己文化的創造力不如人，亦即
在現實壓力下易於使人失去平正心態討論問題。反而誤以為強者毫無
缺點，衰退者之一切長處都是短處，卻不知所有文化皆有其可觀之
處，如何在挑戰下調適融合出適於自己民族發展方向，才是最重要
的。若不明白此義，徒然高唱民主自由對救國建國是起不了作用的。
因為這種作法，「並沒有積極的健康的思想與義理，並沒有暢通自己
的文化生命，本著自己的文化生命以新生與建國。」❷這時之爭民主
或爭自由，其實只是「要求這，要求那，而並無實現『這』或『那』

的眞實生命，與夫眞實生命而來的眞實思想與義理。」❷於是，中國人談起民主來毫無定見也無原則規矩，進而使「自由民主脫離其原初的政治上的意義，下散而爲社會生活日常生活的氾濫無歸，蕩檢踰閑，極端的墮落，極端的放縱，父兄不能管教其子弟，先生不能教訓其學生。」❷

爲什麼同是爭自由民主，中西社會卻表現出不同結果？推其原因在於西方社會原有宗教束縛、君權專制與階級對峙，所以西方人在爭民主自由時，有其特定對象與目的。因此，不僅在爭民主自由時能激奮人心全力以赴，在爭得民主自由時，更立出種種法律以保障民主自由下的權利而不會散漫。這也是何以說「西洋人之有公德亦不是天生的。既鍛鍊於血的鬥爭，又培養於日常生活。」❷可是，中國人卻沒有這種歷史背景，中國人所面臨如何現代化的問題又與西洋人的爭民主自由並不完全相同。不幸的是，若干人在把問題過分簡化於「爭自由」一端之後，使「民國以來新文化運動，自由主義之提倡，其效用在使個人擺脫各種個人之家庭責任、道德責任、文化責任之想，此即純成爲一浪漫主義的自由主義。浪漫的自由主義，恆未認定特定之爭自由之對象，與自由之具體內容；而又不知尊重法律，由法律以與吾人所爭自由，以客觀的理性形式，故既未建立客觀社會之自由精神，而唯有對傳統文化道德之破壞之效而已。」❷這樣一來，我國愈在政治活動上鼓吹民主化，愈容易出現比西方人爭權利相制衡還更可怕、更醜陋的惡果。而如何求得文化調適融合的新發展，亦更加困難。

再者，政治現代化如果包括：一、普遍平等的精神或態度；所謂「平等」指法律的普遍性，不因人而異，同時指以成就與表現作爲公職甄補的標準；二、政治系統的能力，包含政治系統產出（out put）的能力，以及影響社會其他方面或影響經濟的能力。其次，能力並指公共政策行政上的效率與效能，而與行政上的理性、政策的世俗取向有關；三、結構的分化與專門化（diffrentiation & specialtization）

❸⓿。那麼我們可從下述四點有關政治現代化的要點看出，孔孟思想對我國政治民主化也是有所啓示的：

平等範圍的提昇

十九世紀時，在「政治平等」原則下的民主政治。主要指政治與法律上的權利平等，表現於選舉權、不同政治意見的表達、經由政黨組織來集結政治意見，以及被選出的代表有權監督或控制當政者的活動等各方面。但是到今天，民主政治更強調國家應對每個人在「經濟」與「社會」二方面的權利提出某種程度的保障，當然更須剷除在教育及社會上的各種不平等❸❶。這等於說，如果民主不是以經濟或社會的平等作爲追求的目標，則將只是一種形式的民主罷了❸❷。可見，民主政治中對平等範圍的需求已經擴大了。

因此，西方民主政治原先那種以「契約精神」來保障個人權利義務平等的觀點已經不完全適用了。因爲經濟與社會的平等，並不只是權利義務的平等，而是超出權利義務平等之上，對社會上每一個人都有一種尊重關愛之情。孔孟思想之強調人應本於善性仁心從事政治活動，自然能由肯定「人格平等」引申出眞正同情的瞭解他人之人格與需要，並對之眞正的尊敬關愛。此不但肯定了人與人之間「人格的平等」，也同情地瞭解人與人之個性差別。而在尊敬關愛之情下，一切的個性差別或才智差異都得以化解，於是經濟平等、社會平等才眞能實現。這亦正是孔孟思想對平等範圍需求擴大確實是相契合的，而爲今後我國政治民主化宜加正視者。

政治參與的提昇

賴爾（Norman H. Nie）與維爾巴（Sidney Verba）兩位學者對政治參與的界定爲：「一般人民試圖影響政府決策或人事的合法活動。」

❸故而政治參與愈高的政治當然是愈民主的。可是由於我國傳統政治中政府與民眾間的距離甚遠，百姓普遍以「帝力於我何有哉」的消極態度，不關心公眾事務，不願過問政治，以至政治參與程度甚低。今日若思政治民主化當以鼓勵正確積極的政治參與為其要點。故在民主政治架構下，若以孔孟思想重視「道德主體」的自覺言，只要能在成就個人的「內聖」之時，同時鼓勵民眾開出「新外王」的關心國事，積極參與政治造福社會，即可符合提昇政治參與的時代需要，也可滿足孔孟思想的必然內在要求。

更何況每一個人順其道德主體的自覺，發揮一己責任，自亦該秉持作人之道，關心公眾之事，使公共政策更能得到合理的制定與推展。這時的政治參與因係基於道德理性的政治意識，而可避免僅是源自「個人利益」為主的政治參與所引發的各種爭亂。所以，孔孟思想中的道德自覺與「匹夫有責」的觀念，確實可以培養出合乎民主參與的政治觀念，此對提昇我國政治參與及加速政治民主化都是極具影響的。

法律制度的合理化

民主政治若只以爭取個人權利為目的，則法律所保障的個人自由與權利將淪為爭鬥互制的工具，社會永遠潛藏著不安定的危機。這時的尊重法治與所謂的守法，只是「消極的平等的肯定他人與我同有此受法律保障之權利而已。」❸如果這一情形係以西方社會為代表，那中國社會又是如何？就相對於西方的法律制度，牟宗三說：「中國所缺者為國家政治法律一面的主體自由」❸，因為「中國所充分發展者是使人成為『道德的存在』道德的主體自由，使人成為『藝術的存在』之藝術性的主體自由。西方所充分發展者，則是使人成為『理智的存在』之思想的主體自由，使人成為『政治的存在』之政治的主體自由。」❸

由上可知，今後我國政治民主化的過程中，首須學習西方之法律制度的架構，使個人的權利義務客觀化，使個人的道德行為有具體的規範與標準。但在此同時，更要注重以孔孟倫理禮治、德治等思想涵蓋轉化政治法律的爭鬥與抽象平等。因為「禮」或人倫秩序並不否認法律和制度的普遍性和客觀性，但卻不以之為止境，法律和制度的對象是抽象的、通性的「個體」，因而只能保障起碼的公平或立足點的平等。「禮」或人倫秩序則要求進一步照顧每一個具體的個人❸。屆時孔孟所言的禮讓、尊重等情誼才真能使法律制度合理化。

行政組織發展與行政效能增進

政治現代化特徵之一的政治系統的能力，實即行政效能的問題。在民主政治中，如何增進行政效能是一重要課題，而此種效能的增進又與組織之發展有密切關係。

就現代社會組織重專業的特性來看，它已逐漸不同於傳統層級節制的組織結構，轉而成為「扁平型」的組織結構，其行政主管已不再只是高高在上的指揮者，而要以協調者自居。這與傳統我國政治組織之以上下層級制為重是不相同的，我國在未來政治民主化過程，必須儘早走向重專業的「扁平型」行政組織，才能使行政效能增進。但是在西方社會組織中，人與人的關係是透過外在的組織目標而結合，人與人之間只是透過事務上的關係而結合，故彼此之間只是一種互為外在工具化的關係，在誘因消失之後，組織立將陷入衝突與崩解的命運。所以，如果我們採納孔孟之見解，重視個人德性與倫理關係，把人視為目的看待，才能解決組織的發展與管理上的問題。這對我國政治民主化的前途是極其重要者。

最後，我們要指出，孔孟政治思想雖曾被歷代君王與陋儒所歪曲，而被誤會違背民主政治。但究實而言正如蕭公權所說：「自漢朝以後，許多帝王想利用儒家思想來管制天下，西方學者造了一個名

詞：“Imperial Confucianism”來形容這種被帝王所曲解的儒家思想。我們細讀論語和孟子可以發現，孔子雖尊王，但絕不主張帝王有絕對權威。孔子思想中絕對沒有那種實行於中國數千年之久的專制思想。孟子更是主張：『民爲貴，社稷次之，君爲輕』，這種思想和西洋民主主義很接近。所以在戊戌維新的時候，梁啓超提出孟子所講『民權主義』，這種說法雖持之太過，但距事實並不太遠。孟子說：『國人皆曰可殺，然後察之，見可殺焉，然後殺之。』此『國人』當然不是指一般老百姓，但孟子這段話至少有了集思廣益的政治觀念，『國人』可發揮的作用類似非正式的議會。梁啓超之說雖不免持之太過，但儒家思想和近代民主主義並不背道而馳這一點則是可以肯定的。如果一個人能真正相信孟子的主張，實行孟子的主張，那麼他生活在現代民主國家中一定不會感到難過的。所以從這觀點來講，儒家思想與民主主義就無所謂調適的必要，兩者之間已經有了接榫點。」❸❸可見，孔孟思想不僅不與民主政治相反，更是可以調容互補的。

總之，孔孟思想以重人文、尊德性爲特色，以往我國政治因政治之主體不顯，即因人民無法直接確保自己的政權，而使孔孟思想的理想無法伸張。但自辛亥革命建立民國以來，中國人民的民主意識原則上已經確立，現在再也沒有多少人能接受皇帝貴族掌權之事，也沒有人願意放棄憲法或法律對自己的權益的保障。相反的，現在反而有許多人爭權爭的過分，陷社會於動亂之中。所以，在當前來提倡孔孟思想的價值，正是實現孔孟理想的最好時機，也是使中國政治民主化的良機。在此之時，我們再回顧孔孟思想，當然會發現：「如果中國人二千多年來真正信仰孔孟學說，真正實行孔孟思想哲學，孔孟思想成爲行爲的規則，我們要實行民主大概就比較容易。」❸❾由此亦益加肯定孔孟思想對我國政治民主化之啓示，只要大家力行實踐此一理想，我國政治民主化的前途就必然光明無比，中國現代化的目標也就能早日實現。

一註釋一

❶Donald Atwell Zoll著，陳鴻瑜譯，《當代政治思想》，前揭書，頁一一四。

❷Carl Cohen, *Democracy*, op. cit., pp. 268-269.

❸ 胡秋原，《古代中國文化與中國知識分子》，前揭書，頁二七〇。

❹唐君毅，《人文精神之重建》，前揭書，頁二〇一。

❺徐復觀，《學術與政治之間》，前揭書，頁一四三。

❻方東美，《科學哲學與人生》，前揭書，頁二五八。

❼同註❺，頁二四〇。

❽錢穆，《中國歷代政治得失》，八版（台北：三民書局，民國七十九年），序言，頁一至二。

❾胡秋原，《中西歷史之理解》，前揭書，頁一四六至一四七。

❿熊十力，《讀經示要》，初版（台北：樂天出版社，民國六十二年），頁二七。

⓫曾繁康，《中國政治思想史》，前揭書，頁五四。

⓬方東美，《中國人生哲學概要》，前揭書，頁八二至八三。，

⓭王陽明，〈王陽明傳習錄〉，《王陽明全集》，前揭書，頁四二。

⓮唐君毅，〈理性心靈與個人，社會組織及國家〉，《中國人文精神之發展》，前揭書，頁二〇九。

⓯唐君毅，〈民主理想之實踐與客觀價值意識〉，《中華人文與當今世界》，前揭書，頁五一八。

⓰孫中山，〈文言本三民主義〉，《國父全書》，前揭書，頁一八一。

⓱孫中山，〈民權主義第三講〉，《國父全書》，前揭書，頁二三二。

⓲遼扶東，〈民主政治下對權利與自由問題之淺議〉，《復興崗學報》，第十五期，頁五九。

⓳金耀基，《從傳統到現代》，前揭書，頁七九。

⓴錢穆，〈中國歷史上的傳統政治〉，《中央日報副刊》，民國六十三年九月二十一日至二十四日。

㉑同註⓳，頁七五。

㉒同上註，頁七九。

㉓梁漱溟，《鄉村建設論》（台北：文景出版社，民國六十年），頁六九。

㉔錢穆，《中國文化叢談》，前揭書，頁一七七至一七八。

㉕牟宗三，《生命的學問》，前揭書，頁一四二。

㉖同上註。

㉗同註㉕，頁五二。

㉘梁漱溟，《中國文化要義》，前揭書，頁三二九。

㉙唐君毅，《中國文化精神價值》，前揭書，頁三五七。

㉚Lucian W. Pye, *Aspects of Political Development* (Boston: Littlt Brown & Company, 1966), Ch. II.

㉛Dorothy Pickles著，朱堅章譯，《民主政治》，再版（台北：幼獅公司，民國七十二年），頁三至四。

㉜同上註，頁八四。

㉝N. H. Nie and S. Verba, "Political Participation," in Fred I. Greestein and Nelson W. Polsdy eds., *Handbook of Political Science*, Vol. 4. Nongovernmental Politics (Reading , Mass. : Addison-Wesley, 1975), p. 1.

㉞吳瓊恩，《儒家政治思想與中國政治現代化》，前揭書，頁一八四。

㉟牟宗三，《歷史哲學》（台北：台灣學生書局，民國六十七年），頁七一。

㊱同上註，頁八二。

㊲余英時，《從價值系統看中國文化的現代意義》（台北：時報出版公司，民國七十五年），頁八七。

㊳蕭公權口述，黃俊傑整理，〈儒學傳統與中國文化更新〉，《幼獅月刊》，五十五卷第一期，民國七十一年一月，頁六五。

㊴同上註，頁六六。

參考書目

一、中文資料

（一）中文書籍

方東美（民國七十二年）。《新儒學哲學十八講》，初版。台北：黎明
　　文化公司。

方東美（民國七十六年）。《中國人生哲學》，五版。台北：黎明文化
　　公司。

方東美（民國七十年）。《華嚴宗哲學（下冊）》，初版。台北：黎明
　　文化公司。

方東美（民國六十八年）。《生生之德》，初版。台北：黎明文化公
　　司。

方東美（民國六十三年）。《中國人生哲學概要》，一版。台北：先知
　　出版社。

方東美等著（民國七十三年）。《中國人的心靈》，初版。台北：聯經
　　出版公司。

王陽明（民國六十一年）。《王陽明全集》，初版。台北：文友書店。

甘家馨（民國五十五年）。《社會制度》，初版。香港：圖南出版社。

全漢昇（民國四十五年）。〈明末清初反對西洋文化言論〉，《中國近
　　代史論叢第一輯（第七冊）》。台北：正中書局。

成中英（民國五十八年）。〈戰國時代的儒家思想及其發展（一）〉，

《中央研究院歷史語言研究所集刊（下冊）》。台北：中央研究院
　　歷史語言研究。

朱堅章（民國七十七年）。〈人權思想的起源及其基本內涵〉，《人權
　　呼聲——當代人權論叢》。台北：中國人權協會。

朱熹（民國五十六年）。《四書集註》，初版。台北：世界書局。

牟宗三（民國七十三年）。《時代與感受》，初版。台北：鵝湖出版
　　社。

牟宗三（民國五十九年）。《生命的學問》，初版。台北：三民書局。

牟宗三（民國六十七年）。《歷史哲學》。台北：台灣學生書局。

牟宗三（民國六十三年）。《中國哲學的特質》，初版。台北：台灣學
　　生書局。

牟宗三（民國六十三年）。《政道與治道》，修訂初版。台北：廣文書
　　局。

余英時（民國七十三年）。《從價值系統看中國文化的現代意義》。台
　　北：時報出版公司。

余英時（民國六十五年）。《歷史與思想》，初版。台北：聯經出版公
　　司。

吳瓊恩（民國七十四年）。《儒家政治思想與中國政治現代化》，初
　　版。台北：中央文物供應社。

李戈北（民國八十年五月）。《試從教育心理學看孝的觀念》。台北：
　　中國人的價值觀國際研討會，漢學研究中心主辦，民國八十年
　　五月。

李亦園（民國五十六年）。《文化與行為》，再版。台北：台灣商務印
　　書館。

沈清松（民國七十八年）。〈價值體系的現況與評估〉，《民國七十七
　　年度中華民國文化發展之評估與展望》。台北：行政院文建會。

沈清松（民國八十年五月二十三至二十六日）。〈義利再辨——價值
　　層級的現代詮釋〉，中國人的價值觀國際研討會。台北：漢學研

究中心舉辦，民國八十年五月二十三至二十六日。

阮元。〈論語論仁論〉，《摩經室集》，四部叢刑本，三，卷八。

周伯達（民國五十三年）。《孔孟仁學之研究》。台北：自印本。

屈萬里（民國五十八年）。〈仁字涵義之史的觀察〉，《書傭論學集》。台北：台灣開明書店。

林語堂（民國六十四年）。《吾國與吾民》，初版。台北：曾文出版社。

邱鎮京（民國六十年）。《孔子思想述論》。台北：文津出版社。

金耀基（民國七十四年）。《中國民主之困局與發展》，初版。台北：時報出版公司。

金耀基（民國五十八年）。《從傳統到現代》，三版。台北：台灣商務印書館。

金觀濤、劉青峰（民國七十九年）。《興盛與危機》，初版。台北：風雲時代出版公司。

胡秋原（民國五十五年）。《國父思想與時代思潮》，初版。台北：幼獅書店。

胡秋原（民國六十七年）。《古代中國文化與中國知識份子》，四版。台北：學術出版社。

胡秋原（民國六十三年）。《中西歷史之理解》。國防部總政治作戰部。

胡適（民國七十九年）。〈請大家來照照鏡子〉，《胡適文選》，五版。台北：遠流出版公司。

胡適（民國五十七年）。《胡適語粹》，初版。台北：大西洋圖書公司。

胡適（民國六十三年）。《中國古代哲學史》。台北：台灣商務印書館。

韋政通（民國七十年）。《中國思想史》，四版。台北：大林出版社。

韋政通（民國五十七年）。《傳統與現代化》。台北：水牛出版社。

唐君毅（民國七十五年）。《文化意識與道德理性》。台北：台灣學生
　　書局。

唐君毅（民國六十三年）。《人文精神之重建》，再版。台灣：台灣書
　　局。

唐君毅（民國六十三年）。《中國人文精神之發展》，再版。台北：台
　　灣學生書局。

唐君毅（民國六十三年）。《中國文化之精神價值》。台北：正中書
　　局。

唐君毅（民國六十三年）。《中國哲學原論原性篇》，修訂再版。香
　　港：新亞書院研究所。

唐君毅（民國六十三年）。《哲學概論》，初版。台北：台灣學生書
　　局。

唐君毅（民國六十四年）。《中華人文與當今世界》，初版。台灣：學
　　生書局。

孫中山（民國五十五年）。《國父全集》，三版。台北：國防研究院。

徐復觀（民國五十九年）。《素羅金與危機時代的哲學》，初版。台
　　北：大西洋圖書公司。

徐復觀（民國六十九年）。《知識分子與中國》。台北：時報出版公
　　司。

徐復觀（民國六十八年）。〈孟子政治思想的基本結構及人治法治問
　　題〉，《儒家政治思想與民主自由人權》。台北：八十年代出版
　　社。

徐復觀（民國六十三年）。《中國思想史論集》，初版。台北：台灣學
　　生書局。

徐復觀（民國六十四年）。〈生與性——一個方法上的問題〉，《中國
　　人性論史先秦篇》，二版。台北：台灣商務印書館。

徐復觀（民國六十四年）。《周秦漢政治社會結構之研究》。台北：台
　　灣學生書局。

徐靜（民國六十一年）。〈從兒童故事看中國人的親子關係〉，收入李
　　亦園編，《中國人的性格》。台北：中央研究院民族學研究所。

殷海光（民國七十年）。《中國文化的展望》，紀念一版。台灣：活泉
　　出版社。

馬一浮（民國六十年）。《復性書院講錄》。台北：廣文書局。

馬漢寶（民國七十年）。〈儒家思想法律化與中國家庭關係的發展〉，
　　《國際漢學會論文集》。台北：中央研究院。

馬漢寶（民國八十年五月）。《個人在中國傳統與現代法律上之地
　　位》。台北：中國人的價值觀國際研討會，漢學研究中心舉辦。

張佛泉（民國四十四年）。《自由與人權》，初版。香港：亞洲出版
　　社。

張其昀等編著，《中國文化論集（一）》。中華文化出版事業委員會。

張德勝（民國七十八年）。《儒家倫理與秩序情結》。台北：巨流出版
　　社。

曹敏。〈陶百川先生費正清再檢討的檢討〉，《中華雜誌》，第四卷第
　　六號。

梁啓超（民國七十九年）。《飲冰室全集》，初版。台北：大宇書局。

梁啓超（民國六十七年）。《梁啓超學術論叢（一）》，初版。台北：
　　南嶽出版社。

梁啓超（民國六十二年）。《先秦政治思想史》，七版。台北：中華書
　　局。

梁漱溟（民國五十七年）。《東西文化及其哲學》，初版。台北：虹橋
　　書局。

梁漱溟（民國六十二年）。《中國文化要義》，六版。台北：正中書
　　局。

梁漱溟（民國六十年）。《中國民族自救運動之最後覺悟》，初版。台
　　北：學術出版社。

梁漱溟（民國六十年）。《鄉村建設論》。台北：文景出版社。

許倬雲（民國七十三年）。《西周史》。台北：聯經出版公司。

郭沫若（一九五四年）。《十批判書》。北京：人民出版社。

郭沫若（一九四五年）。《青銅時代》。重慶：文治出版社。

陳大齊（民國五十七年）。《論語臆解》，初版。台北：商務印書館。

陳水逢（民國六十一年）。《近代歐洲政治社會簡史》，初版。台北：
　　金鼎圖書文物出版社。

陳伯鏗（民國七十九年）。《先秦時代政治思想探賾》，初版。台北：
　　黎明文化公司。

陳秉璋、陳信木（民國七十七年）。《邁向現代化》。台北：桂冠圖書
　　公司。

陳弱水（民國七十一年）。〈儒家政治思想的烏托邦性格〉，《中國文
　　化新論思想篇——理想與現實》。台北：聯經出版公司。

陳啓夫（民國四十年）。《中國政治哲學概論》。台北：華國出版社。

陳獨秀。〈本誌罪案之答辯書〉，《新青年雜誌》，六卷一號。

陳顧遠（民國六十二年）。《中國法制史》。台北：三民書局。

傅佩榮（民國八十年五月二十三至二十六日）。〈人性向善論的理論
　　與效應〉，中國人的價值觀國際研究會。台北：漢學研究中心舉
　　辦，民國八十年五月二十三至二十六日。

傅斯年（民國四十一年）。《傅孟眞先生集》。台北：台灣大學。

程石泉（民國六十五年）。《文哲隨筆》，初版。台北：先知出版社。

程樹德（民國五十四年）。《論語集釋（上冊）》。台北：藝文印書
　　館。

費孝通（民國六十二年）。《鄉土中國》。台北：台灣文俠出版社。

馮友蘭。《中國哲學史》，坊間。

黃俊傑（民國七十二年）。《儒學傳統與文化創新》，初版。台北：東
　　大圖書公司。

黃堅厚（民國六十六年）。〈從心理學的觀點談孝並分析青年對孝行
　　的看法〉，《國立台灣師範大學教育心理學報》，第十期。

逯扶東（民國五十九年）。《西洋政治思想史》，三版。台北：三民書局。

楊國樞、余安邦（民國八十年）。〈中國人的個人傳統性與現代性〉，見楊國樞、黃光國（主編），《中國人的心理與行為》。台北：桂冠圖書公司。

楊懋春（民國六十一年）。《鄉村社會學》，初版。台北：正中書局。

萬世章、汪大華（民國六十一年）。《中國政治思想史》，再版。台北：政治作戰學校。

葉啓政（民國八十年五月二十三至二十六日）。〈當前台灣社會重利愛財之價值取向的解析〉，中國人的價值觀國際研討會。台北：漢學研究中心舉辦，民國八十年五月二十三至二十六日。

鄒文海（民國六十一年）。《西洋政治思想史稿》，初版。台北：環宇出版社。

熊十力（民國六十二年）。《讀經示要》，初版。台北：樂天出版社。

熊十力（民國六十三年）。《十力語要》，五版。台北：廣文書局。

熊十力（民國六十三年）。《新唯識論》，初版。台北：河洛圖書出版社。

熊十力（民國六十年）。《原儒》。台北：明倫出版社。

劉向。《說苑》，四都叢刊初編縮本，卷十九。

蔡元培（民國六十八年）。《中國倫理史》。台北：中央文物供應社。

蔡英文（民國七十一年）。《中國文化新論——理想與現實》，初版。台北：聯經出版公司。

蔡英文。〈自由與和諧——個體自由與社會秩序〉，《中國文化新論思想篇（一）》。

蕭公權（民國六十年）。《中國政治思想史》，再版。台北：華岡出版公司。

錢穆（民國七十九年）。《中國歷代政治得失》，八版。台北：三民書局。

錢穆（民國五十八年）。《國史大綱（上冊）》。台北：台灣商務印書
　　館。

錢穆（民國五十八年）。《國史新論》。台北：正文出版社。

錢穆（民國五十四年）。《論語新解（上冊）》。台北：台灣商務印書
　　館。

錢穆（民國六十二年）。《中國文化叢談》，四版。台北：三民書局。

錢穆（民國六十三年九月二十一日至二十四日）。〈中國歷史上的傳
　　統政治〉，《中央日報》，民國六十三年九月二十一日至二十四
　　日。

謝幼偉，黎登鑫譯（民國七十三年）。〈孝道與中國社會〉，《中國人
　　的心靈》。台北：聯經出版公司。

瞿同祖（民國六十三年）。《中國法律與中國社會》，初版。台北：崇
　　文書局。

（二）翻譯書籍

Dahl, R. A.著，任元杰譯（民國七十七年）。《當代政治分析》，初
　　版。台北：巨流圖書公司。

Harmon, M. J.著，周恃天譯（民國五十九年）。《西洋政治思想史
　　——從柏拉圖到現在》，初版。台北：政工幹校。

Murray, A. R. M.著，王兆奎譯（民國五十八年）。《政治哲學引
　　論》，初版。台北：幼獅書店。

Pickles, D.著，朱堅章主譯（民國七十二年）。《民主政治》，再版。
　　台北：幼獅公司。

Toynbee, A.著，陳曉林譯（民國六十七年）。《歷史研究》，初版。台
　　北：桂冠圖書公司。

Wanlass, L. C.著，周恃天譯（民國五十六年）。《西洋政治思想史》。
　　台北：政工幹校。

Zoll, D. A.著，陳鴻瑜譯（民國六十九年）。《當代政治思想》。台

灣：商務印書館。

史賓格勒著，陳曉林譯（民國六十四年）。《西方的沒落》，初版。台
　　北：桂冠圖書公司。

佛洛姆著，莫迺滇譯（民國五十九年）。《逃避自由》，初版。台北：
　　志文出版社。

服部宇之吉著，鄭子稚譯（民國五十五年）。《儒教與現代思潮》，初
　　版。台北：台灣商務印書館。

戴維思著，吳明實譯（民國四十三年）。《浩浩前程——論民主》，初
　　版。台北：今日世界叢書。

(三) 中文期刊、論文

余英時（民國七十二年五月二十六日）。「民主理論與民主實際——
　　兼談中國的民主」座談會發言紀錄。《中國時報》，民國七十二
　　年五月二十六日。

林毓生（民國七十二年五月二十六日）。「民主理論與民主實際——
　　兼談中國的民主」座談會發言紀錄。《中國時報》，民國七十二
　　年五月二十六日。

馬漢寶（民國六十年十月）。〈法律、道德與中國社會的變遷〉，《台
　　灣大學法學論叢》，民國六十年十月，第一卷第一期。

郭仁孚（民國七十一年一月）。〈民權主義的民主純度〉，《中華學
　　報》，第九卷第一期，民國七十一年一月號。

曾虛白（民國七十二年六月十一日）。〈澄清僞證，闡揚眞諦〉，《中
　　央日報》，第二版，民國七十二年六月十一日。

逯扶東。〈民主政治下對權利與自由問題之淺議〉，《復興崗學報》，
　　第十五期。

楊中芳（一九八九年）。〈試談中國實驗社會心理學的本土化：對以
　　「集體主義」爲前提的實驗研究的反省〉，《廣州師範學報》，第
　　二期。

楊國樞（民國七十年）。〈中國人性格與行為：形成及蛻變〉，《中華
　　　心理學刊》。

楊國樞（民國六十九年十月十八日）。〈從中國的歷史文化看台灣的
　　　現在與未來（七）〉，《聯合報》，民國六十九年十月十八日，中
　　　國民主憲政發展的前途座談會發言紀錄。

蕭公權口述，黃俊傑整理（民國七十一年一月）。〈儒學傳統與中國
　　　文化更新〉，《幼獅月刊》，第五十五卷第一期，民國七十一年
　　　一月。

饒宗頤（民國六十七年六月）。〈天神觀與道德思想〉，《中央研究院
　　　歷史語言研究所集刊》，第四十九本第一分。

二、外文資料

（一）外文書籍

Aquinas, T. ed., by A. P. D'Entreves(1959). *Selected Political Writings*. New
　　　York: Bormes & Nobel.

Arendt, H. (1958). *The Origins of Totalitarianism*. New York: Noonday Press.

Aristotle, Trans. by Barker, E. (1958). *The Politics of Aristotle*. New York:
　　　Oxford University Press.

Augustine, A. ed., by Oates, W. J. (1948). *Basic Writings of St. Augustine*.
　　　New York: Randon House.

Balaes, E. (1964). "Political Philosophy and Social Crisis at the End of the
　　　Han Dynasty," in H. M. Wright Jr., *Chinese Civilization and
　　　Bureaucracy*. New Haven: Yale University Press.

Bay, C. (1967). "Politics and Pseudo-politics: A Critical Evaluation of some
　　　Behavioral Literature," in McCoy, C. and Playford, J. eds., *A Poliitical
　　　Politics: A Critique of Behaviorism*. New York: Thomas Y. Crowell.

Bentham, J. (1907). *Introduction to the Principles of Morals and Legislation*. Oxford: Clarendon Press.

Berlin, I. (1958). *Two Concepts of Liberty*. Oxford: Clarendon.

Bode, D. (1957). *China's Cultural Tradition*. New York: Rinchart and Company Inc..

Bowle, J. (1954). *Politics and Opinion in the Nineteenth Century*. New York: Oxford University Press.

Brecht(1959). *Political Theory: The Foundations of Twentieth Century Political Thought*. Princeton: Princeton Univ. Press.

Cassirer, E., Tr. by Koelln, F. C. A. and Pettegrove, J. P. (1955). *The Philosophy of The Enlightenment*. Boston: Beacon Press.

Chang, H. (1971). *Liang Chi-chao and Intellectual Transition in China, 1890-1907*. Cambridge, Mass. : Harvard University Press.

Chang, H. (1976). "New Confucianism and Intellectual Crisis of Contemporary China," in Furth, C. ed., *The Limits of Chang: Essays on Conservative Alternatives in Republican China*. Cambridge, Mass. : Harvard University Press.

Cicero, M. T., Trans. by Miller W. (1913). *De Officiis*. Cambridge: Mass, Harvard Univ. Press.

Cohen(1971). *Democracy*. Georgia: University of Georgia press.

Commons, J. R. (1968). *Legal Foundations of Capitalism*. Madison, Wisconsin: University of Wisconsin Press.

Copleston, F. C. (1961). *Medieval Philosophy*. New York: Haper & Row.

D. Y. F. HO(1979). "Psychological Implication of Collectivism: With Special Reference to the Chinese Case and Maoist Dialectics," in Eckensberger, W. L. & Poortinga, Y. eds., *Cross-cultural Contributions to Psychology*. Amsterdam: Swets & Zeitlinger.

Dahl, R. A. (1964). *Modern Political Analysis*. N. J. : Englewood Cliffs.

Damon, W. (1988). *The Moral Child*. New York: The Free Press.

Dewey, J. (1929). *The Quest for Certainty*. New York: Minton, Balch.

Dewey, J. (1930). *Human Nature and Conduct*. New York: Random House, Modern Library.

Dewey, J. (1939). *Freedom and Culture*. New York: Putnam's.

Diderot, Tr. by Birrell, F. (1959). *Memoirs of a Nun*. Chester Springs Pa: Dufour.

Erikson, E. H. (1950). *The Childhood and Society*. W. W. : Norton & Co.

Eynes, J. M. (1956). "The End of Laissez-Faire," in Bullock, A. and Shock, M. eds., *The Liberal Tradition from Fox to Keynes*. Edinburgh: Black.

Friedrich, C. J. (1937). *Constitutional Government and Politics*. New York: Harper.

Gellner, E. (1970). "Democracy and Industrialization," in Eisenstadt, S. N. ed., *Readings in Social Evolution and Development*. New York: Pregamon Press.

Harries, K. (1978). *Heidegger as a Political Thinker*. New Haven: Yale University.

Hayek, F. A. (1960). *The Constitution of Liberty*. Chicago: The University of Chicago Press.

Hegel, G. W. F., Tr. by Knox, T. M. (1967). *Hegel's Philosophy of Right*. New York: Oxford University Press.

Heidegger, M., Trans. by Macquarie, F. and Robinson, E. (1962). *Being and Time*. New York: Harper & Row.

Heidegger, M., Trans. by Stambaugh, J. (1972). *On Time and Being*. New York: Harper & Row.

Heilbroner, R. (1953). *The Worldly Philosophers*. New York: Simon and Schuster.

Held, D. (1987). *Models of Democracy*. Stanford: Stanford University press.

Hobbes, T. (1950). *Leviathan*. New York: E. P. Dutton and Company.

Hsieh, Yu-Wei, (1977). "The Status of The Individual in Chinese Ethics," in Moore, C. A. ed., *The Chinese Mind*. Hawaii: The University Press of Hawaii.

Hume, D. (1896). *Treatise of Human Nature*. Oxford: Clarendon Press.

Jung, Carl Gustav Tr. by Full, R. F. C. (1956). *Two Essays on Analytical Psychology*. New York: World Company.

Kaplan, J. D. ed. (1958). *The Pocket Aristotle*. New York: Pocket Books.

Karl Jaspers, Tr. by Eden and Paul, C. (1957). *Man in the Modern Age*. Mew York: Doubleday, Anchor.

Laski, H. J. (1984). *Liberty in the Modern State*. New York: Viking.

Lasswell, H. D. and Kaplan(1950). *Power and Society*. New Haven: Conn.

Levenson, J. R. (1968). *Confucian China and Its Modern Fate: A Trilogy*. Berkeley and London: University of California Press.

Locke, J. ed., by Gough, J. W. (1966). *The Second Treatise of Government*. Oxford: Clarendon Press.

Lukes, S. (1973). *Individualism*. Oxford: Basil Blackwell Publishers Limited.

Luther, M., Tr. by Wolf, B. L. (1956). *Reformation Writings*. London: Lutterworth Press.

Macpherson, C. B. (1973). *Democratic Theory: Essays in Retrieval*. Oxford: Oxford University Press.

Macpherson, C. B. (1977). *The Life and Time of Liberal Democracy*. Oxford: Oxford University Press.

Mannheim, K., Trans. by Wirth, L. and Shils, E. (1949). *Ideology and Utopia*. New York: Harcourt, Brace & World.

May, R. (1953). *Man's Search for Himself*. New York: Dell.

McCopy, Charles N. R. (1963). *The Structure of Political Thought*. New York: McGraw-Hill.

Mead, M. (1937). *Cooperation and Competition among Primitive Peoples.*
   New York: McGraw-Hill Book Company.

Meyer, A. G. (1957). *Leninism.* Cambridge: Harvard Univ. Press.

Mill, J. S., "on Liberty," in Robson, J. M. ed., *A selection of His Works*, Xviii.

Morgenthan, H. J. (1948). *Politics Among Nations.* New York: Knopf.

Nie, N. H. and Verba, S. (1975). "Political Participation," in Greestein, F. I.
   and Polsdy, N. W. eds., *Handbook of Political Science*, Vol. 4. Reading,
   Mass. : Addison-Wesley.

Niebuhr, R. (1953). *Man and Immoral Society.* New York: Charles Scribner's
   Sons.

Ogden, C. K. ed. (1931). *The Theory of Legislation.* London: Rout-ledge &
   Kegean Paul.

Oppenheim, F. E. (1961). *Dimensions of Freedom.* London: Rout-ledge &
   Kegean Paul.

Parsons, T. (1966). *Societies.* New Jersey: Prentice-Hall.

Plato, Trans. by Jowett, B. (1953). *Dialogues.* London: Oxford University
   Press.

Polanyi, M. (1959). *The Study of Man.* London: Routledge.

Popper, K. R. (1956). *The Open Society and Its Enemies.* London: Routledge
   & Kegan Paul.

Proudhon, P. J., Trans. by Tucker, B. R. (1876). *What is Property.* New York:
   Humboldt.

Pye, L. W. (1966). *Aspects of Political Development.* Boston: Little Brown
   and Company.

Rand, A. (1964). *The Virtue of Selfishness.* New York: The New American
   Library, Inc.

Rand, A. (1967). *Capitalism: The Unknown Ideal.* New York: The New
   American Library.